鲁迅先生

烟水寻常事
鲁迅别传

萧振鸣 著

中国文联出版社

前言

鲁迅的一生有许多重要成就,他是新文化运动的先驱者,创作了中国第一篇白话小说,创作了第一部中国小说史。他还参与创办了中国第一个国立历史博物馆、第一个国立图书馆,对中国的博物馆事业、教育事业和美术事业做出了杰出的贡献。晚年,他在上海着力倡导新兴版画运动,被称为"中国现代版画之父"。鲁迅逐渐成为伟大的作家、翻译家和思想家、新文化运动的主将,并在中国国学、史学、文学、美术、书法等方面取得了卓越的成就。

鲁迅给世人留下的最宝贵的遗产,是他的文字。这文字中包含了他的小说、散文、杂文、翻译作品,以及他曾从事的古籍、石刻的整理等工作。鲁迅的文字之所以不朽,是因为他的作品是思想的珠玑,是斩妖的匕首,是灵魂的洗药。

鲁迅离世后,关于他的传记不下五十种,大都出自专门从事研究鲁迅的学者,也有研究哲学、美学、现代文学及社会科学等方面的学者。而且不同时期鲁迅传记的书写内容也不尽相同,往往带有各个时期的印记,因此对史料的把握会做出不同的解释,作者的视角也不尽相同,写作手法也不尽相同。这些传记大都以鲁迅的生平、创作、翻译为主线，展示给读者的是鲁迅如何成为一位伟大的文学家、思想家和革命家。不能否认，所有传记都涉及鲁迅研究的方方面面的成果。

传记的写法有很多种。我前两年在生活·读书·新知三联书店出版了一本《走近鲁迅》，是用三百个鲁迅的故事连缀起来的鲁迅生平，也可以看作鲁迅传记的一种样式，因为故事体更能使广大青少年读者走近鲁迅。鲁迅在作小说《阿Q正传》序言时说得很清楚："传的名目很繁多：列传，自传，内传，外传，别传，家传，小传……而可惜都不合。'列传'么，这一篇并非和许多阔人排在'正史'里；'自传'么，我又并非就是阿Q。说是'外传'，'内传'在那里呢？倘用'内传'，阿Q又决不是神仙。'别传'呢，阿Q实在未曾有大总统上谕宣付国史馆立'本传'——虽说英国正史上并无'博徒列传'，而文豪迭更司也做过《博徒别传》这一部书，但文豪则可，在我辈却不可。"鲁迅作为世界级文豪确是世人公认的。

本书之所以称为"别传"，是相对于正传而言，较多的笔墨在叙述和补充鲁迅传记中生活层面的故事，讲述一个非文学家、思想家、革命家的鲁迅。传记文学，是文学的体裁之一，强调的是文学性，与学术研究有很大的不同，比如《阿Q正传》，可以称为传记文学的一种，但它的本质是一部小说，这是鲁迅文学创作的一种创新文体。小说中的人物阿Q及情节都可以虚构，写鲁迅的传记就不可以脱离真实的史料。本书史料的来源，基本来自鲁迅的文字、回忆鲁迅的文字以及涉及文、史、哲、社会科学及自然科学等方面的参考著作，因为鲁迅太博大了。作为肉身的鲁迅，并不是整天泡在文字工作中的。鲁迅是一个非常热爱生活的人，除了文字工作之外，还有生活中的各种情趣，有衣食住行、习性癖好、烟酒糖茶、花鸟虫鱼、书法绘画、藏书藏画等。而这些，往往是他创作的源泉。

鲁迅说："创作总根于爱。"（《小杂感》）他的爱憎极为鲜明，对于爱，他的观点是："无论爱什么，——饭，异性，国，民族，人类等等，——只有纠缠如毒蛇，执着如怨鬼……"（《杂感》）他对那些口称"爱国"的伪君子"一个都不宽恕"。（《死》）鲁迅还说："譬如勇士，也战斗，也休息，也饮食，自然也性交……"（《"题未定"草·六》）"勇士"，鲁迅也是。本书的十八个章节分别冠以"茶事""烟事""酒事""衣事""颜值""花木事""动物事"等，是按照鲁迅生平史实的脉络，梳理鲁迅的闲事、杂事、趣事，还原鲁迅平淡而富于趣味的日常生活。鲁迅，不但有爱，还有趣；不但可敬，还可爱。

新文化运动以后，最畅销的书是鲁迅的《呐喊》，在鲁迅生前就出了二十三版。鲁迅去世后的再版更是不计其数，鲁迅的文字在几代人中深入人心。今天是网红风行的时代，微信、抖音等给人们带来了新的传播方式。人们的注意力已经逐渐从书本中移开。鲁迅似乎在大众的视野中也越来越远了，甚至网上的没读过几本书的喷子们也常常把矛头直指鲁迅。这与近年来"去鲁迅化"的思潮是分不开的。今天读鲁迅的人并不普遍，其中的原因之一，是鲁迅的泛政治化的因素的退潮；其二是时代观念的负面影响——比如"一切向钱看"；其三是鲁迅研究的大量文章越来越艰涩难懂，缺乏普及性、接地气的作品。但是，不管鲁迅怎样的被折腾，他仍然是20世纪最具启迪意义的思想家，最具品格的文学家和最博学并包的学者。作家莫言曾说："我愿意用我全部作品'换'鲁迅的一个短篇小说。"画家吴冠中也说过："一百个齐白石也抵不过一个鲁迅。"可见鲁迅作品的历史地位是不可替代的。作家王朔说："什么时候能随便批评他了，或者大家都把他淡忘了，我们就进步了。"当然，鲁迅不是不能被批评的，虽然他已不能再战斗。如今鲁迅的话仍然常常被引用，有真的，也有假的，也有断章取义的，验证"鲁迅说"曾经挤爆鲁迅博物馆的检索网站，就是一个明证。专业的或非专业的研究者仍在谈论鲁迅的文字，鲁迅还在被纪念，被攻击，还没有被"淡忘"，我们是否进步了呢？我常常想起萧红回忆鲁迅的那句话——"鲁迅先生坐在那儿和一个乡下的安静老人一样"。

中国现代文学研究领域中，鲁迅研究是一门广为社会关注的显学。我在鲁迅博物馆工作了三十年，主要从事展览陈列工作，关于鲁迅的各种专题展览办过很多。有关于鲁迅生平与创作的、关于鲁迅读书生活的、关于鲁迅作品版本的、关于鲁迅与同时代作家的、关于鲁迅与美术的等。我对鲁迅和他的作品的认识是逐渐从模糊到清晰的。此前课本中读过的鲁迅文章，完全没有感觉。在多年的工作与研读中，在不断变化的社会思潮激荡中，形成了我对鲁迅的理解。鲁迅是一部书，不同经历的人会读出他的不同面孔，当然，这不包括并不读书的人。因工作关系与我个人的喜好，三十年来读鲁迅的原著基本没有中断过。研究鲁迅的书出得越来越多，读也读不过来，许多的研究论文根本读不进去，甚至也读不懂了。时下鲁迅研究论文中对鲁迅及其作品的解构更加微观，更加细化，但也有一些偏离史料的解读，套用西方哲学、心理学等观点对鲁迅的文章进行剖析。可惜这些研究文章不是给大众看的。个人认为，研究鲁迅以"左"的或右的或过度的解读都不是正确的研究心态，所有的研究都应该基于向大众普及，鲁迅的精髓全在他的原著里。最近在读一本名家的《艺术概论》，书写得很好，也易读。书的第一章讲"美的起源"，内容都围绕着赏花为例子，我觉得通俗易懂。然而在花开的季节，我到公园赏花时，发现那些理论无法和与花面对时的感受相比。理论，与现实面对时，总是显得苍白。所以，不如少研究，多读书，读鲁迅的原著比看研究文章更能接近鲁迅的精神世界。

毕竟，《鲁迅全集》数百万字，不是专业研究者，不一定能读下去，尤其是开篇就是几篇文言文，一般读者，恐怕会被吓住，太难懂了吧。即使是白话文，鲁迅的时代与现今的白话文也存在阅读上的障碍。所以读懂鲁迅是一个由浅入深的过程，需要专业研究者做出一定的努力，为大众读者做普及性的文字，才能使今天的年轻人产生阅读鲁迅的兴趣。况且，鲁迅本就是个极有趣之人，因此他才能写出与众不同的文字。

关于读书，鲁迅在《读书杂谈》中讲述过这样的故事，他说读书有两种："一是职业的读书，一是嗜好的读书。"所谓嗜好的读书，"那是出于自愿，全不勉强，离开了利害关系的。——我想，嗜好的读书，该如爱打牌的一样，天天打，夜夜打，连续的去打，有时被公安局捉去了，放出来之后还是打。诸君要知道真打牌的人的目的并不在赢钱，而在有趣。牌有怎样的有趣呢，我是外行，不大明白。但听得爱赌的人说，它妙在一张一张的摸起来，永远变化无穷。我想，凡嗜好的读书，能够手不释卷的原因也就是这样。他在每一页每一页里，都得着深厚的趣味。自然,也可以扩大精神,增加智识的,但这些倒都不计及,一计及,便等于意在赢钱的博徒了,这在博徒之中,也算是下品"。鲁迅强调读书的趣味,趣味是进入深层阅读的初阶。

这本小书的初稿大约完成于三年前,这三年世界上发生了许多重大事件,疾病、战争及自然灾害导致无数人的生命死亡。人生活在世界上除去要经历天灾、瘟疫等自然灾害,还要经历战争、动乱等人祸。鲁迅生活在纷乱的民国时代,同样经历战争要东躲西藏、经历各种病痛,然而活着的人要寻求生命的意义,世间的一切苦都是不可逃避的。无论是疫情还是水患,无论是人祸还是天灾,人类总是为生存抗争着,正如鲁迅所说:"人固然应该生存,但为的是进化;也不妨受苦,但为的是解除将来的一切苦;更应该战斗,但为的是改革。"(《论秦理斋夫人事》)

1933年秋,鲁迅曾作《酉年秋偶成》一首赠友人:"烟水寻常事,荒村一钓徒。深宵沉醉起,无处觅菰蒲。"关于此诗,有不同诠释,笔者不论,仅从字面选取首句作为本书书名,取其达观与幽远。

感谢著名画家王燕民先生为本书所作的插画。鲁迅是中国美术史上绕不过去的伟大人物,鲁迅的生前与逝后,很多名画家都为鲁迅造像,包括国画、油画、版画、漫画及雕塑等。鲁迅博物馆馆藏数百件美术作品,2011年,为纪念鲁迅倡导新兴木刻70周年,曾在浙江美术馆举办过一个《鲁迅的面容》大型展览,从司徒乔、陶元庆到徐悲鸿、蒋兆和、卢沉等各个时代的著名画家的数百幅鲁迅形象的美术品,表现出不同时代对鲁迅的不同理解。鲁迅作品作为经典,一百个读者就会有一百个心中的鲁迅;同样,一百个画家笔下也会有一百个鲁迅形象。绘画除技术因素外，画品的高下往往在画外，能超凡的画作，第一要务往往在于读书。王燕民先生中学时代起就热衷阅读鲁迅著作，曾创作有两百多幅以鲁迅为题材的水墨画作，数十年的美术创作体现了他的读书心得。他的书法及水墨画功底深厚，人物造型准确生动，线条犀利刚劲，写意饱满洒脱，刚柔相济于一纸之上，在水墨人物的表现力上独树一帜。他笔下的鲁迅形象表达了他心中的鲁迅，有血，有肉，有骨，有情，画出了有别于其他艺术家的样貌，具有强烈的视觉冲击力和独特的笔墨辨识度。

感谢小众书坊彭明榜先生对本书的促成，还有中国文联出版社的厚爱，使这本小书得以出版。

萧振鸣
2023年冬至于腊叶山房

目录

001_ 茶事
  有好茶喝,会喝好茶,是一种"清福"。

013_ 烟事
  中夜鸡鸣风雨集,起然烟卷觉新凉。

023_ 酒事
  把酒论天下,先生小酒人。

037_ 衣事
  我总不信在旧马褂未曾洗净叠好之前,便不能做一件新马褂。

049_ 颜值
  看来就像望平街一位平常烟客。

061_ 居事
  居有定所,也是辗转迁徙而已。

087 _ 食事
　　　人不能不吃饭，因此即不能不做事。

109 _ 牙事
　　　一辈子当了"牙痛党"。

119 _ 笺事
　　　中国木刻史上之一大纪念耳。

135 _ 佛事
　　　他的信仰是在科学，不是在宗教。

165 _ 花木事
　　　室外独留滋卉地，年来幸得养花天。

191 _ 动物事
　　　他有个绰号，就叫作"猫头鹰"。

215 _ 美术事
　　　　扶植刚健质朴的文艺。

239 _ 设计事
　　　　先生本是设计师。

247 _ 书法事
　　　　曾惊秋肃临天下，敢遣春温上笔端。

283 _ 收藏事
　　　　兄不知能代我补收否？

299 _ 版刻三书事
　　　　但我辈之力，亦未能彻底师古，止得从俗。

317 _ 故宫佚事
　　　　如果当局者是外行，他便将东西糟完，倘是内行，他便将东西偷完。

不识好茶,没有秋思,倒也罢了。

茶事

> 有好茶喝,会喝好茶,是一种「清福」。

北京阜成门内鲁迅故居是一个小四合院。北屋正房三间,中间的一间北面由鲁迅自己设计接出的小间称为"老虎尾巴",这是鲁迅的工作室,也是他的卧室。一张书桌上放着他使用过的笔架、笔筒、闹钟、烟缸、油灯等物品。桌前的一张藤椅使人联想到鲁迅先生在秋夜写作时,侧望后园墙外的两株枣树,可惜现在枣树已经不在了。桌上还有一个盖碗很抢眼,那是一只清代粉彩山水盖碗,有盖,有托,非常精致,碗底有朱色印款"光绪年制"。睹物思人,让人能联想到鲁迅在夜间写作时烟与茶的陪伴。

鲁迅有篇散文《喝茶》,文中说:"喝好茶,是要用盖碗的。"盖碗,又称"三才碗",盖为天、托为地、碗为人,即天地人三才之意。清代以来喝茶使用盖碗是很盛行的,鲁迅也很讲究。

悉通茶道是行家

中国是茶文化的故乡，茶道、茶书、茶画、茶具、茶学、茶艺等都是茶文化之属。茶文化常常与文人墨客相关联，新文化人士中蔡元培、胡适、钱玄同、徐志摩、郁达夫等无不有许多关于茶的故事。鲁迅，也是一位深谙此道的茶夫子。

鲁迅幼年在绍兴老家时，使用的不是盖碗。

鲁迅之于茶道，本是个行家。浙江本是中国产茶名郡，除杭州外古越绍兴亦为产茶名乡，茶圣陆羽在著名的《茶经》中就有"浙东以越州上"之论。而鲁迅生于家道昌盛的封建士大夫家庭，祖父是清代翰林，家族的日常生活包括茶事自然是极奢华讲究的。鲁迅自幼便有喝茶的习惯，周作人曾描述："在老家里有一种习惯，草囤里加棉花套，中间一把大锡壶，满装开水，另外一只茶杯，泡上浓茶汁，随时可以倒取，掺和了喝，从早到晚没有缺乏。"鲁迅13岁时，家道变故，就在那时，他养成了抄书的习惯，曾经把陆羽的三卷《茶经》抄录一遍。对产茶、制茶、泡茶、品茶的学问都有初步的认识。

前些年我去绍兴办事，在鲁迅旧居外的一家小茶馆喝大碗茶，请教那里的小老板，绍兴方言中"喝茶"是怎样说的。小老板说，绍兴方言中称为"吃（发'切'的音）茶"。鲁迅兄弟作文章都称"喝茶"，大约是在北京生活久了，随了白话文的规范吧。

增田涉是鲁迅晚年认识的日本学者，1931年曾向鲁迅请教翻译所著《中国小说史略》等有关问题，同时他还研究中国文学史。鲁迅用了大约四个月的时间每天三个小时对他讲解，后来结集成《鲁迅增田涉师弟答问集》一书。鲁迅曾向他推荐八种中国文学著作，其中有一种张天翼的短篇小说《稀松的恋爱故事》，里面提到"打茶围"一词，增田涉问鲁迅："是一起喝茶之意吗？"鲁迅答："去妓馆饮茶的意思。"这"打茶围"亦称"打茶会"，在鲁迅的小说《弟兄》中也提到过，原是旧时陋俗，指到妓女所在的青楼喝酒、吃点心、聊天。可见鲁迅对中国茶文化传统之熟稔。

鲁迅爱喝茶而且是懂得品茶之道的。有一次，一个茶叶公司打折售茶，他用二角大洋买来二两好茶叶。回家就泡了一壶，怕它冷得快，就用棉袄包起来，却不料郑重其事地品茶时，那颜色很重浊，味道也竟和他一向喝的粗茶差不多。鲁迅立刻感到是自己错了——喝好茶一定要用盖碗的——于是改用盖碗重新泡。"果然，泡了之后，色清而味甘，微香而小苦，确是好茶叶。"（鲁迅《喝茶》）鲁迅熟知泡茶之法，并告诉读者"色清""味甘""微香""小苦"是好茶叶的标志。鲁迅懂茶，但一般情况下喝茶并不十分讲究，周作人在《补树书屋旧事》中写道："平常喝茶一直不用茶壶，只在一只上大下小的茶杯内放一点茶叶，泡上开水，也没有盖，请客吃的也只是这一种。"

不喝咖啡喝绿茶

鲁迅从日本留学归国后也常喝咖啡，但他在《革命咖啡店》一文中曾说："我是不喝咖啡的，我总觉得这是洋大人所喝的东西(但这也许是我的'时代错误'),不喜欢,还是绿茶好。"他还做过这样的比喻:"我亦非中庸者,时而为极端国粹派,以为印古色古香书,必须用古式纸,以机器制造者斥之,犹之泡中国绿茶之不可用咖啡杯也。"(鲁迅《致曹聚仁》)在做书上,鲁迅确是一个完美主义者。实际上,鲁迅在日记中也有不少饮咖啡的记录,如1913年5月28日,"下午同许季上往观音寺街晋和祥饮加非,食少许饼饵"。1913年9月2日,"午同齐寿山出市,食欧洲饼饵及加非,又饮酒少许"。1914年1月10日,"午与齐寿山、徐吉轩、戴芦苓往益昌食面包、加非"。1920年6月26日,"午后往同仁医院视沛,二弟亦至,因同至店饮冰加非"。这样的记录有不少。鲁迅之所以说不喝咖啡,是为了讽刺那些所谓"今日文艺界上的名人"。从习惯上来看,鲁迅还是以喝茶为主,最喜欢喝的茶叶还是浙江的绿茶,这恐怕是他自幼养成的习惯吧。

鲁迅到北京工作后,茶叶一般在前门一带临记洋行、鼎香村茶叶店等处购买,再就是亲友、同乡、好友如周建人、宋紫佩、许钦文等从家乡带来。友人所赠还有乌龙茶、红茶、普洱茶、天台山云雾茶、野山茶等。新茶上市时,有时他一次买很多,如日记记载1930年6月21日,"下午买茶六斤,八元"。1931年5月15日,"买上虞新茶七斤,七元"。五六月份新茶上市,鲁迅是不会错过的。

浙江龙井久负盛名,也是鲁迅较喜欢的茶叶。他曾与许广平游杭州西湖,将回上海时想起忘记买龙井茶。在要回上海的头一天,鲁迅约好友章廷谦到书店买了一些旧书,晚上一起到清河坊隆盛茶庄专门去买龙井茶。鲁迅说，杭州旧书店的书价比上海的高，茶叶则比上海的好。书和茶都是鲁迅所好，所以他常托章廷谦在杭州买好寄到上海。

云南普洱茶鲁迅也曾品过。查鲁迅1935年9月26日日记："下午钧初来并赠海婴绘具一副，莘农同来并赠普洱茶膏十枚。"日记中的钧初即留俄归来的美术家王钧初，莘农即鲁迅好友姚克。普洱茶膏是云南普洱经发酵而制成的固态速溶茶，现在已不太流行。2008年在广东的一次拍卖会上，一块由鲁迅和许广平共同珍藏过数十年的"清宫普洱茶砖"进行了拍卖，一位买家以1.2万元的价格竞得这块茶砖。据报，这批砖共有39块，至今保存完整的有24块，普洱被称为"可饮可藏的古董"，加上名人效应，使这块稀有的茶砖具有了很高的价值。

以茶会友真潇洒

1912年鲁迅初到北京教育部工作，"枯坐终日，极无聊赖"，不过每年新年都要有一次部员茶话会，就像现在各单位新年举办的茶话会、联欢会。这样的茶话会，鲁迅也会例行出席。鲁迅日记中就有不少记录，举几例：

1914年1月5日，"始理公事。上午九时部中开茶话会，有茶无话，饼饵坚如石子，略坐而散"。有茶无话的茶话会鲁迅的确感到没意思。

1915年1月4日,"赴部办事,十一时茶话会。午后同汪书堂、钱稻孙至益昌饭"。看看,开完会就与好友溜出去吃饭了。

1915年12月16日,"下午本部为黄炎培开茶话会,趣令同坐良久"。显然鲁迅对被"令"表示出了不满。

1916年1月5日,"雨雪。赴部办事,午后茶话会并摄景。夜同人公宴王叔钧于又一村"。雨雪天,到教育部开茶话会,合影留念,晚上又公家掏钱聚餐,很有年味。

1917年2月4日,"往通俗教育研究会茶话会,观所列字画"。通俗教育研究会成立于1915年9月6日。下设小说、戏剧、讲演三股,鲁迅被派为小说股主任,1916年2月14日辞职。本日出席茶话会属例行公事,意在观画。地点在手帕胡同,展品有自六朝以来的名人书画150余种。

除公办茶话会外,鲁迅还常常以茶会友。鲁迅日记载,1918年12月22日,"刘半农邀饮于东安市场中兴茶楼,晚与二弟同往,同席徐悲鸿、钱稻陵、沈士远、尹默、钱玄同,十时归"。1926年好友林语堂南下福建时,鲁迅应邀参加了为他饯别的茶话会。1926年8月30日,鲁迅赴厦门经上海,"上午广平来。午李志云、邢穆卿、孙春台来。午后雪篠来。下午得郑振铎束招饮,与三弟至中洋茶楼饮茗,晚至消闲别墅夜饭,座中有刘大白、夏丏尊、陈望道、沈雁冰、郑振铎、胡愈之、朱自清、叶圣陶、王伯祥、周予同、章雪村、刘勋宇、刘叔琴及三弟。夜大白、丏尊、望道、雪村来寓谈"。可见鲁迅的朋友圈多么有人气。

鲁迅在北京与朋友喝茶，有时在前门外青云阁、北海公园、中山公园，有时就在小茶馆。在广州时去过的茶楼有陆羽居、陶陶居、南园、妙奇香等，在上海去过新亚茶室、ABC吃茶店、Astoria茶店等。鲁迅的喝茶，常常连带着一些文化娱乐活动，再举两则日记的例子：

1928年3月13日，"午后同方仁、广平往司徒乔寓观其所作画讫，又同至新亚茶室饮茗"。

1929年4月5日，"午后同贺昌群、柔石、真吾、贤桢、三弟及广平往光陆电影园观《续三剑客》。观毕至一小茶店饮茗。夜雨"。

一次是看画家司徒乔绘画，然后去茶馆喝茶聊天；另一次是与朋友及家人同看电影，然后又去小茶店喝茶。这就是鲁迅的真实生活，也工作，也战斗，也休息，也娱乐，也品茶。鲁迅在上海时经常与左翼作家会谈，曹靖华、茅盾、胡风、叶紫、聂绀弩、魏猛克、徐懋庸等都曾与鲁迅一起喝茶，谈论时事。

1926年，鲁迅与齐寿山一起翻译荷兰作家望·蔼覃的长篇童话《小约翰》，从7月开始至8月中旬译毕。他们约好每天下午在中山公园的一个僻静处对手开译，鲁迅说，"我们的翻译是每日下午，一定不缺的是身边一壶好茶叶的茶和身上一大片汗。有时进行得很快，有时争执得很凶，有时商量，有时谁也想不出适当的译法。译得头昏眼花时，便看看小窗外的日光和绿荫，心绪渐静，慢慢地听到高树上的蝉鸣，这样地约有一个月"。北京的七八月份，正是酷暑当头，那时也没有空调设备，公园树荫下才是唯一的凉爽之所。可以想象，他们满头大汗地译书有多么艰辛，一壶好茶便与这著名的作家、译者与民国北京的夏天紧密联系起来。

内山书店的老板内山完造是日本人，鲁迅的好友。他在书店前面放一个施茶桶，供口渴的行人或车夫免费取用，鲁迅很赞赏内山老板的做法，曾经"以茶叶一囊交内山君，为施茶之用"。表示对他的支持。茶，加深了鲁迅与家人、朋友之间的情谊。

茶馆老板华老栓

茶是中国传统文化，自古中国文学作品中就有关于茶事的描述。鲁迅是一位伟大的文学家，在他的小说、散文、杂文中，很多篇章都提到与日常生活中相关联的茶事。

例如小说《药》中的男主人公华老栓，就是一个茶馆的老板。小说的开头便写道："秋天的后半夜，月亮下去了，太阳还没有出，只剩下一片乌蓝的天；除了夜游的东西，什么都睡着。华老栓忽然坐起身，擦着火柴，点上遍身油腻的灯盏，茶馆的两间屋子里，便弥满了青白的光。"小说又写道："店里坐着许多人，老栓也忙了，提着大铜壶，一趟一趟的给客人冲茶；两个眼眶，都围着一圈黑线。"小说中描述了鲁迅家乡茶馆喝茶的习俗。这是个只有两间房的小茶馆，是供乡里人喝茶歇脚的地方，也是闲杂人等闲聊的地方，老舍的小说《茶馆》也应是受到鲁迅这篇小说的影响的。那时茶馆本来就是小生意，是维持生活的一个营生，最终人血馒头没有治愈小栓的痨病。现在的茶馆，大多是老板谈生意和有钱有闲的人会客的地方，今日的华贵已非往日的寒酸了。

小说《故乡》中同样也没有离开茶的生活，鲁迅回到家休息喝茶那是必须的了。《阿Q正传》中也描写了喝茶的乡俗。《祝福》中的祥林嫂"幸亏有儿子；她又能做，打柴摘茶养蚕都来得，本来还可以守着，谁知道那孩子又会给狼衔去的呢？"描写了大户人家要打柴摘茶雇人做工，说明绍兴大户人家有种茶的产业，茶是那里很重要的农作物。《端午节》是以北京为背景的小说，其中也说到了喝茶的事。《长明灯》也是以茶馆为背景写的故事。《弟兄》《离婚》中也无不提到茶事。茶事，作为文学作品中描写中国人的生活形状，是文学家们常用的介质，鲁迅也不例外。

兄弟同题论喝茶

鲁迅与周作人都曾以《喝茶》为题写过散文，可能其中有对越城周家的一种怀旧情结吧。

周作人《雨天的书》中有一篇散文，名曰《喝茶》，作于1924年。1933年鲁迅也写过一篇散文《喝茶》。兄弟二人是中国现代散文顶级大家，虽是同题散文，但从文学艺术角度来看却各有千秋，从思想内容上来看也是各有见解。

周作人的文中旁征博引，对中国、英国及日本的喝茶习惯都进行了有趣的剖析。他说："茶道的意思，用平凡的话来说，可以称作'忙里偷闲，苦中作乐'，在不完全的现世享乐一点美与和谐,在刹那间体会永久,是日本之'象征的文化'里的一种代表艺术。"并说英国的红茶带面包,又加了糖和牛奶,红茶已经没有了意味。认为"喝茶以绿茶为正宗""喝茶当于瓦屋纸窗下,清泉绿茶,用素雅的陶瓷茶具,同二三人共饮,得半日之闲,可抵十年的尘梦。喝茶之后,再去继续修各人的胜业,无论为名为利,都无不可,但偶然的片刻优游乃正亦断不可少。中国喝茶时多吃瓜子,我觉得不很适宜,喝茶时可吃的东西应当是清淡的'茶食'"。周作人作为中国传统士大夫式的文人,把喝茶当作文人雅趣来看待,他博学、高雅、悠闲,想做在家和尚,却成了文化汉奸。他的喝茶正是表现了他的这种人生观。

鲁迅喝茶的修养当然也与其二弟旗鼓相当,习惯相同,但在论道上,要远高二弟一筹。鲁迅买了好茶,想专心品尝,却因为写作分心,错过了品茶的最佳时间,"那好味道竟又不知不觉的滑过去,像喝着粗茶一样了"。于是他得出结论:"有好茶喝,会喝好茶,是一种'清福'。不过要享这'清福',首先就须有工夫,其次是练习出来的特别感觉。"鲁迅的高格,在于这后面的联想:"由这一极琐屑的经验,我想,假使是一个使用筋力的工人,在喉干欲裂的时候,那么,即使给他龙井芽茶,珠兰窨片,恐怕他喝起来也未必觉得和热水有什么大区别罢。所谓'秋思',其实也是这样的,骚人墨客,会觉得什么'悲哉秋之为气也',风雨阴晴,都给他一种刺戟,一方面也就是一种'清福',但在老农,却只知道每年的此际,就要割稻而已。"鲁迅写的是喝茶,但说的是茶外的话,讽刺和剖析了所谓骚人墨客。鲁迅下面的话,几乎是给二弟周作人的警示:"感觉的细腻和锐敏,较之麻木,那当然算是进步的,然而以有助于生命的进化为限。如果不相干,甚而至于有碍,那就是进化中的病态,不久就要收梢。我们试将享清福、抱秋心的雅人,和破衣粗食的粗人一比较,就明白究竟是谁活得下去。喝过茶,望着秋天,我于是想:不识好茶,没有秋思,倒也罢了。"然而周作人终究被大哥鲁迅言中,堕入耻辱的泥潭,落得半生茶饭无味了。鲁迅厉害!

仰卧—抽烟—写文章,确是我每天事情中的三桩事。

烟事

中夜鸡鸣风雨集,
起然烟卷觉新凉。

　　鲁迅以文章名世,笔锋犀利,直击灵魂,是向旧世界冲锋陷阵的英雄。作为血肉之躯的鲁迅,既是侠肝义胆、无畏战斗的勇士,也是热爱生活的平民。纵观鲁迅一生,有几样嗜好是伴随他一生的,吸烟、饮酒、喝茶、吃糖等,而最凶的,要算是吸烟了。鲁迅有诗云:"中夜鸡鸣风雨集,起然烟卷觉新凉。"看鲁迅的照片,手持烟卷的有许多张。吸烟确是鲁迅伴随终身的一大嗜好。凡鲁迅的传记及他的友人写过的回忆录,几乎无不谈及鲁迅的吸烟。许多艺术家塑造鲁迅形象时也常在他的手中夹上一支烟卷,如比较经典的鲁迅博物馆内张松鹤的雕塑、赵延年的版画等。鲁迅的吸烟,仿佛是一种精神战士的风度。

　　烟草与鸦片,都是由西方传入中国的,清代更是达到了鼎盛,西方为毒害中国人以达到向中国倾销鸦片的目的,将鸦片混入烟草，致使大批中国人成瘾，从而成为"东亚病夫"。鸦片战争后，鸦片的余毒在中国并没有被清除，许多地区仍然流行吸食鸦片。鲁迅生于清末，对此是亲眼目睹的。鲁迅的父亲伯宜因周福清案使家境败落，性格变得喜怒无常、酗酒、吸鸦片，35岁便因病身亡。父亲的病死给鲁迅留下了深刻的印记，他对毒害中国人的鸦片一向是深恶痛绝的。但鸦片的实际味道，鲁迅是亲自体验过的。

1924年7月，鲁迅应邀到西安讲学。那时北京到西安要走上7天，先坐火车到河南陕州，然后乘船逆流而上到潼关，再换汽车到临潼。讲学之余，鲁迅考察了西安的名胜，想为他计划写的剧本《杨贵妃》找到实地的线索，然而西安的残破、人事的颓唐把他原本的想象破坏了。西安之行似乎很平淡。那时西安的鸦片不但没禁，还相当流行。鲁迅忽然想尝尝鸦片的味道，有许多诗人如波特莱尔，文人如柯克多都曾用麻醉剂来获得灵感，鲁迅幼时曾见过尊长的烟具，但从未尝试过烟味。他对医药本是有研究的，常说鸦片原是有价值的药品，不济的人却拿来当饭吃，只有死路一条。这次他要亲自尝试一下。于是在孙伏园和张辛南的安排下进行了一次空前的尝试。鲁迅吸的时候还算顺利，吸完后就静静地等候灵感的来临，但那天灵感却没有降临。事后孙伏园问鲁迅吸鸦片的感觉怎么样，鲁迅失望地说："有些苦味！"如果那天的鸦片要是真的能给鲁迅带来灵感，也许《杨贵妃》就写成了。

这件事鲁迅在《关于知识阶级》一文中证实过："譬如从前我在学生时代不吸烟，不吃酒，不打牌，没有一点嗜好；后来当了教员,有人发传单说我抽鸦片。我很气,但并不辩明,为要报复他们,前年我在陕西就真的抽一回鸦片,看他们怎样?"

鲁迅去西安时,接待他的是陕西省长公署秘书张辛南,他描述那时的鲁迅的牙齿是深黄色,牙根是深黑色,其黑如漆,身穿黑布裤,白小褂,上街时再穿一件白小纺大褂,头发不剪,面色黑黄,讲演几次后,许多人认为鲁迅吸鸦片。有人悄悄地问:"周先生恐怕有几口瘾吧?"他说:"周先生吃香烟。"还有一个军人问:"学者也吸鸦片么?"张辛南问:"哪个学者?"军人说:"周鲁迅满带烟容,牙齿都是黑的,还能说不吃烟吗?"那军人只知鲁迅姓周,并认为鲁迅是他的名字,所以称他"周鲁迅"。

民国时期,烟草已深深地被中国人接受,只要经济条件允许,多会以吸烟为生活中的一部分,有抽水烟的,也有抽旱烟的,烟具有烟管、烟枪、烟斗等,最流行的还是纸烟。烟草的畅销还被用来作广告的媒介。鲁迅在一篇《航空救国三愿》中讽刺道:"所以银行家说贮蓄救国,卖稿子的说文学救国,画画儿的说艺术救国,爱跳舞的说寓救国于娱乐之中,还有,据烟草公司说,则就是吸吸马占山将军牌香烟,也未始非救国之一道云。"

从有记载的文字看,鲁迅的烟瘾在留学日本的时候就已经很厉害了。周作人回忆:他在日本东京留学住在中越馆时期,最是自由无拘束。"大约在十时以后,醒后伏在枕上先吸一两枝香烟,那是名叫'敷岛'的,只有半段,所以两枝也只是抵一枝罢了。"晚上"回家来之后就在洋灯下看书,要到什么时候睡觉,别人不大晓得,因为大抵都先睡了,到了明天早晨,房东来拿洋灯,整理炭盆,那炭盆上插满了烟蒂,像一个大马蜂窠。"

他在北京绍兴会馆居住时，早上醒来就在蚊帐里吸烟，白色的蚊帐被熏成了黄黑色。他的吸烟量巨大，每天都要三四十支，几乎是烟不离口。鲁迅吸烟一般都是廉价烟，在北京时吸的是"红锡包""哈德门"牌。郁达夫回忆："鲁迅的烟瘾一向是很大的；在北京的时候，他吸的，总是哈德门牌的十支装包。当他在人前吸烟的时候，他总探手进他那件灰布棉袄的袋里去摸出一支来吸；他似乎不喜欢将烟包先拿出来，然后再从烟包里抽出一支，而再将烟包塞回袋里去。"北师大事件中，鲁迅被教育总长章士钊非法免职，学生尚钺去看望他，鲁迅顺手点燃一支烟并递给尚钺一支，尚钺一看是很贵的"海军"牌，就问："丢了官为什么还买这么贵的烟？"鲁迅笑着答道："正是因为丢了官，所以才买这贵烟。""官总是要丢的，丢了官多抽几支好烟，也是集中精力战斗的好方法。"许广平第一次到西三条访鲁迅，对他的吸烟留下了深刻的印象，她说鲁迅吸烟"时刻不停，一枝完了又一枝，不大用洋火的，那不到半寸的余烟就可以继续引火，那时住屋铺的是砖地，不大怕火，因此满地狼藉着烟灰、烟尾巴……"在北京时也有过别人怀疑鲁迅抽大烟的事，鲁迅在《马上支日记》中记载过一段：

七月六日

晴。

午后，到前门外去买药。配好之后，付过钱，就站在柜台前喝了一回份。其理由有三：一，已经停了一天了，应该早喝；二，尝尝味道，是否不错的；三，天气太热，实在有点口渴了。

不料有一个买客却看得奇怪起来。我不解这有什么可以奇怪的；然而他竟奇怪起来了，悄悄地向店伙道：

"那是戒烟药水罢？"

"不是的！"店伙替我维持名誉。

"这是戒大烟的罢？"他于是直接地问我了。

我觉得倘不将这药认作"戒烟药水"，他大概是死不瞑目的。人生几何，何必固执，我便似点非点的将头一动，同时请出我那"介乎两可之间"的好回答来：

"唔唔……"

这既不伤店伙的好意，又可以聊慰他热烈的期望，该是一帖妙药。果然，从此万籁无声，天下太平，我在安静中塞好瓶塞，走到街上了。

1924年时，高长虹与鲁迅交往密切。高长虹回忆说："烟，酒，茶三种习惯，鲁迅都有，而且很深。"有时候也土尔其牌、埃及牌地买起很阔的金嘴香烟来。他劝鲁迅买便宜的国产香烟，鲁迅说："还不差乎这一点！"

鲁迅在厦门大学时独自居住，吸烟是很凶的。有一次参加别人的酒宴，回来后酒喝得有点多，靠在椅子上抽着烟就睡着了，忽然觉得热烘烘的，睁眼一看，衣服上一团火，腹部的棉袍被烟引着了，急忙扑灭，但衣服上已经烧了一个七八寸的大洞，许广平知道后，对这种事特别重视起来，对鲁迅的吸烟加强了管理。

鲁迅在广州时吸的是起码一两角一包的十支装，那时香烟里面赠画片，有《三国》《水浒》《二十四孝》《百美图》等，他自己不收藏，把这些画片赠给喜爱美术的青年。鲁迅在生活上是个很节俭的人，抽烟时直到烧到手或烧到口，实在拿不住了才丢掉。为此许广平在广州专门给鲁迅买了一个象牙烟嘴。

鲁迅的亲朋好友都知道他爱吸烟，所以去探访时经常送烟给他。日记中有很多记载，孙伏园曾送过"华盛顿"牌香烟，友人张友松送过"仙果"牌烟卷。鲁迅在上海时三弟周建人偕夫人王蕴如经常去探望大哥，每次都要带给他一些香烟，章廷谦、许诗荃等友人也给鲁迅送过香烟。鲁迅在上海与日本友人交往比较多，日记中记载片山松元、森本清八、长尾景和、山本实彦、内山完造等都赠过他香烟。内山完造、增田涉还送过烟缸、烟嘴一类的烟具，应该都是日本货。1931年2月15日，鲁迅"为王君译眼药广告一则，得茄力克香烟六铁合"。这种烟很高级，这则广告现已不可考，不过报酬还是挺高的。鲁迅的日记常有买烟的记录，一次买个五六包。但大部分买烟的事都是由许广平包办，鲁迅对她说："我吸烟是不管好丑都可以的，因为虽然吸的多，却是并不吞到肚子里。"许广平听了鲁迅的话，觉得反正是不吞到肚子里，于是就买些廉价的纸烟给他抽。鲁迅去世后许广平为此事懊悔不已，觉得这件事是害了鲁迅的。其实就吸烟的事来说，许广平对鲁迅这样一位大烟筒是非常宽容的，整天吸着二手烟却不离不弃，这是真爱吧。鲁迅老友林语堂说："他机警的短评，一针见血，谁也写不过他。平常身穿白短衫、布鞋，头发剪平，浓厚的黑胡子，粗硬盖满了上唇。一口牙齿，给香烟熏得暗黄。衣冠是不整的，永远没有看过他穿西装。颧高，脸瘦，一头黑发黑胡子，看来就像望平街一位平常烟客。许广平女士爱他，是爱他的思想文字，绝不会爱他那副骨相。"

鲁迅吸烟的牌子很多，大都是"金"牌、"品海"牌一类的卷烟，还吸过"彩凤""黑猫""强盗"牌等。上海的烟品五花八门，有洋铁盒包装的，也有电木包装的，有50支装的，还有100支装的。萧红到鲁迅家，看到他备有两种烟，一种是白听子的，是前门烟，用来招待客人；另一种是绿听子的很便宜的，50支才四五角钱，通常放在桌上自己随时吸的。

鲁迅与许广平的感情交往，是从1925年11月3日许广平以"受教的一个小学生"的名义给鲁迅写第一封信开始的，信中对鲁迅的吸烟是一种仰慕。她写道："五四以后的青年是很可悲观痛哭的了！在无可救药的赫赫的气焰之下，先生，你自然是只要放下书包，洁身远引，就可以'立地成佛'的。然而，你在仰首吸那醉人的一丝丝的烟叶的时候，可也想到有在蛊盆中展转待拔的人们么？他自信是一个刚率的人，他也更相信先生是比他更刚率十二万分的人，因为有这点点小同，他对于先生是尽量地直言的，是希望先生不以时地为限，加以指示教导的。先生，你可允许他么？"鲁迅当日就给她写了一封热情洋溢的复信，对于香烟的问题，鲁迅解释道："我其实那里会'立地成佛'，许多烟卷，不过是麻醉药，烟雾中也没有见过极乐世界。假使我真有指导青年的本领——无论指导得错不错——我决不藏匿起来，但可惜我连自己也没有指南针，到现在还是乱闯。"又介绍了他的"壕堑战"法："对于社会的战斗，我是并不挺身而出的，我不劝别人牺牲什么之类者就为此。欧战的时候，最重'壕堑战'，战士伏在壕中，有时吸烟，也唱歌，打纸牌，喝酒，也在壕内开美术展览会，但有时忽向敌人打他几枪。"从此，鲁迅与许广平的交往开始频繁。香烟的话题，是鲁迅与许广平的爱情元素之一。鲁迅的吸烟，许广平是最了解的，她在回忆录中说：鲁迅吸烟"每天在五十支左右。工作越忙，越是手不离烟，这时候一半吸掉，一半是烧掉的。在北京和章士钊之流的正人君子斗争，医生曾经通知过他，服药同时吸烟不会好的，我们几个学生那时就经常做监视的工作，结果仍然未能停止"。许广平知道鲁迅有气喘病，劝诫鲁迅："我以为当照医生所说：1.戒多饮酒；2.请少吸烟。"鲁迅也知道吸烟对他的气喘病很不利，曾想戒掉吸烟，但最后一直也没戒掉，为此鲁迅曾对许广平检讨："我于这一点不知何以自制力竟这么薄弱，总是戒不掉。但愿明年有人管束，得渐渐矫正，并且也甘心被管，不至于再闹脾气的了。"

对于戒烟的事，鲁迅曾在写给许钦文的信中说："医生禁喝酒，那倒没有什么；禁劳作，但还只得做一点；禁吸烟，则苦极矣，我觉得如此，倒还不如生病。"1934年春，鲁迅的胃病发作，医生对他说是吸烟太多的缘故，因此他把每日的吸烟量减到十支，并改吸较好的烟。1935年6月他在致胡风的信中说："消化不良，人总在瘦下去，医生要我不看书，不写字，不吸烟——三不主义，如何办得到呢？"鲁迅去世前十天，参加了第二次全国木刻联合流动展览会，当时由摄影记者拍下一组照片，虽然面色憔悴却精神矍铄，与木刻青年侃侃而谈，那手中，始终夹着香烟。鲁迅直到去世前一天，手里还拿着香烟。鲁迅死于肺炎，鲁迅的肺病一定是与吸烟有关的。吸烟之癖，伴随了鲁迅一生。

"仰卧—抽烟—写文章，确是我每天事情中的三桩事，但也还有别的，自己恝不细说了。"鲁迅曾在致韦丛芜的信中这样说。鲁迅的小说有许多篇都描写过吸烟者，《风波》中的七斤手中的"象牙嘴白铜斗六尺多长的湘妃竹烟管",《阿Q正传》中阿Q手中的旱烟都给读者留下了很深的印象,这也是鲁迅对家乡中吸烟风俗的描述。《孤独者》《在酒楼上》对魏连殳、吕纬甫这些知识分子烟不离手的描写,是鲁迅自己有吸烟的体验才写得那样生动。

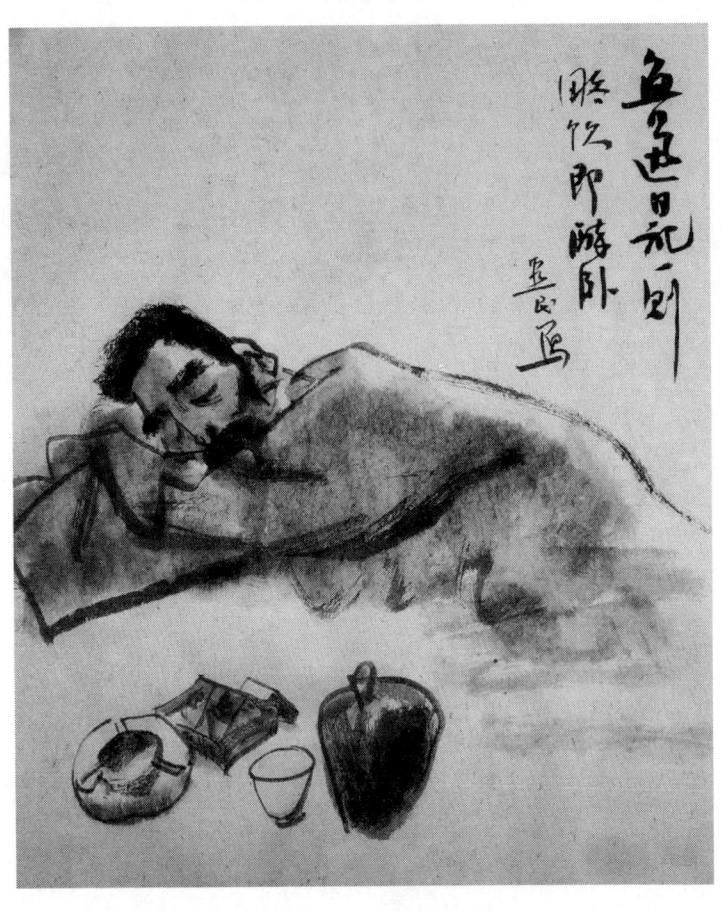

鲁迅日记一则：略饮即醉卧。

酒事

> 把酒论天下，
> 先生小酒人。

俗话说"烟酒不分家"，但酒与烟草不同，烟草是外来的东西，酒却是自中国上古就有的国粹。中国历代文人似乎都与酒有着不解之缘，鲁迅也算其中一位吧，他不但对酒的文化有研究，而且也是一位名副其实的酒人。鲁迅著名的《自嘲》诗中有句云："漏船载酒泛中流"，即在一条随时可沉没的破船上，在湍急的河流险境中载酒而行。道出那个乱世中生存的状态。鲁迅有很大的朋友圈，因此酒局在他的生命中也占据了很大成分。在餐桌上，他也许就构思了文章的题目和内容，也许就生发出许多思考。在与朋友的聚会中，他们曾谈论中国的社会，谈论刊物的编辑，讨论文学与革命的问题，也谈论朋友之间的友情、同乡之间的亲情等。鲁迅的日记中留下许多"微醉""小醉""颇醉""大醉"的记录。

鲁迅祖居在绍兴，绍兴所产黄酒历史悠久，被称为酒乡，战国时就有"投醪劳师"的故事。绍兴的"花雕"非常有名，这酒以糯米和红糖酿造，传说古时绍兴风俗，在女儿出生之后，将酒装坛并封存，待到女儿出嫁时，将酒取出，在坛面上塑雕上彩色图案，作为嫁妆，所以这酒又名"女儿红"。绍兴的年节，也是以本地产黄酒为主要酒品。鲁迅深受绍兴酒文化影响，饮酒也是他生活中的一大嗜好，他的抽烟与喝酒，也可以说是继承了父亲的习惯。鲁迅的父亲周伯宜有吸鸦片的瘾，年轻时喝黄酒有不过一斤的量，白酒也喝不过四两，平时不和家人吃饭，因为他总要先喝酒，酒后常给孩子们讲些诸如《聊斋》一类的故事。绍兴的乡俗中有很多饮酒的习惯，如祭祖、上坟时都要喝"忌日酒"，类似办丧事时的宴会。过年过节也要喝酒。

鲁迅很早就有对酒的了解。1898年鲁迅作《戛剑生杂记》中有关于试烧酒的方法："试烧酒法，以缸一只，猛注酒于中，视其上面浮花，顷刻迸散净尽者为活酒，味佳，花浮水面不动者为死酒，味减。"鲁迅自幼好读书，还经常向寿镜吾先生请教一些课外的问题。有一次他听到一个东方朔的故事，说东方朔认识一种虫，名字叫"怪哉"，是忧愁的化身，用酒一浇就融化了。"怪哉"是中国古代神话传说中的一种昆虫的名字，故事出自《殷芸小说》卷二。原文是这样的："汉武帝幸甘泉宫，驰道中有虫，赤色，头目牙齿耳鼻尽具，观者莫识。帝乃使东方朔视之。还对曰：'此虫名怪哉。昔时拘系无辜，众庶愁怨，咸仰首叹曰："怪哉！怪哉！"盖感动上天，愤所生也，故名怪哉。此地必秦之狱处。'即按地图，信如其言。上又曰：'何以去虫？'朔曰：'凡忧者，得酒而解。以酒灌之当消。'于是使人取虫置酒下，须臾糜散。"鲁迅想详细知道这个故事，曾问过他的保姆阿长，当然，阿长毕竟知识不渊博，于是他就请教寿老先生，但得到的回答是"不知道"，而且脸上还有了怒色。因为老师认为，学生只要读书，别的事情是不应该问的。鲁迅1901年写的骚体诗《祭书神文》中就有描写酒的诗句："华筵开兮腊酒香，更点点兮夜长。人喧呼兮入醉乡，谁荐君兮一觞。绝交阿堵兮尚剩残书，把酒大呼兮君临我居。"同年与二弟周作人合作的《惜花四律》中也有写酒的诗句："祗恐新秋归塞雁，兰艭载酒桨轻摇"，"慰我素心香袭袖，撩人蓝尾酒盈卮"。对文人来说，诗酒不分家才是真正的俗话说。

青年鲁迅本来不怎么喝酒，他去日本留学时也很少喝。周作人回忆鲁迅："东京时却不知怎的简直不喝，虽然蒲桃酒与啤酒都很便宜，清酒不大好吃，那也算了。只是有一回，搬到西片町不久，大概是初秋天气，忽然大家兴致好起来，从近地叫作一白舍的一家西洋料理店要了几样西餐来吃，那时喝了些啤酒。"鲁迅也不常在外面吃饭，只是有时拉着好友许寿裳等一两个人到神乐坂吃"支那料理"。"鲁迅酒量不大，可是喜欢喝几杯，特别有朋友对谈的时候，例如在乡下办师范学堂那时，与范爱农对酌，后来在北京S会馆，有时也从有名的广和居饭馆叫两样蹩脚菜，炸丸子与酸辣汤，打开一瓶双合盛的五星啤酒来喝。"鲁迅的酒量究竟有多少？他在《在酒楼上》写自己叫堂倌来"一斤绍酒，十个油豆腐，辣酱要多"，这大概就是鲁迅的酒量吧。在家乡时他与范爱农对酌，范爱农可以喝到两斤多。

1912年鲁迅到北京教育部工作，1926年离开北京南下，他在北京工作生活了十四年。鲁迅到北京后，住在绍兴会馆有过7年多孤独的生活历程，与朋友聚会餐饮自然是他生活的重要部分。他用过餐饮过茶的地方有60多处。其中既有名气很大的饭店，也有常去便餐的小馆。饭菜的风味有山东、河南、福建、浙江等各省菜系，还有德式、日式等番菜（西餐）馆，其中不乏北京的一些老字号，如致美斋、广和居、便宜坊、会贤堂、南味斋、东兴楼等，也有许多小饭馆。鲁迅初到北京时，虽是孤身一人，但同乡好友众多，宴饮不断，常聚的友人有许寿裳、许铭伯、蔡谷清、张协和、董恂士、许诗荃、郁达夫等，常聚的饭馆是宣武门外的广和居等。

广和居饭庄是清末以来北京的一个有名的饭馆，鲁迅周围的文化人经常在这里聚会餐饮。周作人、马幼渔、朱希祖、沈尹默、许寿裳、钱玄同以及教育部的许多同事等都是这里的常客。鲁迅于1912年5月5日到北京，住进宣武门外南半截胡同的绍兴会馆，5月7日便"夜饮于广和居"。至1919年搬离绍兴会馆前，鲁迅日记中有64条到广和居宴饮的记录。鲁迅在绍兴会馆住了约7年，会馆内又不供膳食，鲁迅又是单身一人，所以常到广和居吃饭或是叫饭馆把饭菜送到会馆。鲁迅还在广和居留下许多醉酒的记录，日记载：1912年7月14日，"下午偕铭伯、季市饮于广和居，甚醉"。8月1日，与钱稻孙、许寿裳同游琉璃厂后"晚饮于广和居，颇醉"。1913年4月28日，"晚稻孙来，季市呼饮于广和居，小醉"。醉酒的原因，有时是抒发心中的愤懑，有时是与朋友之间的开怀。在广和居的聚餐，有时是教育部同事的聚会，有时是绍兴同乡的聚饮，还有时是AA制的便餐，如1912年8月22

日,"晚钱稻孙来,同季市饮于广和居,每人均出资一元。归时见月色甚美,骡游于街"。几个好友在夏夜美丽的夜色中,骑着骡子在街上云游,好不惬意。

1919年年底,鲁迅举家搬迁到新购置的西直门内八道湾,全家住在一个四合院中,其乐融融,家宴也是经常的,过年节、孩子的生日等都会饮酒助兴。1923年8月,因为鲁迅与周作人兄弟失和事件,鲁迅移居至西四砖塔胡同,还大病了一场。鲁迅日记载:

1923年9月19日,夜半雷雨,不寐饮酒。

1923年11月8日,夜饮汾酒,始废粥进饭,距始病时三十九日矣。

1924年2月4日,旧历除夕也,饮酒特多。

1924年2月6日,夜失眠,尽酒一瓶。

从日记看,这段时间的饮酒记录了他心情的抑郁,兄弟失和,对他的身体造成了很大的损害,毕竟,这样一个大家庭从此分裂了,多年的兄弟从此反目,此时的酒是浇愁的苦酒。

1924年5月,鲁迅买下阜成门内西三条21号院,在这里,鲁迅过了一段独家小院的生活。鲁迅独自喝酒的情况就不多了,但友人学生来探望时,就会与大家开怀痛饮。鲁迅日记载:1925年4月11日,"午后俞芬、吴曙天、章衣萍来,下午同母亲游阜成门外钓鱼台。夜买酒并邀长虹、培良、有麟共饮,大醉"。在这里鲁迅还收获了爱情。

民国时期的端午节和现在一样，有一天的休假。1925年6月25日鲁迅日记载："晴。端午，休假。"其实那一天，鲁迅家里来了许多人，请了许羡苏、许广平、俞芬、俞芳、王顺亲五位小姐到家里吃饭。许羡苏、俞芬、王顺亲都是周建人在绍兴教书时的学生。席间，许广平与俞芬姐妹、王顺亲串通起来，把鲁迅灌醉。那天先是喝葡萄酒，然后说这酒太轻了，改喝黄酒。然后又说黄酒又太轻了，问鲁迅有没有胆量吃白酒。鲁迅说，吃白酒就吃白酒。鲁迅果然多喝了几杯，鲁迅醉后用拳头击打俞芬、俞芳的颧骨，又按住许广平的头。这几个女孩本来和鲁迅家都是熟客，只有许广平是新加入进来的。聚酒狂欢以度佳节本是一件好玩的事，这样一闹许羡苏觉得有点过分了，于是愤然离席。事后她对许广平说：这样灌酒会酒精中毒的，而且先生可喝多少酒，太师母订有戒条。

三天后，许广平赶快写了一封"诚恐惶恐的赔罪"信给鲁迅。鲁迅回信说："第一，酒精中毒是能有的，但我并不中毒。即使中毒，也是自己的行为，与别人无干。且夫不佞年届半百，位居讲师，难道还会连喝酒多少的主见也没有，至于被小娃儿所激么？！这是决不会的。第二，我并不受有何种戒条。我的母亲也并不禁止我喝酒。我到现在为止，真的醉只有一回半，决不会如此平和。"他告诉许广平："此后不准再来道歉。"不料许广平又写信嘲笑鲁迅："这点酒量都失败，还说'喝酒我是不怕的'，羞不羞？"

1925年年初，孙伏园主持的《京报副刊》刊出征求海内外"名流学者"向青年推荐"青年必读书"活动。鲁迅的答卷是：

"从来没有留心过，所以现在说不出。"并在附注中写道："我以为要少——或者竟不——看中国书，多看外国书。少看中国书，其结果不过不能作文而已。""青年最要紧的是'行'，不是'言'。"之后，带来一场关于推荐书目的大论争。曾有一位学者向学生发议论，以为鲁迅"读得中国书非常的多。……如今偏不让人家读，……这是什么意思呢！"鲁迅在《这是这么一个意思》一文中回复道："我读确是读过一点中国书，但没有'非常的多'；也并不'偏不让人家读'。有谁要读，当然随便。只是倘若问我的意见，就是：要少——或者竟不——看中国书，多看外国书。"他讲了一个喝酒的例子："我向来是不喝酒的，数年之前，带些自暴自弃的气味地喝起酒来了，当时倒也觉得有点舒服。先是小喝，继而大喝，可是酒量愈增，食量就减下去了，我知道酒精已经害了肠胃。现在有时戒除，有时也还喝，正如还要翻翻中国书一样。但是和青年谈起饮食来，我总说：你不要喝酒。听的人虽然知道我曾经纵酒，而都明白我的意思。"

1926年8月，鲁迅离京南下，其中有被段祺瑞执政府通缉、兄弟失和等原因，恐怕最重要的原因是由于鲁迅与许广平相爱又不能在北京结合。《两地书》中鲁迅在北京给许广平的最后一封信中有这样的话："天只管下雨，绣花衫不知如何？放晴的时候，赶紧晒一晒罢，千切万切。"是不是可以说明他们这时已经亲密无间了呢。

鲁迅离京后先后在厦门大学和中山大学任教，此间鲁迅与许广平书信频繁，从《两地书》中可知鲁迅此间除了必要的应酬外，基本不大喝酒，一是鲁迅并无酒瘾，二是因为他的胃病。许广平在信中劝鲁迅:"不敢劝戒酒,但祈自爱节饮。"鲁迅在信中对许广平解释在北京时的喝酒,说:"酒是自己不想喝,我在北京,太高兴和太愤懑时就喝酒,这里虽然仍不免有小刺戟,然而不至于'太',所以可以无须喝了,况且我本来没有瘾。"

1927年10月,鲁迅到了上海,度过了他一生中的最后十年。说上海十里洋场,就像一个世界菜馆博览会一点不假,这里汇聚着中外各个菜系,中西大餐无所不有,况且,鲁迅的众多好友都在上海居住。据施晓燕《鲁迅在上海的居住与饮食》统计,鲁迅在上海宴饮过的菜馆有七十多处,去得比较多的是言茂源、中有天、东亚食堂、知味观、梁园等。从鲁迅日记看,他10月3日到上海,马上就是一系列接风洗尘式的宴请及答谢:

三日　晴。午后抵上海,寓共和旅馆。下午同广平往北新书局访李小峰、蔡漱六,柬邀三弟,晚到,往陶乐春夜餐。

四日　晴。午前伏园、春台来,并邀三弟及广平至言茂源午饭,玉堂亦至。下午六人同照相。大雨。……夜钦文来。得小峰招饮柬。

五日　雨。……午邀钦文、伏园、春台、三弟及广平往言茂源饭。……夜小峰邀饭于全家福,同坐郁达夫、王映霞、潘梓年、钦文、伏园、春台、小峰夫人、三弟及广平。

六日　昙。……午达夫邀饭于六合馆,同席六人。

七日　昙。上午李小峰来。……晚邀小峰、云章、锦琴、伏园、三弟及广平饮于言茂源,语堂亦至,饭毕同观影戏于百新[星]戏院。

八日　晴。上午从共和旅店移入景云里寓。……夜同三弟、广平往中有天饭，饭讫至百新[星]戏院观影戏。

九日　星期。晴。……夜邀衣萍、小峰、孙君烈、伏园、三弟及广平往中有天夜餐。

鲁迅在致廖立峨的信中表达了他的苦恼："我到上海已十多天，因为熟人太多，一直静不下，几乎日日喝酒，看电影。我想，再过一星期，大约总可以闲空一点。倘若这样下去，是不好的，书也不看，文章也不做。"喝酒，与友人畅谈，有欢乐，也有不快。

在上海，鲁迅也有几次醉酒的记录。鲁迅日记有载：1927年10月23日，"午邀衣萍、曙天、春台及三弟往东亚饭店午餐。……夜同许希林、孙君烈、孙春台、三弟及广平往近街散步，遂上新亚楼啜茗，春台又买酒归同饮，大醉"。11月9日，"夜食蟹饮酒，大醉"。12月31日，"晚李小峰及其夫人招饮于中有天，同席郁达夫、王映霞、林和清、林语堂及其夫人、章衣萍、吴曙天、董秋芳、三弟及广平，饮后大醉，回寓欧吐"。这一天是新年前夜，北新书局李小峰请客，郁达夫在席上与鲁迅赌酒，吴曙天回忆："席上闹得很厉害，大约有四五个人都灌醉了，鲁迅先生也醉了，眼睛睁得多大，举着拳头喊着说：'还有谁要决斗！'"

林语堂是鲁迅的老友，他们的翻脸也发生在酒桌上，被人们称为"南云楼风波"。1929年，鲁迅与北新书局的版税官司由郁达夫从中调解得到解决，为此北新书局老板李小峰在南云楼宴请鲁迅，林语堂夫妇等人参加，席间发生了剧烈的争执。冲突的起因，是李小峰认为版税事件是由于一个叫张友松的人的挑拨，而忠诚厚实的林语堂在席间偶然提起了他的名字。这事件的经过有三个当事人的记录：

鲁迅日记记载：1929年8月28日，"午后大雨。下午达夫来。石君、矛尘来。晚霁。小峰来，并送来纸版，由达夫、矛尘作证，计算收回费用五百四十八元五角。同赴南云楼晚餐，席上又有杨骚、语堂及其夫人、衣萍、曙天。席将终，林语堂语含讥刺，直斥之，彼亦争持，鄙相悉现"。

郁达夫回忆："鲁迅那时也有了一点酒意，一半也疑心语堂在责备这第三者的话，是对鲁迅的讽刺；所以脸色发青，从坐位站了起来，大声地说：'我要声明！我要声明！'他的声明，大约是声明并非由这第三者的某君挑拨的。语堂当然也要声辩他所讲的话，并非是对鲁迅的讽刺；两人针锋相对，形势真弄得非常险恶。在这席间，当然只有我起来做和事佬，一面按住鲁迅，一面我就拉了语堂和他的夫人，走下了楼。"

鲁迅去世后，林语堂在《忆鲁迅》中说："有一回，我几乎跟他闹翻了。事情是小之又小。是鲁迅神经过敏所至。那时有一位青年作家，他是大不满于北新书店的老板李小峰，说他对作者欠账不还等等……我也说了附和的话，不想鲁迅疑心我在说他。他是多心，我是无猜。两人对视像一对雄鸡一样，对了足足两分钟。幸亏郁达夫作和事佬。几位在座女人都觉得'无趣'。这样一场小风波，也就安然流过了。"在《悼鲁迅》一文中，他给予鲁迅很高的评价，在谈到自己与鲁迅的过去时，有这样一段话：

"鲁迅与我相得者二次，疏离者二次，其即其离，皆出自然，非吾与鲁迅有轻轩于其间也。吾始终敬鲁迅；鲁迅顾我，我喜其相知，鲁迅弃我，我亦无悔。大凡以所见相左相同，而为离合之迹，绝无私人意气存焉。"

大雨天，喝酒，鲁迅久病，林语堂实在，众多因素促成了南云楼事件。其实这的确是一件很小的事，但是喝酒后，他们以往的一些笔墨恩怨爆发出来，伤了大家和气，也是由于此时两人的思想差异，导致后来不再交往。这虽然算是一件文坛掌故，但表现出众人鲜明而有趣的个性。

鲁迅在上海的酒局的确很多，但由于胃病与肺病的困扰，在喝酒方面鲁迅也是注意节制的。亲朋好友访鲁迅时多会带酒给他，酒的品种他不太讲究，白干酒、五加皮、汾酒等烈性酒他都喝过，白玫瑰、白兰地、威士忌酒、苦南酒（北方黄酒分为甜与苦两种，如山西黄酒称"甜南酒""苦南酒"）、薄荷酒、玫瑰葡萄酒、白葡萄酒，啤酒他也喝，而喝得最多的，还是家乡绍兴的黄酒。许广平不懂酒，只知五加皮是烈性酒。有一段鲁迅喝五加皮，因为酒性太烈，许广平就老把瓶塞在平时打开，好教散一点酒气，变得淡些。后来郁达夫笑她太没有对于酒的知识，告诉他这样是降低不了酒精度的。以后，许广平就只让鲁迅喝陈黄酒或度数不高的啤酒了。

鲁迅颇懂得饮酒历史和饮酒的情趣。他曾说："李白会做诗，就可以不责其喝酒，如果只会喝酒，便以半个李白，或李白的徒子徒孙自命，那可是应该赶紧将他'排绝'的。"（《"招贴即扯"》）正如鲁迅会作诗、小说、散文、杂文，人们并不在意他的喝酒，倘若他只是会喝酒，也就不会成为鲁迅。在鲁迅留给世人的文字中，常常是以酒来作为佐料。

鲁迅的小说《在酒楼上》《孔乙己》《阿Q正传》《孤独者》等，其中的主要人物都是围绕喝酒来展开的，而在他的笔下，对酒馆场景的熟悉，对喝酒人物的刻画，无不入木三分，这与鲁迅的饮酒体验是分不开的。

他的杂文中有很多关于酒的话题。《魏晋风度及文章与药及酒之关系》可以看出他对酒颇有研究。从曹操、何晏到"竹林七贤"中的嵇康、阮籍、刘伶，再到"田园诗人"陶渊明，他把魏晋时代的饮酒之风分析得极为通透。有攻击鲁迅者，因鲁迅生于绍兴，绍兴产酒，便说他是"醉眼陶然"，自称"革命艺术家"的叶灵凤还画过一幅鲁迅躲在酒坛后面的漫画。鲁迅在《我的态度气量和年纪》《革命咖啡店》等杂文中一一加以回击。他在致萧军、萧红的信中说："我其实是不喝酒的；只在疲劳或愤慨的时候，有时喝一点，现在是绝对不喝了，不过会客的时候，是例外。说我怎样爱喝酒，也是'文学家'造的谣。"

鲁迅所作旧体诗，也常有关于酒的描述，如："把酒论天下，先生小酒人。大圜犹酩酊，微醉合沉沦。"（《哭范爱农》）"岁暮何堪再惆怅，且持卮酒食河豚。"（《无题·其一》）"无端旧梦驱残醉，独对灯阴忆子规。"（《无题·其二》）等。1932年10月12日，鲁迅日记载："午后为柳亚子书一条幅，云：'运交华盖欲何求，未敢翻身已碰头。旧帽遮颜过闹市，破船载酒泛中流。横眉冷对千夫指，俯首甘为孺子牛。躲进小楼成一统，管他冬夏与春秋。达夫赏饭，闲人打油，偷得半联，凑成一律以请'云云。"从日记看，鲁迅这一天的兴致是很高的。前一天好友郁达夫与王映霞在聚丰园请鲁迅吃饭，同席还有柳亚子夫妇、郁达夫兄嫂、林徽因。老友相聚，必是谈得投机，席间柳亚子向鲁迅求字。第二天鲁迅诗兴大发，作成一律，这首烩炙人口的名篇，成为鲁迅的代表作。

鲁迅服装全不注意,但别有细密处……

衣事

> 我总不信在旧马褂未曾洗净叠好之前,便不能做一件新马褂。

人类的服饰,由远古人类以驱寒保暖到遮羞美化,是随着人类的发展逐步演变着的,服饰文化是世界各民族不断融合的产物。鲁迅生于晚清,经历了清光绪、宣统及民国三个时代,这期间中国的服饰产生过巨大的变化。原来的汉服由于清朝的统治融入了满族的元素,辛亥革命以后,随着清帝国被推翻,西洋文化、贸易的进入,使得中国人的服饰也进入一个新的变化潮流,剪辫、放足运动给中国人带来了新的精神面貌,男人的中山装、女人的改良旗袍等多种服装样式在中国逐渐流行起来。考查鲁迅一生的服饰及其审美观,能够反映那个时代人们思想解放的脉络。

故乡的服饰——短衣与长衫

鲁迅的故乡绍兴是春秋时越国的都城，历史文化渊源深厚，那里风土民俗有悠久的历史传承，清末的历史老照片中还记录着当时人们的服饰。周福清于同治十年（1871）考中进士，并点为翰林院庶吉士，即相当于进入京城皇家的人才库，后来曾做过江西金溪县知事，最多也就是个七品官，但这在他的家乡，是个很有身份之人，周家在绍兴也是一个传承了十几代的名门望族。在绍兴的鲁迅故居中，可以看到鲁迅的祖父周福清与两位祖母的画像。画像中，周福清身着清代青色官袍，峨冠博带，头戴素金色顶戴，胸前有补服，项上挂着长长的朝珠，两位祖母着红袍，也是宽袍阔袖，头戴花冠，雍容华贵。故居里面还有鲁迅父亲周伯宜和母亲鲁瑞的半身画像，周伯宜服饰为中式立领马褂，头戴瓜式帽，鲁瑞身着大襟棉袄，头戴软帽，全是殷实人家装束。周作人在《鲁迅的故家》中曾写道："伯宜公平常衣着都整齐，早起折裤角系带，不中意时反复重作，往往移晷……鲁迅服装全不注意，但别有细密处，描画，抄书稿，折纸钉书，用纸包书，都非常人所能及。"这爷俩在细致方面是一致的。

孩童的服饰，可以从鲁迅早逝的四弟椿寿的画像中反映出来。在北京西三条鲁迅故居的正房东壁上，挂着一幅画像，那是鲁迅的四弟椿寿，生于1893年6月13日，1898年12月20日因患急性肺炎去世，按农历说只活了六岁。椿寿去世后，鲁迅的母亲很悲伤，鲁迅兄弟特地请了绍兴有名的画家叶雨香给四弟画了一幅遗像，这幅画随鲁迅母亲一直挂了四五十年。画像中的椿寿，身着至膝大襟袍褂，内有白色衬衣，肥大的裤脚下面是扎起来的，项上戴有长命锁，红鞋白袜，头上一抹小留海。

　　鲁迅一家的装束，基本代表了当时小康人家的样子。晚清至民国，百姓的装束大都如此，只是富裕人家与穷苦人家的服饰无论从衣料的质地与款式上还是有很大的差别。画家丰子恺是鲁迅同时代人，他画有多本鲁迅小说插图，真实再现了那个时候各式人们的装束。鲁迅的小说、散文中，通过对人物服饰的描述，来表现人物的性格、阶层。

　　小说《孔乙己》中能出十几文钱，买一样荤菜的多是"短衣帮"，也就是做劳工的人，而"只有穿长衫的，才踱进店面隔壁的房子里，要酒要菜，慢慢地坐喝"。孔乙己是"站着喝酒而穿长衫的唯一的人"。《药》中描写刽子手："突然闯进了一个满脸横肉的人，披一件玄色布衫，散着纽扣，用很宽的玄色腰带，胡乱捆在腰间。"《风波》中的酒店老板赵七爷是有身份的人，他穿的是宝蓝色竹布的长衫，但这衣服也不是常穿的，只是在重要场合才这样穿出来："赵七爷的这件竹布长衫，轻易是不常穿的，三年以来，只穿过两次：一次是和他呕气的麻子阿四病了的时候，一次是曾经砸烂他酒店的鲁大爷死了的时候；现在是第三次了，这一定又是于他有庆，于他的仇家有殃了。"《孤独者》中，在魏连殳的丧仪上"还闲站着几个短衣的粗人"，"我刚跨进门，当面忽然现出两个穿白长衫的来拦住了，瞪了死鱼似的眼睛，从中发出惊疑的光来，钉住了我的脸。我慌忙说明我和连殳的关系，大良的祖母也来从旁证实，他们的手和眼光这才逐渐弛缓下去，默许我近前去鞠躬"。这里的"短衣的粗人"与"穿白长衫的"身份与气势有显著的不同。鲁迅运用白描的手法，通过对服饰的描写，生动地刻画了人物的形象。

鲁迅所处的时代，已经开始有绸裙与洋纱衫。《阿Q正传》中，阿Q上城后似乎发了财，未庄的人们纷纷向他求购绸裙与洋纱衫。阿Q的装束，也是短衣，头上还戴着一顶绍兴常见的乌毡帽，鲁迅曾解释他的用意说："只要在头上给戴上一顶瓜皮小帽，就失去了阿Q，我记得我给他戴的是毡帽。这是一种黑色的、半圆形的东西，将那帽边翻起一寸多，戴在头上的；上海的乡下，恐怕也还有人戴。"这正是一个伟大作家在细节描写上的高明之处。

求学的服饰——制服与和服

1898年，鲁迅"走异路，逃异地，去寻求别样的人们"，离家去南京江南水师学堂读书，由于没有余钱做衣服，穿着夹裤就过冬了，棉袍也很破旧，两个肩膀处已经没有一点棉絮了。学校也有专门的制服。有一次放假后，从上海乘船回南京，因为没钱，只好坐统舱。鲁迅找了个地方铺好铺盖就离开了一会儿，待回来时铺盖却被别人卷起，地方被人占了，于是鲁迅就把那铺盖卷走，重新把自己的铺盖铺上。这时忽然看见一个流氓动手打了过来，鲁迅随手抓起一个洋铁罐打在那流氓身上。那流氓不干了，凶狠地要打架。这时只听背后大喝一声"你敢！"那流氓吓得赶快跑掉了。原来那天正好遇到矿路学堂总办钱德培，也坐这条轮船回南京，他身边带着四个卫兵，卫兵一看鲁迅穿着矿路学堂的制服，所以大喝一声，把那流氓吓跑了。

1902年，鲁迅先后在日本弘文学院和仙台医学专门学校读书，穿的是制服，后来到东京基本就穿日本的和服，现存鲁迅留下的不少照片可以佐证。日本的学生制服为黑色，样式是对襟立领，前面有五个纽扣，左侧胸前有一个衣兜，下面无兜。鲁迅穿衣照像时很是随便，常常是只系最上面两个扣子，下面露出内穿的小马甲。孙中山后来设计的中山装，就有很多这种衣服的元素，只是上下四个兜，领子为折叠式。周作人曾描述鲁迅在日本时的穿着："他平常无论往哪里去，都是那一套服色，便帽即打鸟帽，和服系裳，其形象很像乡下农民冬天所着的拢裤，脚下穿皮靴。"鲁迅穿的和服都是布料做的，有单夹棉三套，内穿衬衣，但从不穿衬裤，逛书店时也常穿木屐。

现存鲁迅最早的一张照片是1903年摄于日本东京的"断发小照"。鲁迅非常痛恨象征民族压迫的辫子，所以在反清革命思潮影响下第一个剪去了辫子，并拍照留念。后来他作《自题小像》诗一首，题写在照片的背面，赠给好友许寿裳。照片中的鲁迅穿的就是在东京弘文学院时期的制服。

鲁迅在《藤野先生》中曾写道："东京也无非是这样。上野的樱花烂熳的时节，望去确也像绯红的轻云，但花下也缺不了成群结队的'清国留学生'的速成班，头顶上盘着大辫子，顶得学生制帽的顶上高高耸起，形成一座富士山。"日本的富士山，曾经是一座蕴藏着丰富能量的火山，是日本一处著名的风景。当时在日本东京的留学生人数超过两万，大多学习法政、铁路和速成师范，目的是做官发财。鲁迅很看不起那些清国留学生，因为他们不求上进、不学无术，头顶上盘着大辫子，把学生制服中的帽子顶得高高耸起，所以称他们是"形成了一座富士山"。和鲁迅一起的同学听到鲁迅的比喻后笑得喷饭。当时有个同学名叫王立才，送了鲁迅一个绰号叫"富士山"，于是"富士山"就成了鲁迅的一个诨名在学生中流传。

1909年6月鲁迅归国，先后在杭州和绍兴教书，服饰问题给他带来了一些烦恼。他在《病后杂谈之余》一文中说："我回中国的第一年在杭州做教员，还可以穿了洋服算是洋鬼子；第二年回到故乡绍兴中学去做学监，却连洋服也不行了，因为有许多人是认识我的，所以不管如何装束，总不失为'里通外国'的人，于是我所受的无辜之灾，以在故乡为第一。尤其应该小心的是满洲人的绍兴知府的眼睛，他每到学校来，总喜欢注视我的短头发，和我多说话。"鲁迅在杭州和绍兴教书时都有照片，立领的衬衫上打着领带，里面是马甲，外面是西装。他在夏天时做了一件白羽纱长衫，一直穿到十月天冷为止。辛亥革命以后，鲁迅独出心裁，设计了一件类似中山装外套，叫西服裁缝给做好，脚上穿的皮革面皮鞋。

皇城的服饰——袍褂党

马褂原为明代的军服，清代时为便于骑马而形成流行服装。满族人骑马时内着长袍，外套马褂，显得威武庄严，号称"长袍马褂"。清代男性一般以穿马褂为正装，对襟、立领、袖端为平口，前襟有五个扣襻，短款衣长到腰下位置。长款称为袍褂，斜开气，扣襻在侧面，长及脚面。民国元年（1912），北洋政府颁布《服制案》，将长袍马褂列为男子日常礼服之一。民国十八年（1929），国民政府公布《服制条例》，又将蓝长袍、黑马褂列为国民礼服，一般为黑色面料。

辛亥革命以后，留洋的学子们把洋服带入中国。革命者不但恨辫子，同样也恨马褂和袍子，因为那是满州服。但是，不但袁世凯把袍子马褂作为国礼服，五四运动之后的北京大学要整饬校风，规定制服，学生们公议的结果也是：袍子和马褂！鲁迅把主张实行长袍马褂的人称为"袍褂党"。

鲁迅最早穿马褂的照片是1917年京师图书馆开馆合影。他在北京还有许多穿马褂的照片，南下后便没有了。鲁迅在《洋服的没落》一文中说："几十年来，我们常常恨着自己没有合意的衣服穿。清朝末年，带些革命色采的英雄不但恨辫子，也恨马褂和袍子，因为这是满洲服。""这回的不取洋服的原因却正如林语堂先生所说，因其不合于卫生。造化赋给我们的腰和脖子，本是可以弯曲的，弯腰曲背，在中国是一种常态，逆来尚须顺受，顺来自然更当顺受了。所以我们是最能研究人体，顺其自然而用之的人民。脖子最细，发明了砍头；膝关节能弯，发明了下跪；臀部多肉，又不致命，就发明了打屁股。违反自然的洋服，于是便渐渐的自然的没落了。"关于洋服与袍褂的争论，鲁迅讲过一个樊山老人有趣的故事：

"革命之后，采用的却是洋装，这是因为大家要维新，要便捷，要腰骨笔挺。少年英俊之徒，不但自己必洋装，还厌恶别人穿袍子。那时听说竟有人去责问樊山老人，问他为什么要穿满洲的衣裳。樊山回问道：'你穿的是那里的服饰呢？'少年答道：'我穿的是外国服。'樊山道：'我穿的也是外国服。'"

樊山即樊增祥，是清代官员、文学家，在美术界也很有名望。樊山所说的外国服即清朝的服装。民国很长一段时间流行的还是长袍马褂，鲁迅在纪念李大钊的文章《守常全集〈题记〉》中说："段将军的屠戮，死了四十二人，其中有几个是我的学生，我实在很觉得一点痛楚；张将军的屠戮，死的好像是十多人，手头没有记录，说不清楚了，但我所认识的只有一个守常先生。在厦门知道了这消息之后，椭圆的脸，细细的眼睛和胡子，蓝布袍，黑马褂，就时时出现在我的眼前，其间还隐约看见绞首台。痛楚是也有些的，但比先前淡漠了。这是我历来的偏见：见同辈之死，总没有像见青年之死的悲伤。"这"蓝布袍，黑马褂"给鲁迅留下了深刻的印象。鲁迅虽不是"袍褂党"，但在北京时期的公共场合，也多以长袍马褂出场，这就是为什么鲁迅在北京的照片多以马褂服出镜的原因了。

关于马褂，还有一段著名的故事：五四时期，在学术界引起一场"整理国故"运动。最初的主张是由胡适提出的。他们的观点是，"中国自有许多好东西，都不整理保存，倒去求新，正如放弃祖宗遗产一样不肖"。鲁迅说："抬出祖宗来说法，那自然是极威严的，然而我总不信在旧马褂未曾洗净叠好之前，便不能做一件新马褂。就现状而言，做事本来还随各人的自便，老先生要整理国故，当然不妨去埋在南窗下读死书，至于青年，却自有他们的活学问和新艺术，各干各事，也还没有大妨害的，但若拿了这面旗子来号召，那就是要中国永远与世界隔绝了。倘以为大家非此不可，那更是荒谬绝伦！"鲁迅一个形象的比喻，一针见血地说明了继承文化遗产与创新的关系。

民国时期北京的年轻人穿西装和皮鞋的多起来，学生的制服近似中山装，女生的上衣袖子宽大过肘，下身是黑色的裙子，白袜子黑皮鞋。小说《伤逝》中的子君穿的就是"布的有条纹的衫子，玄色的裙"。

沪上的服饰——时尚与审美

南下后的鲁迅,基本上以穿长衫为主了。1926年10月23日他写信给许广平汇报:"只穿一件蓝洋布大衫而不戴帽,乃敝人近日之服饰也。"1927年10月,鲁迅到上海定居下来,在上海度过了他最后的十年。上海是中国服饰比较引领潮流的城市,鲁迅曾在《上海的少女》一文中写道:"在上海生活,穿时髦衣服的比土气的便宜。如果一身旧衣服,公共电车的车掌会不照你的话停车,公园看守会格外认真的检查入门券,大宅子或大客寓的门丁会不许你走正门。所以,有些人宁可居斗室,喂臭虫,一条洋服裤子却每晚必须压在枕头下,使两面裤腿上的折痕天天有棱角。"

鲁迅一生的照片很多,但并没有一幅是戴围巾的。萧红回忆说:"鲁迅先生不戴手套,不围围巾,冬天穿着黑土蓝的棉布袍子,头上戴着灰色毡帽,脚穿黑帆布胶皮底鞋。"她问鲁迅:"周先生不是很好伤风吗?不围巾子,风一吹不就伤风了吗?"鲁迅答道:"从小就没戴过手套围巾,戴不惯。"她描述道:"鲁迅先生一推开门从家里出来时,两只手露在外边,很宽的袖口冲着风就向前走,腋下夹着个黑绸子印花的包袱,里边包着书或者是信,到老靶子路书店去了。"但鲁迅也不是没有戴过围巾。1918年11月19日鲁迅日记载:"午后往瑞蚨祥买手衣二具,围巾二条,共券十八元,与二弟分用。"在北京的冬天,一个南方人,围巾手套还是需要戴的,而且是与二弟分享,表达了大哥浓浓的情意。1932年冬,鲁迅回北京探望母亲,有一天到西单商场,想买些送人的东西,还没买,却让小偷窃走两元钱。鲁迅写信给许广平告知此事说："盖我久不惯于围巾手套等，万分臃肿，举动木然，故贼一望而知为乡下佬也。"因为鲁迅的原配夫人朱安不会织毛线，鲁迅的学生、许广平的同学许羡苏还给鲁迅织过毛线围巾、毛线背心。

鲁迅在上海期间的许多照片，基本是热天穿白布衫，冬日穿灰色棉袍，黑帆布面的胶底鞋，即使会见外国友人，也是穿中式长袍，从不穿西装，大概是因为中式服装比较舒适。有几张照片是比较经典的，一张是鲁迅1930年9月五十岁生日时在上海春阳照像馆所摄，后来都被用作鲁迅的标准像。与此同时，史沫特莱也为鲁迅照过一张，坐在藤椅上的半侧身像，地点是上海的荷兰西餐社。这两张都是身着白布长衫，表情深沉严肃，目光犀利。还有一张1933年摄于春阳照像馆的照片，上身内穿白色中式衬衣，套大V字领毛背心外套长袖毛衣，下穿西裤，系有皮带，左手叉腰，右手执香烟，潇洒而和善，极富生活气息。1936年10月8日，鲁迅抱病参加了全国木刻流动展览会，沙飞为他拍了一组照片，穿的是深色长袍，虽面容消瘦但精神矍铄。十天后，鲁迅病逝，在他的遗容照片中也可以看到他穿的还是那件深色长袍。

鲁迅对服饰有很强的审美力。萧红写的回忆鲁迅很生动。有一天萧红去看望鲁迅，穿着一件有很宽袖子的大红上衣，鲁迅用象牙的烟嘴在吸烟，并没有在意她的衣着。于是萧红问说："周先生，我的衣裳漂亮不漂亮？"鲁迅上下打量了一下说："不大漂亮。"又说，"你的裙子配的颜色不对，并不是红上衣不好看，各种颜色都是好看的，红上衣要配红裙子，不然就是黑裙子，咖啡色的就不行了；这两种颜色放在一起很浑浊……你没看到外国人在街上走的吗？绝没有下边穿一件绿裙子，上边穿一件紫上衣,也没有穿一件红裙子而后穿一件白上衣的……""……人瘦不要穿黑衣裳,人胖不要穿白衣裳;脚长的女人一定要穿黑鞋子,脚短就一定要穿白鞋子;方格子的衣裳胖人不能穿,但比横格子的还好;横格子的胖人穿上,就把胖子更往两边裂着,更横宽了,胖子要穿竖条子的,竖的把人显得长,横的把人显得宽……"萧红回忆:"那天下午要赴一个筵会去,我要许先生给我找一点布条或绸条束一束头发。许先生拿了来米色的绿色的还有桃红色的。经我和许先生共同选定的是米色的。为着取美,把那桃红色的,许先生举起来放在我的头发上,并且许先生很开心地说着:'好看吧!多漂亮!'我也非常得意,很规矩又顽皮地在等着鲁迅先生往这边看我们。鲁迅先生这一看,脸是严肃的,他的眼皮往下一放向着我们这边看着:'不要那样装饰她……'许先生有点窘了,我也安静下来。"这段故事可以看出鲁迅的审美是高明的,萧红的调皮也深得鲁迅喜爱。

鲁迅对服饰的历史很有研究。他曾在《作文秘诀》一文中说:"人类学家解释衣服的起源有三说:一说是因为男女知道了性的羞耻心,用这来遮羞;一说却以为倒是用这来刺激;还有一种是说因为老弱男女,身体衰瘦,露着不好看,盖上一些东西,借此掩掩丑的。"服饰,从古到今都是人类生活中不可或缺之物,随着时代的发展与科技的发展,必然跟随人类而不断变化。鲁迅作为一代伟人,他的基本观点是这样的:"我们和朋友在一起,可以脱掉衣服,但上阵要穿甲。"(《致萧军、萧红》)

这张脸非常不买账,又非常无所谓,非常酷,又非常慈悲……

颜值

> 看来就像望平街一位平常烟客。

    鲁迅离世将近90年了。关于死后，鲁迅的本意是："赶快收殓，埋掉，拉倒。""不要做任何关于纪念的事情。"然而近90年来，鲁迅作为一种中国文化的符号，忽而摆上神坛，忽而拉下神坛，但他始终搅动着中国文化各个领域的波澜。文学的、国学的、史学的、哲学的、美术的等领域都游动着鲁迅的影子。以鲁迅骂人的或谩骂鲁迅的，选入课本的或踢出课本的，说他是什么家的或说他不是什么家的声音也始终不绝于耳。近90年了，鲁迅就在那里，任由折腾，他的影像也留在几代人的心中，纪念鲁迅的活动仍在继续着。

    自民国以来，跨时最长、流传最广泛的肉身的影像恐怕就是鲁迅了。近90年来研究鲁迅的著作可以说浩如烟海，鲁迅之后的美术家，其中特别是版画家、油画家、雕塑家，几乎都创作过鲁迅的形象。但不同时期的鲁迅形象又各有不同，染着时代的痕迹。艺术创作要体现艺术家眼中的形象，于是鲁迅的形象就大有不同。比如雕塑，鲁迅最早的雕塑应该是鲁迅去世时日本雕塑家奥田杏花从鲁迅遗容上直接翻制的。面膜上的鲁迅遗容，消瘦，苍老，然而虽然是躺着，仍是一副高昂着的模样，似乎在说："让他们怨恨去，我一个都不宽恕。"中国的著名雕塑家刘开渠、张松鹤等，直到现在的雕塑家吴为山都雕塑过各种形态的鲁迅像。版画中的鲁迅形象就更多了，因为他是中国现代版画的倡导者，先驱者。横眉的，立目的，拿笔的，拿枪的，微笑的，思考的，百态千姿。一万个人中就会有一万种鲁迅的形象，这都缘于鲁迅一生留下的写真照片、美术家们塑造的美术形象以及人们阅读鲁迅时产生的审美反映，这就是鲁迅颜值的魅力所在。影视、网络的发达，引发着粉丝们对明星偶像颜值的关注，美的，丑的，都是人们茶余饭后的谈资。鲁迅时代没有电视、互联网，鲁迅的照片很多，这些照片记录了鲁迅真实的面容。鲁迅的面容，真的长得很特别，用现在的话来说，的确是可以靠脸吃饭的那一种，是集美貌与才华于一身的中华帅老头。陈丹青说："老先生的相貌先就长得不一样。这张脸非常不买账，又非常无所谓，非常酷，又非常慈悲，看上去一脸的清苦、刚直、坦然，骨子里却透着风流与俏皮……可是他拍照片似乎不做什么表情，就那么对着镜头，意思是说：怎么样！我就是这样！"陈丹青没有亲眼见过鲁迅，那么见过鲁迅的人是如何记述鲁迅的颜值呢？

亲睹者说

鲁迅的日本老师藤野严九郎曾回忆鲁迅在日本读书时的情形："周君身材不高,脸圆圆的,看上去人很聪明。记得那时周君的身体就不太好,脸色不是健康的血色。"这是有照片为证的。

女作家吴曙天有一天与孙伏园同去看鲁迅,她描述:"在一个很僻静的胡同里,我们到了鲁迅先生之居了。……房门开了,出来一个比孙老头儿更老的老年人,然而大约也不过五十岁左右罢,黄瘦脸庞,短胡子,然而举止很有神,我知道这就是鲁迅先生。……鲁迅先生说笑话时,他自己并不笑。启明先生说笑话时他自己也笑。这就是他们哥儿俩说笑话的分别。"

鲁迅老友林语堂说鲁迅:"他机警的短评,一针见血,谁也写不过他。平常身穿白短衫、布鞋,头发剪平,浓厚的黑胡子,粗硬盖满了上唇。一口牙齿,给香烟熏得暗黄。衣冠是不整的,永远没有看过他穿西装。颧高,脸瘦,一头黑发黑胡子,看来就像望平街一位平常烟客。许广平女士爱他,是爱他的思想文字,绝不会爱他那副骨相。"

鲁迅夫人许广平第一次听鲁迅讲课,得到的第一印象是:"突然,一个黑影子投进教室来了。首先惹人注意的便是他那大约有两寸长的头发,粗而且硬,笔挺地竖立着,真当得'怒发冲冠'的一个'冲'字。""一向以为这句话有点夸大,看到了这,也就恍然大悟了。褪色的暗绿夹袍,褪色的黑马褂,差不多打成一片。手弯上、衣身上的许多补丁,则炫着异样的新鲜色彩,好似特制的花纹。皮鞋的四周也满是补丁。人又鹘落,常从讲坛上跳上跳下，因此两膝盖的大补丁，也掩盖不住了。一句话说完：一团的黑。那补丁呢，就是黑夜的星星，特别熠耀人眼。小姐们哗笑了！""怪物，有似出丧时那乞丐的头儿。也许有人这么想。讲授功课，在迅速地进行。当那笑声还没有停止的一刹那，人们不知为什么全都肃然了。没有一个人逃课，也没有一个人在听讲之外拿出什么东西来偷偷做。钟声刚止。""在学生中找不出一句恶评。"

1926年作家白薇在日本读了鲁迅的《呐喊》，她说："我读了才惊知中国有一位文才鲁迅，在我的幻想中，以为他是矫健及俏皮的青年。不久我回到广州，郁达夫先生对我说：'鲁迅是中国唯一的美少年。'"

1932年11月，鲁迅赴北平探母，北方"左联"成员王志之邀请鲁迅去北平师范大学演讲。他回忆初见鲁迅的情形："我被高度震慑住了，当前的一切都很模糊，我只恍惚感到当前坐着那位老头子灰黑色的头发是那样凌乱，好像刚从牢里放出来，浓密的眉毛和胡须好像在很活跃地耸动，显得有深厚的含蓄，我想到不知道还有多少人生的经验和富贵的智慧潜藏在里面。"

上海英商汽车公司售票员阿累曾在内山书店遇见鲁迅："他的面孔是黄里带白，瘦得教人担心，好像大病新愈的人，但是精神很好，没有一点颓唐的样子。头发约莫一寸长，原是瓦片头，显然好久没剪了，却一根一根精神抖擞地直竖着。胡须很打眼，好像浓墨写的隶体'一'字。"

英国作家萧伯纳访问上海时见到鲁迅说："都说你是中国的高尔基，但我觉得你比高尔基漂亮。"鲁迅幽默地答道："我老了会更漂亮。"看来，鲁迅对自己的颜值信心满满。

鲁迅好友曹聚仁在他写的《鲁迅评传》中说："鲁迅的样儿，看起来并不怎样伟大，有几件小事，可以证明。有一回，鲁迅碰到一个人，贸贸然问道：'那种特货是哪儿买的？'他的脸庞很消瘦，看起来好似烟鬼，所以会有这样有趣的误会。又有一回，他到上海的南京路外滩惠中旅馆去看一位外国朋友（好像是史沫特莱），他走进电梯去，那开电梯的简直不理他，要他走出去，从后面的扶梯走上去。看样子，他是跟苦工差不多的。"

马衡的女儿马珏，写她初次见鲁迅的印象："鲁迅这人，我是没有看见过的，也不知道他是什么样子，在我想来，大概和小孩子差不多，一定很爱和小孩子在一起的。不过我又听说他是老头儿，很大年纪的。爱漂亮吗？大概爱穿漂亮西服罢……分头罢，却不一定，但是要穿西服，当然是分头了。我想他一定是这么一个人，不会错误。"后来鲁迅到他家去了，她从玻璃窗外一看，只见一个瘦瘦的人，脸也不漂亮，不是分头，也不是平头。她父亲叫她去见见鲁迅，她看他穿了一件灰青长衫，一双破皮鞋，又老又呆板，她觉得很奇怪，她说："鲁迅先生，我倒想不到是这么一个不爱收拾的人；他手里总是拿着一个烟卷，好象脑筋里时时刻刻在那儿想什么似的。我心里不住的想，总不以为他是鲁迅，因为脑子里已经存在了鲁迅是一个小孩似的老头儿，现在看了他竟是一个老头儿似的老头，所以很不相信。这时，也不知是怎么一回事，只看着他吃东西，看来牙也不受使唤的，嚼起来是很费力的。"那时，鲁迅还不到五十岁，却已显得十分衰老了。

关于鲁迅先生的颜值，还有这样一些掌故：

椿寿的画像

在北京鲁迅故居的正房东壁上，挂着一幅画像，那是鲁迅的四弟椿寿，生于1893年6月13日，1898年12月20日因患急性肺炎去世。椿寿，本是一个典故，典出自《庄子·逍遥游》："上古有大椿者，以八千岁为春，八千岁为秋。"椿寿即指大椿的寿命，比喻长寿。从椿寿的取名也见得鲁迅祖父的学问。然而椿寿却没有长寿，按农历说只活了六岁。椿寿去世后，鲁迅的母亲很悲伤，鲁迅兄弟特地请了绍兴有名的画家叶雨香给四弟画了一幅遗像，这幅画随鲁迅母亲一直挂了四五十年。这幅画的脸是照鲁迅的脸画的。鲁迅曾经对友人讲过这个故事，当时请来的画师没见过四弟，只好询问四弟的相貌特征，而鲁迅母亲在极度悲痛中一时说不出来。鲁迅对画师说："四弟的面容很像我，就照着我的脸画好了。"解决了画师的难题。画像画好裱完送来时，鲁迅的母亲非常满意，连称画师的手艺高。这幅画像至今还在，从脸部来说，这应是鲁迅的第一幅画像。

鲁迅的胡须

鲁迅挺爱照相，从存世的100多张照片看，最初一张留胡子的照片摄于1909年的日本东京，那时他28岁。大约从这时起，鲁迅的胡子越来越浓密了，直到逝世的那一天，仍然留下一张有浓密胡子的遗像，以至于鲁迅遗容的面膜上还沾上了几根鲁迅的胡须，又黑又粗的。

"身体发肤，受之父母"，父母所赐的东西不能丢，是孝顺的表现，这习俗从西周就有了。古人留胡须，大约与留辫子有相似的意义。但胡子要修整，否则吃饭、说话都不便。男人留胡须，也是一种成熟的标志，民国文化人士中留胡须的真是不少，蔡元培、李大钊、周作人等的标准像中胡须都是各有特色的。文章中形容一个人，常常要形容一下他的胡须。周作人说章太炎"夏天盘膝坐在席上，光着膀子，只穿一件背心，留着一点泥鳅胡须，笑嘻嘻的讲书，庄谐杂出，看去好像一尊庙里哈喇菩萨"，鲁迅说李大钊"椭圆的脸，细细的眼睛和胡子，蓝布袍，黑马褂，就时时出现在我的眼前，其间还隐约看见绞首台"。然而对胡须最有研究的是鲁迅。鲁迅有篇杂文《说胡须》，讲述了他自己的胡须的故事：

鲁迅从日本回家乡，在船上与船夫聊天。那时他的胡子两端是向上翘起的样式，那船夫以为他是外国人，夸他中国话讲得好。鲁迅解释说："我是中国人，而且和你是同乡，怎么会……"船夫却哈哈大笑，说鲁迅真会讲笑话，搞得鲁迅挺无奈。后来又有一位"国粹家兼爱国者"骂他："你怎么学日本人的样子，身体既矮小，胡子又这样……"鲁迅辩道："可惜我那时还是一个不识世故的少年，所以就愤愤地争辩。第一，我的身体是本来只有这样高，并非故意设法用什么洋鬼子的机器压缩，使他变成矮小，希图冒充。第二，我的胡子，诚然和许多日本人的相同，然而我虽然没有研究过他们的胡须样式变迁史，但曾经见过几幅古人的画像，都不向上，只是向外，向下，和我们的国粹差不多。维新以后，可是翘起来了，那大约是学了德国式。你看威廉皇帝的胡须,不是上指眼梢,和鼻梁正作平行么?"总有人指责,总要辩解,于是鲁迅就听其自然生长了。"听其自然之后,胡子的两端就显出毗心现象来,于是也就和地面成为九十度的直角。国粹家果然也不再说话,或者中国已经得救了罢。"胡子向下该没问题的吧,可是改革家们又出来指责了。有一天,鲁迅终于研究出胡须备受指责的原因,"知道那祸根全在两边的尖端上。于是取出镜子,剪刀,即刻剪成一平,使他既不上翘,也难拖下,如一个隶书的一字"。

鲁迅通过研究认为,日本人上翘的胡子是我们汉族祖先的样式,下垂的胡子,是蒙古人留下的产物。鲁迅说:"清乾隆中,黄易掘出汉武梁祠石刻画像来,男子的胡须多翘上;我们现在所见北魏至唐的佛教造像中的信士像,凡有胡子的也多翘上,直到元明的画像,则胡子大抵受了地心的吸力作用,向下面拖下去了。""我以为拖下的胡子倒是蒙古式,是蒙古人带来的,然而我们的聪明的名士却当作国粹了。"鲁迅晚年又说:"当我年青时,大家以胡须上翘者为洋气,下垂者为国粹,而不知这正是蒙古式,汉唐画像,须皆上翘。"鲁迅对那些对他的胡须变化好奇的人说:"总之我从此太平无事的一直到现在,所麻烦者,必须时常剪剪而已。"这"时常剪剪"的深意,表达了鲁迅的一种犀利的坚持。

时下蓄须的中国人似乎又多了起来,书画界、影视界甚至文学界的大腕们有很多蓄须者,然而那蓄须的目的只是扮酷而已,殊不知,蓄须史也是有很多学问的。

鲁迅的围巾

版画家赵延年先生的作品,被称为"世纪之刀上上段最锋锐的利刃"。他一生创作鲁迅题材的作品有170多幅。其中最著名的一幅鲁迅像是在1961年创作的,以黑色为背景,鲁迅表情冷峻,十字形围巾与白色衣袍形成强烈的视觉对比。这幅作品深入人心,给几代人以深刻的印象。此后,戴围巾的鲁迅形象被美术家经常引用。北京鲁迅博物馆内张松鹤、曹崇恩等创作的汉白玉鲁迅像,大约就是以赵先生的画作为原型的。1976年10月19日发行的《纪念中国文化革命的主将鲁迅》邮票,其中第三枚为画家沈尧伊创作的《学习鲁迅的革命精神》,工农兵手捧《鲁迅批判孔孟之道的言论摘录》,这里面的鲁迅像也是戴了围巾的。

鲁迅一生的照片很多,但并没有一幅是戴围巾的。赵先生创作的意图是表达鲁迅的硬骨头精神。然而鲁迅生活中并没有戴围巾的习惯,不同时代的美术作品打着时代的烙印。

鲁迅在上海时,萧红劝鲁迅冬天戴上围巾以免伤风,鲁迅却答:"从小就没戴过手套围巾,戴不惯。"萧红描述:"鲁迅先生一推开门从家里出来时,两只手露在外边,很宽的袖口冲着风就向前走,腋下夹着个黑绸子印花的包袱,里边包着书或者是信,到老靶子路书店去了。"这个鲁迅是不是更有趣呢?

但鲁迅也不是没有戴过围巾。鲁迅日记中就有到北京瑞蚨祥买过围巾二条,并与二弟分用的记载。如今的鲁迅博物馆的展柜中,也展出着一条毛线的围巾。这条围巾是一位名叫许羡苏的女子织好送给鲁迅的。许羡苏(1901—1986),是鲁迅的三弟周建人的学生,1920年来北京投考高校,由于举目无亲,就住进八道湾，与鲁迅一家关系非常亲密。她回忆："鲁迅先生的习惯，每天晚饭后到母亲房间里休息闲谈一阵……那把大的藤躺椅，是他每天晚上必坐的地方，晚饭后他就自己拿着茶碗和烟卷在藤椅上坐下或者躺着。老太太那时候已快到七十岁，总是躺在床上看小说或报纸，朱氏则坐在靠老太太床边的一个单人藤椅上抽水烟，我则坐在靠老太太床的另一端的一个小凳上打毛线。"

讲堂上的鲁迅

1920年起，鲁迅在北京大学、北京师范大学等学校兼课，讲授中国小说史，许多听过鲁迅在北京大学讲课的学生描述过鲁迅讲课时的情形，读起来都令人感动和神往。民国时北京大学的旧址在沙滩红楼，鲁迅那时头发很长，胡须很直硬，脸上皱纹深刻，眼睛微陷，着小袖长衫，平凡而无名流学者气。他没有皮包，只有一只布包，其中夹着讲义。听讲的教室总是挤得满满的，有时甚至教室的过道上都挤满学生。上课前，鲁迅总是提前半小时就坐到休息室，许多同学就挤上去问问题。上课铃声响后，鲁迅由青年学生簇拥着走进教室，然后开始讲课。他讲课的语言有绍兴方言，但缓慢清晰，能达到人人听懂。鲁迅走上讲台，打开小布包，取出讲稿，翻开就讲。他讲课幽默风趣，旁征博引，常使学生大笑不止，而他自己并不笑。王冶秋在《怀想鲁迅先生》一文中说鲁迅：讲述历史"往深处钻，往皮里拧，把一切的什么'膏丹丸散，三坟五典'的破玩意撕得净尽。你只看他眯缝着眼睛认真的在那撕，一点也不苟且的在那里剥皮抽筋，挖心取胆……"他讲课一般都是两小时连堂一起讲，因为如果中间休息十分钟被学生包围起来提问题，也许比讲堂上还要忙碌。每次下课后，学生们还要跟他到休息室去发问。看鲁迅的文章就可以想象到他讲演时会是多么精彩。

主要看气质

关于颜值，鲁迅也给一些外国名家作过评价："托尔斯泰，伊孛生，罗丹都老了，尼采一脸凶相，勖本华尔一脸苦相，淮尔特穿上他那审美的衣装的时候，已经有点呆相了，而罗曼·罗兰似乎带点怪气，戈尔基又简直像一个流氓。"但鲁迅一向不喜欢扮成葬花黛玉那样的小鲜肉，这大约是希望中国人成为一个强壮的民族吧。所以鲁迅的胡须透出一种强烈的男人的大叔气质。

郁达夫在《怀鲁迅》一文中曾说："没有伟大人物出现的民族，是世界上最可怜的生物之群；有了伟大人物而不知拥护、爱戴、崇仰的国家是没有希望的奴隶之邦。"北京鲁迅博物馆的展厅中有一件鲁迅穿过的长袍，结合鲁迅全身照来丈量，他的身高大约不足1.6米，然而肉身的小个子鲁迅并不妨碍他精神的高大。由鲁迅的颜值来评判、刻画鲁迅的形象，他不过是一个普通的民国国民，但他又是那么的不普通。

一家三口从景云里到大陆新村9号。择房标准:"一要租界,二要价廉,三要清静。"

居事

> 居有定所，也是辗转迁徙而已。

鲁迅的一生，虽然是居有定所，但历经多次辗转迁徙。他一生的居住生活轨迹也是他生命轨迹的重要部分，他的创作一定与他所居的地域、风土、气候以及人群有着密切关系。他十七岁离家，先后在南京求学、日本学医、杭州及绍兴教书，后北上南京、北京教育部任公务员，又南下厦门、广州教书，最后在上海定居下来并走完了他的人生历程。现在绍兴、南京、北京、厦门、广州、上海都有鲁迅博物馆或纪念馆，日本仙台也有鲁迅纪念碑，以纪念这位伟大的文化先驱者。

绍兴老宅

1881年9月25日，农历八月初三，鲁迅出生在浙江绍兴府会稽县东昌坊口新台门周家。绍兴古称会稽，有山阴、会稽两县，民国时合并为绍兴县，现在成为绍兴市，覆盆桥街道也改成了鲁迅路。据《鲁迅家世》考证，周家最有钱时田产达到3000多亩。这是一个聚族而居的封建士大夫家庭。周家的原籍有多种说法，一说是湖南道州，是宋代作过《爱莲说》的理学家周敦颐的后代；一说是浙江诸暨等，按周作人的说法："喜欢往上爬的还可以硬说是周公之后。"而周家所修《越城周氏支谱》，有据可查的是周家一世祖周逸斋，在明正德年间带着两个儿子迁居绍兴城内竹园桥定居，到鲁迅已经是第十四世。周逸斋其实也仅是一个失传了的名字而已，逸斋者言逸其名矣。明万历年间，鲁迅祖上的家产很是辉煌，有田数千亩，当铺十余所，是一个大家族。到鲁迅祖父周福清的时代，由于不事生计，卖田典屋，产业几乎就没有多少了。周福清在写给子孙的《恒训》中说："予族明万历时，家已小康（述先公祭田，俱万历年置），累世耕读。至乾隆年，分老七房、小七房（韫山公生七子）。合有田万馀亩，当铺十馀所，称大族焉。逮嘉、道时，族中多效奢侈，遂失其产。"周福清（1838—1904），原名致福，字震生，又字介孚，号梅仙。1871年被钦点翰林院庶吉士，1879年9月进北京到内阁当差候补。鲁迅出生时，他正在北京做京官。祖父这一支在绍兴家有曾祖母戴氏、继祖母蒋氏、父亲周凤仪、母亲鲁瑞，一家四代，有四五十亩水田，生活上也还算小康。

鲁迅家的房产，在清代乾隆十九年（1754）时，由周家七世祖周绍鹏在绍兴城内覆盆桥购得，覆盆桥的南面还有座仰盆桥。相传汉朝朱买臣家贫，靠砍柴收入刻苦读书，他的妻子因为他贫穷而改嫁。后来朱买臣做了会稽太守，他的前妻来找他，朱买臣不予接纳，取了一盆水泼在马前，告诉他的前妻："覆水难道还能收回来吗？"他的妻子惭愧不已，投河而死。朱买臣前行不远，又后悔了，于是让人手持仰盆招唤前妻，表示可以接纳她，但人已死，来不及了。这就是绍兴城内覆盆桥与仰盆桥的传说故事。

鲁迅童年在绍兴的生活是快乐的，这在他的回忆散文集《朝花夕拾》中有很多记载。

皇甫庄与小皋埠　　1893年秋后，祖父因儿子和亲友子弟参加乡试而贿赂主考官。但事情泄露，被光绪皇帝谕旨判为"斩监候"，俟秋后处决。周家只好变卖家产设法营救，为免株连，送孩子到皇甫庄外婆家避难。年底，鲁迅被寄在大舅父鲁怡堂所住的小皋埠处。在那里鲁迅被称为"乞食者"而受到很深的刺激。1894年春夏之间，因祖父案受株连的可能性很小，鲁迅一家迁回新台门，这时鲁迅只有13岁。祖父坐牢、父亲多病，一家只有靠变卖家产维持生活，鲁迅在《呐喊·自序》中说："我有四年多，曾经常常，——几乎是每天，出入于质铺和药店里，年纪可是忘却了，总之是药店的柜台正和我一样高，质铺的是比我高一倍，我从一倍高的柜台外送上衣服或首饰去，在侮蔑里接了钱，再到一样高的柜台上给我久病的父亲去买药。"1896年10月，鲁迅的父亲病逝，年仅37岁，鲁迅感叹："有谁从小康人家而坠入困顿的么,我以为在这途路中,大概可以看见世人的真面目;我要到N进K学堂去了,仿佛是想走异路,逃异地,去寻求别样的人们。""N"指南京,"K"指水师学堂,之所以到南京读书,也是因为这所学校是免费的。

1918年,鲁迅的绍兴老宅整个周家新台门卖给了乡绅朱阆仙,1919年年底,鲁迅举家迁入北京。

南京学堂

南京江南水师学堂　1898年5月2日,鲁迅离家赴南京江南水师学堂读书。地点是今中山北路仪凤门与挹江门之间。刚进学校时是试习生,只能做三班生,待遇是卧室里是一桌一凳一床,床板只有两块,而头二班学生待遇是二桌二凳或三凳一床,床板多至三块。这所学校1913年更名为海军军官学校,1915年又改名为海军雷电学校。鲁迅自己讲过这个故事:"我也曾学过海军,现在知道的人是很少了,一般人都以为我仅学过医学,校名雷电,实习时却只能在内舱机器间中,后来知道只有福建人才可在舱面甲板上工作,外省人一律只好管理机器间。照这样子下去,等到船沉了还钻在里面不知道呢!所以我就不干了。"

在这学堂里,鲁迅初次知道世界上还有格致(含物理、化学等自然科学)、算学、地理、历史、绘图和体操。外语学的是英语,汉文作文的题目也与军事有关,如《知己知彼百战百胜论》《颖考叔论》《云从龙风从虎论》《咬得菜根则百事可做论》等。

矿务铁路学堂　1898年10月，鲁迅考入江南水师学堂新附设的矿务铁路学堂，地址在南京三牌楼，仪凤门和会街。鲁迅在这里度过了三年时光。南京矿路学堂主要教授矿物学，目的也是采矿，教学采用德国体制，学的是德语。课程包括矿学、地质学、化学、熔炼学、格致学、测算学、绘图学等。所作论文题目有如《功欲善其事必先利其器论》等。由于课本采用的是翻译西方科学书籍，教学时，由老师写在黑板上，学生进行抄录。鲁迅当时抄录的笔记现在还保存在博物馆，其中有在水师学堂抄录的《水学入门》笔记，在矿务铁路学堂抄录的《几何》《开方》《八线》《开方提要》。整本抄录的还有英国赖耶尔的《地质学纲要》的译本《地质学浅说》、美国代那撰写的矿物学课本《金石识别》。笔记中还有鲁迅据中国矿冶情况写的注文，可见他学习先进科学的兴趣与认真态度。在矿务铁路学堂读书期间，鲁迅博览群书，阅读了严复译述的《天演论》、日本加藤弘之的《物竞论》等新书报，使得眼界大开。

为了学习的需要，鲁迅还采集了许多矿石标本，其中有铁矿石、石英石、三叶虫化石等。学习期间，鲁迅还随同学到青龙山煤矿考察，他看到的情景是这样的——"到第三年我们下矿洞去看的时候，情形实在颇凄凉，抽水机当然还在转动，矿洞里积水却有半尺深，上面也点滴而下，几个矿工便在这里面鬼一般工作着。"他还把一包铁、铜、煤矿石标本带了回来。1902年年初，鲁迅以一等第三名的成绩毕业，获得他人生第一张毕业文凭。鲁迅在《琐记》一文中总结说："毕业，自然大家都盼望的，但一到毕业，却又有些爽然若失。爬了几次桅，不消说不配做半个水兵；听了几年讲，下了几回矿洞，就能掘出金银铜铁锡来么？实在连自己也茫无把握，没有做《工欲善其事必先利其器论》的那么容易。爬上天空二十丈和钻下地面二十丈，结果还是一无所能，学问是'上穷碧落下黄泉，两处茫茫皆不见'了。所余的还只有一条路：到外国去。"

日本居所

日本东京弘文学院　1902年4月中，鲁迅进日本东京弘文学院，在牛込区西五轩町三十四番地，住学生寝室。同住的还有沈瓞民、刘乃弼、顾琅、张邦华、伍崇学和陈师曾。鲁迅编入普通江南班，主要课程有：日语、修身、史地、动植物学等。弘文学院实行住校制，作息时间都很严格。1903年3月，鲁迅在江南班第一个剪掉辫子，并拍照纪念。这一年，他翻译了历史小说《斯巴达之魂》和法国雨果的短篇小说《哀尘》，发表了介绍外国科学的文章《说鈤》和地质学文章《中国地质略论》，还翻译了法国儒勒·凡尔纳的科幻小说《月界旅行》《地底旅行》。1904年4月，鲁迅在东京弘文学院毕业。

佐藤屋　1904年9月，鲁迅入日本东京仙台医学专门学校，住片平丁五十四番地的田中宅旅店，不久迁往片平丁五十二番地"佐藤屋"公寓住宿。宿舍为两层木质楼房。冬，又迁往土樋町一百五十八番地的"宫川宅"住宿。鲁迅在这里攻读医学，课程有德语、解剖学、组织学、生理学、化学等。

伏见馆 1906年3月，鲁迅因观看"日俄战争教育幻灯片"受到刺激，决定弃医从事文艺，以改变国人的精神。放弃学医再往东京，住东京本乡区汤岛二丁目"伏见馆"公寓。五月与顾琅合编的《中国矿产志》出版。喜欢看章太炎主编的《民报》，接受了许多革命思想。本年7月，鲁迅奉母之命回家，与朱安完婚。鲁迅对这桩婚事极为不满，在家只停留了四天便返回日本。据许寿裳回忆，鲁迅曾对他说过："这是母亲送给我的一件礼物，我只能好好的供养她，爱情是我所不知道的。"

中越馆 1907年春，鲁迅由"伏见馆"迁居本乡区东竹町的"中越馆"。"光复会"的首领陶成章以及龚宝铨、陈子英、陶望潮等人经常来访。鲁迅在此期间学习了一段俄文，经常买书、读书，常常在灯下读至深夜。夏季时，与许寿裳、周作人、袁文薮等人积极筹备办文艺杂志《新生》，还与周作人合译了英国哈葛德、安度阑合著的小说《红星佚史》，其中的十六节诗，由鲁迅以离骚体译成。此间在《河南》杂志发表了《人之历史》《摩罗诗力说》《科学史教篇》和《文化偏至论》等文言论文。

伍舍 1908年4月，鲁迅由"中越馆"迁居本乡区西片町十番地吕字七号原日本著名作家夏目漱石的旧居。因与许寿裳、周作人、钱钧甫、朱谋宣共五人同住于此，故称为"伍舍"。鲁迅自此改穿日本的"和服"，样子像是本地的穷学生。夏天时，他与许寿裳、周作人等八人到"民报社"听章太炎讲授文字学，成为"章门弟子"之一。鲁迅的听课笔记至今保留，从笔记中，可以看到他听课很认真。

西片町十番地丙字十九号 1909年1—2月,由于钱钧甫、朱谋宣退出,许寿裳也将去德国,"伍舍"就住不起了,于是鲁迅与许寿裳、周作人自"伍舍"迁往附近的西片町十番地丙字十九号居住。在这里,鲁迅与周作人合作翻译出版了《域外小说集》两本。

回国教书

杭州浙江两级师范学堂 1909年8月,鲁迅结束留学生活回国,回到故乡绍兴。9月,赴杭州浙江两级师范学堂任初级化学和优级生理学教员,兼任日本教员铃木珪寿的植物学翻译。地址是现在的杭州第一中学。鲁迅在教学中自编了油印的讲义《人生象敩》及《生理实验术要略》,参加了对封建顽固派学堂监督夏震武的"木瓜之役"。

绍兴府中学堂 1910年7月,鲁迅辞去浙江两级师范学堂教职回绍兴老家。9月兼任绍兴府中学堂监学。此间他利用业余时间抄录和整理古籍,带领学生浏览禹陵、兰亭等古迹。他在致许寿裳的信中说:"仆荒落殆尽,手不触书,惟搜采植物,不殊曩日,又翻类书,荟集古逸书数种,此非求学,以代醇酒妇人者也。"秋季,为了扩宽学生眼界,他带着学生,用了大约一周的时间,到南京参观了"南洋劝业会"。

山会初级师范学堂 1911年11—12月又任浙江山会初级师范学堂监督。其间支持学生办《越铎日报》。曾发表《〈越铎〉出世辞》等文章。鲁迅自离家到回到家乡绍兴工作,把主要精力放在学校的事务上,很少回自己的老宅居住。

北京居所

南京临时政府教育部　1912年2月中旬,应蔡元培之邀,鲁迅离绍兴赴南京临时政府教育部担任部员。地点在碑亭巷江苏外务司。此间将古代小说资料整理,辑成《古小说钩沉》,抄录了《谢承后汉书》,校勘了《沈下贤文集》等。两个多月后,鲁迅随教育部北上北京。

北京绍兴会馆　1912年5月6日,鲁迅随教育部迁北京,到教育部任职,入住宣武门内绍兴会馆。北京是除出生地绍兴之外,鲁迅生活最久的一个城市。1912年5月5日晚7点,鲁迅从前门火车站走进帝都北京城。当晚,暂住在骡马市的长发客栈。第二天上午,就搬进了宣武门外南半截胡同绍兴会馆中的藤花馆。藤花馆东面有一藤花池,屋子前院生长着一根古藤,看上去环境优雅,但居住条件很差。鲁迅到藤花馆的第一个晚上,没睡上半个小时,就看到有三四十只臭虫,只好挪到桌上去睡。周围环境也很差,常使鲁迅很难工作和休息。鲁迅的日记有这样的记载:9月18日,"夜邻室有闽客大哗"。9月20日,"邻室又来闽客,至夜半犹大嗥如野犬,出而叱之,少戢"。1911年11月28日,"下午移入南向小舍"。1916年5月6日,"下午以避喧移入补树书屋住"。补树书屋在会馆的西边,周作人在《知堂回想录》中对补树书屋有这样的描写:"这补树书屋便在会馆南边的两个院子的里进。一进大门的过厅，右手的门里就是第一进的一个大院子，北京房屋在城外的与城内构造大不相同，城里都是'四合房'，便是小型的宫殿式，城外却是南方式的，一个院子普通只是上下两排"，"从南边过道进去，是为第二进的院子"。院中有棵大槐树，因是补种的，所以称为"补树书屋"。鲁迅在《呐喊·自序》中有过描述："S会馆里有三间屋，相传是往昔在院子里的槐树上缢死过一个女人的，现在槐树已经高不可攀了，而这屋还没有人住。许多年，我便寓在这屋里钞古碑。"

鲁迅住在绍兴会馆期间每日到教育部上班。1912年8月，被教育部任命为佥事，继而又被任命为社会教育司第一科科长，分管博物馆、图书馆、美术馆、美术展览、文艺、音乐、戏剧、通俗教育及演讲会和搜集古物等事宜。鲁迅先后参与了京师图书馆、京师图书馆分馆、通俗图书馆及历史博物馆的建设。1915年8月，被教育部指定为通俗教育研究会会员。1915年9月，又被教育部指派为通俗教育研究会小说股主任。鲁迅在此期间对中国现代文化、美术等方面的事业做出过巨大的贡献。

除了工作，鲁迅用了大量的时间抄校辑录中国古代典籍、研究佛经、搜集校勘历代石刻拓片、研究金石学、小说史，写出《中国小说史略》《汉文学史纲要》等著作。1918年4月，以鲁迅的笔名创作出五四新文学运动的第一篇反封建的白话小说《狂人日记》，在《新青年》四卷五号上发表。以后又创作了白话诗数篇，小说《孔乙己》《药》《明天》，杂文《我之节烈观》《我们现在怎样做父亲》及多篇杂文、随感录。现在的绍兴会馆成为一个居民大杂院，门口墙上镶有"宣武区文物保护单位"的石牌匾。鲁迅在绍兴会馆，整整住了七年多，经历了失望、颓唐、参加"文学革命"到创作"革命文学",最终成为新文化运动的先驱者和一员猛将。

八道湾胡同十一号 1919年年底,迁入北京西直门内八道湾胡同十一号院。1912年鲁迅到北京后,一直孤身一人居住在绍兴会馆。1917年4月1日,经鲁迅向蔡元培推荐,二弟周作人来到北京大学任教。作为大哥的鲁迅热情地将补树书屋南头的一间房让与二弟居住,自己却住在北头一间阴暗的房子里。在五四新文化运动中,兄弟二人的作品都在《新青年》杂志上发表,二人共同生活、读书、作文、收藏,生活中增添了很多情趣。周作人在北京大学任教,月薪200多元,鲁迅在教育部任职,月薪已由1912年年初到北京时的120元涨到300元。他们写文章的稿费收入也不菲,已经具备了在北京生活的经济实力。此时在绍兴的周氏家境已经败落,于是决定卖掉在绍兴的老宅,在北京购置新居,举家搬到北京居住和生活。

从1919年2月起,鲁迅就为买房的事四处奔走,终于选定了八道湾胡同十一号院,并决定购买。经过到警察总厅报告,再到市政公所验契,于1919年8月19日"买罗氏屋成,晚在广和居收契并先付现泉一千七百五十元,又中保泉一百七十五元"。10月9日,"收房九间,交泉四百"。11月4日,"交与泉一千三百五十,收房屋讫"。至此,交齐了购房款,这套院子总价3500元。加上中保费、购置税、装修费,总共用了4400多元。这在当时可算得上一个大宅门。11月21日,鲁迅就与周作人一家搬进了装修好的新居。12月1日,鲁迅启程回绍兴接母亲、夫人朱安、三弟周建人一家。12月29日,全家住进八道湾。这是鲁迅此生购置的第一处房产，资金来源是变卖绍兴祖产一部分及兄弟二人的收入积攒的一部分。

八道湾胡同位于北京西直门内前公用库胡同北面，胡同内弯弯曲曲的转弯很多且不规则。鲁迅购买的十一号院是一套三进的大四合院，他看中其空地很宽大，宜于孩子们游玩。一进门楼便是一座影壁墙，穿过外院就是前院，有南房9间，鲁迅就住在中间的3间。著名的小说《阿Q正传》就是在这里创作的。**鲁迅曾在房前种过两株丁香和一棵青杨树。**前院与中院中间有一隔断墙，中院有正房3间，鲁迅的母亲住东房，鲁迅夫人朱安住西房，中间堂屋为大家吃饭的地方。堂屋后又接出一间，冬天为节约煤火，鲁迅就睡在这一间。后院有北房九间，周作人一家和他的书房"苦雨斋"就在西边3间，周建人一家住中间3间。东边3间为客房，1922—1923年，俄国盲诗人爱罗先珂曾住在这里。爱罗先珂是应蔡元培之请到北京大学教授世界语的，因他生活不能自理，蔡元培就委托鲁迅一家照顾他。后院还有一个小水池，鲁迅的小说《鸭的喜剧》中曾记载爱罗先珂在这里养蝌蚪的事情。

鲁迅居住在八道湾期间，创作了《一件小事》《风波》《头发的故事》《故乡》《阿Q正传》《白光》《端午节》《兔和猫》《社戏》《不周山》10篇小说，发表杂文30余篇，**译作40余篇**。出版了第一本小说集《呐喊》、译文集《爱罗先珂童话集》《桃色的云》和《工人绥惠略夫》，编定了《中国小说史略》上卷。

八道湾胡同之所以出名，和周氏兄弟的出名与恩怨分不开。周氏兄弟从1918年起，就参加《新青年》杂志的编辑工作，并成为主要撰稿人，发表小说、杂文、翻译作品100多篇。1921年年初，文学研究会成立，周作人是发起人之一。兄弟二人对新文化运动的发展起到了重要作用。1919年年末，鲁迅刚买过房，全家迁入北京，教育部从1920年起就开始欠薪。作人患肋膜炎，建人的儿子沛患重病住院，二弟媳又挥霍无度，致使经济压力巨大。鲁迅从1920年起在北京大学、师范大学等学校开始兼职授课也有经济上的原因。鲁迅作为周家老大，家中困难主要由他来承担。这样的大家庭的团聚生活维持了3年，终于，在1923年7月，积累已久的家庭矛盾爆发了。鲁迅日记7月14日载："是夜始改在自室吃饭，自具一肴，此可记也。"7月19日又载："上午启孟自持信来，后邀欲问之，不至。"周作人的信是这样写道："鲁迅先生：我昨天才知道，——但过去的事不必再说了。我不是基督徒，却幸而尚能担受得起，也不想责难，——大家都是可怜的人间。我以前的蔷薇的梦原来都是虚幻，现在所见的或者才是真的人生。我想订正我的思想，重新入新的生活。以后请不要再到后边院子里来，没有别的话。愿你安心，自重。七月十八日，作人。"8月2日，鲁迅"下午携妇迁居砖塔胡同六十一号"。关于兄弟失和的原因众说纷纭，但可考的史料都已公之于众。主要的原因在于：一是周作人之妻羽太信子的歇斯底里性，凶悍泼辣，持家无度，制造谣言；二是兄弟二人的思想取向产生了分歧。

八道湾胡同之所以有名，还因为有文化名人来这里造访。鲁迅与周作人的同事好友经常到八道湾做客。许寿裳、孙伏园、章廷谦、马幼渔、沈尹默、沈兼士、张凤举等都是常客。蔡元培、胡适、郑振铎、郁达夫、许地山等都到过八道湾。

鲁迅居住此地3年又8个月。鲁迅所完成和发表的小说、杂文、散文等作品，在他一生著作中都是最具有代表性和影响力的，特别是以《阿Q正传》为代表的小说创作，积极推动了五四新文化运动。八道湾鲁迅旧居现成为北京第三十五中学的一部分，现在又加入全国鲁迅博物馆、纪念馆大家庭，成为又一个鲁迅纪念地。

砖塔胡同六十一号　1923年8月2日，鲁迅因兄弟失和，偕夫人朱安迁居北京西城砖塔胡同六十一号院。鲁迅搬到砖塔胡同，是通过当时《晨报副镌》主编孙伏园找到许钦文，又通过许钦文的四妹许羡苏帮助促成的。许羡苏和俞芬都是周建人在绍兴女子师范学校教书时的学生。许羡苏到北京报考北京大学时，住在八道湾。许羡苏很会做绍兴菜，又能经常和鲁迅的母亲鲁瑞聊天打发寂寞，所以鲁瑞很喜欢她。鲁迅和周作人闹翻后，许羡苏就建议鲁迅搬到俞家姐妹住着的砖塔胡同。

砖塔胡同六十一号的院门坐南朝北，鲁迅住在三间北房，俞芬和她的两个妹妹俞芳、俞藻住在西屋两间。在这里，鲁迅和俞家姐妹相处得很好，并时常照顾她们。砖塔胡同的住房不大，而且破旧。鲁迅当时正在编写《中国小说史略》下卷，屋里堆了许多线装书，桌上、床上都是书。鲁迅住在中间一间，吃饭、会客都在这里。鲁迅搬来后半个月，鲁迅的母亲鲁瑞也搬来和他一起居住。显然这个房子是太小了，于是鲁迅又四处张罗看房，准备另买一处大些的房子。

从1923年8月2日至1924年5月25日，鲁迅在砖塔胡同居住了9个多月。在砖塔胡同期间，1923年8月，鲁迅的第一本小说集《呐喊》由北京大学新潮社出版，列为新潮社文艺丛书之一。鲁迅在狭窄的房间里创作了《祝福》《在酒楼上》《幸福的家庭》

《肥皂》4篇小说，作论文《宋民间之所谓小说及其后来》，写定《中国小说史略》下卷，还校勘了《嵇康集》。在北京女子师范大学讲演《娜拉走后怎样》，在北京师范大学讲演《未有天才之前》，还为北京大学歌谣研究会《歌谣周刊》设计封面。家庭关系的突变导致鲁迅生活的巨大变化，而五四运动高潮之后，新文化战线的统一局面也被破坏了，鲁迅在《南腔北调集〈自选集·自序〉》中说："《新青年》的团体散掉了，有的高升，有的退隐，有的前进，我又经验了一回同一战阵中的伙伴还是会这么变化。"鲁迅在砖塔胡同创作的4篇小说收入小说集《彷徨》，鲁迅在《题〈彷徨〉》一诗中，写出当时文坛的状况和自己的心态："寂寞新文苑，平安旧战场。两间余一卒，荷戟独彷徨。"表达了他在彷徨中仍坚持荷戟战斗的信念。砖塔胡同现在为普通民居，旧有房屋已经重盖，院内盖满了临时房，显得很破败。

西三条21号 鲁迅从经历了千辛万苦购置八道湾大宅，到搬进狭窄破旧的砖塔胡同，兄弟感情破裂的阴影笼罩在他受伤的心中，其苦闷是可想而知的。加上勤奋工作的劳累，从9月24日起，致使肺病复发。发烧、腹泻，断断续续持续了约有半年才转康复。鲁迅拖着带病的身体，又开始四处看房。鲁迅日记载，1923年10月30日，"午后杨仲和、李慎斋来，同至阜成门内西三条看屋，因买定第廿一号门牌旧屋六间，议价八百，当点装修并丈量讫，付定泉十元"。经过装修，终于1924年5月25日，"晨移入西三条胡同新屋"。这套房子就是现在辟为北京鲁迅博物馆的鲁迅故居。由鲁迅自己独资购买，加上契税、改建装修费用，共用了2100多元。这又是鲁迅一生中的一次重大开销。

阜成门内宫门口西三条21号是鲁迅亲自设计改建的一座平民四合院。从1924年5月25日携母亲及夫人朱安入住,直到1926年8月26日离京赴厦门大学任教,共住两年又三个月。这是鲁迅在北京的最后一处住所。1929年、1932年鲁迅从上海两次回家探望母亲,也住在这里。

宫门口西三条胡同位于阜成门城根,东面可以望见妙应寺白塔。民国时这里的庙会非常热闹。宫门口是因明代在此地建有朝天宫而得名,后朝天宫为火灾所毁,这一带只留下宫门口、东廊下、西廊下这样的地名。鲁迅买下的西三条21号是一个小四合院,约有400平方米。搬来之前,鲁迅亲自绘制了草图进行了修缮改建。院内有北房3间,母亲鲁瑞住东面一间,朱安住西面一间,中间堂屋为大家洗漱、吃饭的地方。东西厢房各两间,东厢房是雇用女工的临时住房,西厢房是厨房。南房也是3间,是鲁迅藏书及会客的地方。南房的东壁上挂着画家陶元庆为鲁迅画的一幅素描像,画像下面有两张供客人坐的沙发式坐椅和一个茶几,南墙摆放着从老家带来的一排书箱,书箱上有鲁迅亲自编的号码。南房西间有一木板床,是来客临时居住的地方。女师大风潮时,许广平等曾在这里避难。院子方方正正,北屋西侧有一夹道通往后园,后园中间有一口小水井。1925年4月5日,鲁迅请云松阁的花工在院内种树,"计紫、白丁香各二,碧桃一,花椒、刺梅、榆梅各二,青杨三"。使得小院四季皆有景致,十分幽雅。

堂屋后面接出一小间,北京人管这种接出来的房子叫作"老虎尾巴"。这样修建的目的主要是便宜,造价低,既可扩大面积,冬天还可以节约煤火。鲁迅就在这里工作和休息,自称为"绿林书屋",鲁迅在《华盖集·题记》和《华盖集·后记》的文末都署"绿林书屋东壁下"。鲁迅坐在"老虎尾巴"透过玻璃窗,"可以看到墙外有两株树,一株是枣树,还有一株也是枣树"。窗下就是鲁迅用来休息的木板床。东墙壁下有一张普通的三屉桌,桌上有笔架、墨盒、茶碗和烟灰缸,还有一座闹钟和一盏煤油灯。三屉桌旁边有一个小书架。东墙上挂着一幅鲁迅在东京学习时日本教师藤野先生的照片,还有一幅画家司徒乔的素描画"五个警察一个〇",这是1926年6月在中央公园参观司徒乔画展时购买的。西壁上挂着一个条幅,上书鲁迅自集屈原《离骚》句"望崦嵫而勿迫,恐鹈鴂之先鸣",是请友人乔大壮书写的。意思是激励自己珍惜时光,勤奋工作。三屉桌前有一张藤椅,鲁迅就是坐在这张藤椅上伴着昏暗的煤油灯,用他那支"金不换"毛笔写作的。

在这间不足8平方米的斗室里,鲁迅撰写了200多篇文章,散文诗集《野草》、小说集《彷徨》中的大部分作品,杂文集《华盖集》《华盖集续编》《坟》、回忆散文集《朝花夕拾》的大部分文章都是在这里完成的。又多次校勘《嵇康集》等古籍,还翻译了外国作品40余篇。创作之外,鲁迅还主编和指导编辑了《语丝》周刊、《莽原》周刊、《莽原》半月刊、《国民新报》乙刊等刊物,组织领导了未名社和莽原社,培养了一大批青年作家,为新文学事业做出了巨大的贡献。

西三条21号在胡同深处,鲁迅搬来后友人、学生来拜访不断,使这个僻静的胡同变得喧嚣热闹。鲁迅经常和学生们讨论时事,交流思想,热心指导学生写作。夜深时,亲自擎一盏煤油灯把青年学生送至门外。

鲁迅在西三条居住的日子里，经历了女师大风潮、三一八惨案并与许广平结下战斗的师生情谊。1926年8月26日，鲁迅携许广平离京，赴厦门大学任教。母亲鲁瑞和夫人朱安仍住在这里。鲁瑞于1943年4月22日去逝，朱安于1947年6月29日也离开人间。西三条鲁迅故居于1956年扩建为北京鲁迅博物馆，成为在北京保留下来的鲁迅唯一故居。2006年5月被国家文物局列为全国重点文物保护单位。

南下厦门

厦门大学生物学院大楼 1926年9月4日，鲁迅登陆厦门，从太古码头乘小舢板来到厦门大学。开始在厦门大学内生物学院大楼三层临时居住。在三楼上，可以眺望风景，他感到极其合宜，并把住处照片的明信片寄给许广平："此地背山面海，风景佳绝，白天虽暖——约八十七八度——夜却凉。四面几无人家，离市面约有十里，要静养倒好的。普通的东西，亦不易买。听差懒极，不会做事也不肯做事；邮政也懒极，星期六下午及星期日都不办事。"但那里的风很大，有一次还把百叶窗刮坏了。去上课时要走96级台阶。

集美楼 9月25日迁居集美楼，也是三楼，扶梯只需走24级。这边房子很大，也比较安静。楼内没有厕所，二楼有一个，却被一户私有了，因此不便去使用。公共厕所在需走大约160步远的地方，鲁迅每天要去三四次，很是不便。于是，每当天一黑的时候，就跑到楼下，在草地上了事。那楼下后面有一片花圃，用有刺的铁丝网拦着。有一次鲁迅要试一下那网的阻力，试图跳过去，果然成功了，但那刺却把他的屁股和膝盖刺破了，幸无大碍。草地中还有许多无毒的小蛇，所以天暗时，鲁迅便不再到草地上走了，小解时也不下楼，用一个瓷罐，半夜尿急便滋进去。看到夜半无人时，就从窗口泼将下去。鲁迅在给许广平的信中说："这虽近于无赖，但学校的设备如此不完全，我也只得如此。"

鲁迅在厦门大学只工作了三个多月，虽然薪酬较高，但吃住都不习惯，又饱受排挤和打击，鲁迅称之为"农奴生活"。开始，鲁迅的住处内没有器具，鲁迅于是大发其怒。大发其怒之后，器具就有了，又添了一个躺椅，总务长亲自监督搬运。鲁迅很讨厌校长秘书黄坚。有一天，黄坚突然闯进鲁迅宿舍，说"昨天吴教授的少爷已到，需要从这里搬走两个椅子"，说着就伙同来人动手搬椅子。鲁迅见状，十分愤怒，厉声道："倘若他的孙少爷也到，我就得坐在楼板上么？"黄坚听后尴尬地放下椅子溜走了。

鲁迅在厦门大学讲授文学史及小说史，并从事翻译和创作，《从百草园到三味书屋》《父亲的病》《琐记》《藤野先生》就是在这里写成的。此外还创作了大量杂文。在厦门大学，鲁迅还支持青年学生创办文艺团体"泱泱社""鼓浪社"，并帮助编辑出版了刊物《鼓浪》和《波艇》。厦门大学集美楼鲁迅居住过的地方，现辟为厦门鲁迅纪念馆。

广州任教

广州中山大学大钟楼　1927年1月18日,鲁迅到广州中山大学任中文系主任兼教务主任,住中山大学内的大钟楼,现在是广州纪念馆所在地。鲁迅在杂文《在钟楼上》对他所住的地方有过描述:"我住的是中山大学中最中央而最高的处所,通称'大钟楼'。一月之后,听得一个戴瓜皮小帽的秘书说,才知道这是最优待的住所,非'主任'之流是不准住的。但后来我一搬出,又听说就给一位办事员住进去了,莫明其妙。不过当我住在那里的时候,总还是非主任之流即不准住的地方,所以直到知道办事员搬进去了的那一天为止,我总是常常又感激,又惭愧。然而这优待室却并非容易居住的所在,至少的缺点,是不很能够睡觉的。一到夜间,便有十多匹——也许二十来匹罢,我不能知道确数——老鼠出现,驰骋文坛,什么都不管。只要可吃的,它就吃,并且能开盒子盖,广州中山大学里非主任之流即不准住的楼上的老鼠,仿佛也特别聪明似的,我在别地方未曾遇到过。到清晨呢,就有'工友'们大声唱歌,——我所不懂的歌。"广州纪念馆现在还陈列着鲁迅当年使用的两条板凳、一个搭着铺板的床和用竹竿撑着的麻布蚊帐。鲁迅住大钟楼期间除忙于教学事务和写作外,还曾到香港进行了《无声的中国》和《老调子已经唱完》的演讲。

白云楼　1927年3月29日,鲁迅迁居白云路的"白云楼"。这天的鲁迅日记载:"二十九日　黄花节。……上午往岭南大学讲演十分钟……下午晴。移居白云路白云楼二十六号二楼。夜雨。"这处房子是鲁迅与许广平、许寿裳三人合租的，有三房一厅，白云楼可以远望青山，前临小港，地甚清幽。鲁迅在这里曾在知用中学、钟楼礼堂、中山医学院、黄埔军校等地进行过多次演讲。在广州期间，他编辑了自己的散文诗集《野草》、回忆散文集《朝花夕拾》，翻译完成《小约翰》，创作了小说《铸剑》，辑成杂文集《而已集》。鲁迅在《而已集》校讫记中写道广州半年多的情况："这半年我又看见了许多血和许多泪，然而我只有杂感而已。……连'杂感'也被'放进了应该去的地方'时，我于是只有'而已'而已！"

鲁迅在广州生活工作了八个月，9月27日与许广平一起离开前往上海。白云楼鲁迅故居现为广东省文物保护单位。

定居上海

上海景云里23号 1927年10月3日，鲁迅携许广平到达上海，暂住在共和旅馆。王映霞曾回忆："鲁迅与许广平住在二楼，那是一间20平米左右的木结构房间，朝南有两扇小窗，还有两扇落地窗直通阳台。屋内陈设很简单，一个方桌，一个写字台，四个凳子，两个沙发，东西两侧各放一只单人床。"鲁迅在共和旅馆住了五天，在上海，有许多鲁迅的亲友，五天时间内几乎天天都是鲁迅友人的宴请或答谢。这时鲁迅还没有决定长期居住在上海，短短几天的了解，使他产生了定居上海的想法。其中的原因，一是因三弟周建人也住在上海，兄弟可以团聚互相照应；二是因为先前与鲁迅共事过的朋友如林语堂、孙伏园等都在上海落脚，其他好友如许寿裳、郁达夫、许钦文等都距上海不远；三是上海文化繁荣，出版也发达，如北新书局李小峰与鲁迅有着长期的出版方面的交往；四是生活习惯上也比较适应。10月8日，鲁迅迁入东横滨路附近的景云里第35弄23号公寓，与许广平同居。

鲁迅所住的景云里23号是他在上海的第一处寓所，在弄内第二排最后一幢。前门与茅盾寓所的后门斜对，这里与商务印书馆、东方图书馆都很近，周建人当时就在商务印书馆做编辑。鲁迅租下的是一整套三层的洋式楼房，鲁迅住二层，许广平住三层，楼下是会客室，有时客人来也住在一楼。此时包括郁达夫等友人还不知道鲁迅与许广平的关系。

1928年1月9日，鲁迅的寓所来了一位学生，名叫廖立峨。这人曾是鲁迅在厦门大学、广州中山大学时的学生。他说自从鲁迅离开厦门大学，日夜思念先生，所以抛弃学业、家庭、爱人，来到上海追随先生。鲁迅出于感动便收留了他，供给他食宿、衣服及零用钱。没过多久，廖立峨的爱人和弟弟也从乡下来到鲁迅家，鲁迅只好一并收留。廖立峨还对街坊讲："我是鲁迅的干儿子。"接着，他又不断地向鲁迅提出要求，要供他的爱人去上学，还要帮他找工作。鲁迅通过郁达夫，在现代书局给他找了一份工作，工资三四十元，由书局出一半，另一半由鲁迅给。第二天，鲁迅便教他到书局上班。可是没过两小时，他便回来了，说是工作太烦琐，工资太少，无法供太太读书。鲁迅只好苦笑。没过多久，他又找鲁迅帮忙，说是他在家乡原有十几亩地，因为穷，被父亲押给别人，想和鲁迅要一千块钱把地赎回。他说："先生一年收入几万块钱的版税，何在这区区千数块钱呢；只要肯，有什么弄不到？"鲁迅回答说："我不肯。"就这样，廖立峨几个在鲁迅家住了五六个月，有一天他们对鲁迅说，家里来信让他们回去，让鲁迅给他们准备些盘缠。鲁迅就给了他们三五十块钱。第二天鲁迅起床后，发现人已经悄悄地走了，还把家里的衣服和一些值钱的东西顺手带走了。鲁迅对青年总是那样的热心。之后，鲁迅把这个故事当作一个笑话来讲给朋友听。

景云里18号　由于景云里23号的居住环境非常吵闹，有唱戏的、打牌的，夏季乘凉时节更是嘈杂不堪，不利于写作，鲁迅感到很苦恼，1928年9月9日，鲁迅便移居至景云里18号。这个寓所与景云里23号的格局是一样的，只是这次是和周建人合租，鲁迅仍住二楼，许广平住三楼，周建人一家住一楼。虽然一家人住在一起，其乐融融，但周建人的两个孩子其时尚幼，经常吵闹，也对鲁迅的写作是一种骚扰。五个月后，鲁迅又租下旁边的17号楼。

景云里17号　1929年2月21日，鲁迅移居至景云里17号。17号楼与18号楼仅一墙之隔，他们将之间做了一扇木门，这样兄弟之间的走动就很方便了，不过还是难于逃避喧嚣的环境。这时的许广平已经怀孕三个月。1929年9月27日，鲁迅的孩子周海婴降生，同住的还有保姆和用人。

鲁迅在景云里居住期间，主要从事翻译工作，还编辑《语丝》《萌芽》，与柔石合编《朝花周刊》，与郁达夫合编《奔流》等，出版译介外国版画《艺苑朝花》。1930年，鲁迅发起自由运动大同盟，又加入了左翼作家联盟，曾被浙江省党部通缉，为此，鲁迅曾到内山完造的书店避难一个月。于是鲁迅想找一处安全并适合一家三口居住的房子。

拉摩斯公寓A三楼4号　　1930年5月12日，鲁迅一家三口移居到北四川路拉摩斯公寓A三楼4号。这所公寓是鲁迅好友内山完造介绍的，房子建于1928年，在当时是比较新的公寓，原为内山完造的朋友住在这里，鲁迅租下后买下了里面的西式家具。这间公寓坐北朝南，南面是厨房和浴室，中间过道两侧为两个卧室，保姆许妈和海婴住一个卧室，另一个卧室鲁迅和许广平居住。北面的房间最大，是会客兼藏书室。鲁迅搬入后花64元定做了十二个木制书箱。这里距离施高塔路的内山书店很近，鲁迅不仅经常到内山书店买书会客，而且把与外界的联系方式也设在了内山书店。

　　鲁迅在拉摩斯公寓居住得也并不安稳。1931年1月20日，因为柔石等人的被捕消息，鲁迅全家被迫搬到花园庄避难一个多月。1932年1月28日，日军发动了一·二八事变。当晚鲁迅正在写作，对面的日本海军陆战队司令部骚乱起来，远处传来枪声，全家急忙退至楼下，鲁迅写作的书桌旁边被一颗子弹洞穿。1月30日，鲁迅全家、周建人一家及用人共十口到内山书店二楼暂居避难。一周后，又转到三马路内山书店支店，十口人挤在一间房子里，席地而卧。3月3日，中日停战，秩序逐渐恢复，海婴又出疹子，鲁迅一家迁入大江南饭店暂居。14日，鲁迅回拉摩斯公寓查看情况，看到"除震破五六块玻璃及有一二弹孔外，殊无所损失，水电瓦斯，亦已修复，故拟于二十左右，回去居住"。周围环境因火焚炮毁严重，买菜都很不方便。19日，鲁迅一家搬回拉摩斯公寓。回到公寓后，海婴不断生病，因房子坐南朝北，光线不好，又常遇雨漏水，周围环境破乱不堪，海婴患有哮喘，怕受凉寒，鲁迅决定再寻一处较好些的房子租住。

鲁迅在拉摩斯公寓居住期间，写作非常努力，撰写和翻译作品有170多篇，其中包括《为了忘却的记念》《论"第三种人"》等，出版了《二心集》《伪自由书》《南腔北调集》，译著《竖琴》《一天的工作》等。1931年8月，鲁迅请来日本人内山嘉吉，开办木刻讲习班，成为中国新兴木刻的开端。拉摩斯公寓的建筑至今仍然保留着初建时的原貌。

大陆新村9号　1933年4月11日，鲁迅一家三口自拉摩斯公寓迁居施高塔路（今山阴路）大陆新村9号，直至去世。这所住宅也是由内山完造介绍的，鲁迅是以内山书店员工的身份居住。这是一栋三层红砖红瓦砖木结构的房子，对鲁迅来说是比较理想的，一层外面有天井，内有客厅、饭厅，后面是厨房；二楼朝南的大卧室是鲁迅与许广平居住，后面的一间卧室改为了储藏室；三楼朝南的卧室是海婴的卧室，后面的卧室是客房，外面还有晒台。相比景云里和拉摩斯公寓来说，这里的居住环境安静，购物便利，房子坐北朝南，光线充足，对海婴的身体也很有利。鲁迅在这里能够安心读书写作。

鲁迅在大陆新村居住期间撰写了大量杂文，出版了《准风月谈》《花边文学》《且介亭杂文》等杂文集，《故事新编》也是在这里编选完成的。修订了《中国小说史略》，翻译了《表》《俄罗斯的童话》《死魂灵》等外国文学作品，积极倡导新兴木刻运动，举办并参加画展，编印《木刻纪程》《引玉集》《凯绥·珂勒惠支版画选集》等。1936年10月19日，鲁迅在这里离开人间。现在此处鲁迅故居已辟为上海鲁迅纪念馆的一部分，供参观者瞻仰。

夜里睡不着，又计画着明天吃辣子鸡，又怕和前回吃过的那一碟做得不一样，愈加睡不着了。

食事

> 人不能不吃饭,因此即不能不做事。

关于人生,鲁迅有一个最基本的观点:一要生存,二要温饱,三要发展。吃饭是人生命的基本需求,而美食也是人类的一种欲望。鲁迅虽然生于家境败落时的书香门第,但是挨饿的生活鲁迅并没有经历过。他的一生走南闯北,虽然节俭,但也享用过无数的美食。鲁迅交友甚广,其中包括同学、同事、亲朋、好友、学生等,聚会餐饮自然是他生活的重要部分。在餐桌上,他也许就构思了文章的题目和内容,也许就生发出许多思考。在与朋友的聚会中,他们曾谈论中国的社会,谈论刊物的编辑,讨论文学与革命的问题,也谈论朋友之间的友情、同乡之间的亲情等。在鲁迅的日记中,生活时间最长的北京和上海两地,他去过的饭馆就有近150家。他的日记中还留下许多"微醉""颇醉""大醉"的记录。从这些记录中,可以折射出他在不同时间的不同心情,也可透视鲁迅与朋友、同乡及其他食客之间的关系。

关于吃饭，鲁迅有很多妙论。在致李秉中的一封信中曾说："人不能不吃饭，因此即不能不做事。"在《送灶日漫笔》一文中，鲁迅就在北京的吃饭有过精妙的分析："今之君子往往讳言吃饭，尤其是请吃饭。那自然是无足怪的，的确不大好听。只是北京的饭店那么多，饭局那么多，莫非都在食蛤蜊，谈风月，'酒酣耳热而歌呜呜'么？不尽然的，的确也有许多'公论'从这些地方播种，只因为公论和请帖之间看不出蛛丝马迹，所以议论便堂哉皇哉了。但我的意见，却以为还是酒后的公论有情。人非木石，岂能一味谈理，碍于情面而偏过去了，在这里正有着人气息。况且中国是一向重情面的。何谓情面？明朝就有人解释过，曰：'情面者，面情之谓也。'自然不知道他说什么，但也就可以懂得他说什么。在现今的世上，要有不偏不倚的公论，本来是一种梦想；即使是饭后的公评，酒后的宏议，也何尝不可姑妄听之呢。然而，倘以为那是真正老牌的公论，却一定上当，——但这也不能独归罪于公论家，社会上风行请吃饭而讳言请吃饭，使人们不得不虚假，那自然也应该分任其咎的。"

家乡的美食

鲁迅生于浙江绍兴，绍兴又称水乡，鱼米充沛。水产品多种多样，有各种鱼类、虾、蟹等，绍兴的霉干菜、臭豆腐、竹笋也非常有名，又产著名的花雕黄酒。在绍兴菜系中，霉干菜烧肉、糟溜虾仁、清汤越鸡、醉蟹等都是很有地方特色的美味。鲁迅幼年时家境殷实，这些菜品是常吃的。鲁迅在《朝花夕拾·小引》

中曾回忆:"我有一时,曾经屡次忆起儿时在故乡所吃的蔬果:菱角、罗汉豆、茭白、香瓜。凡这些,都是极其鲜美可口的;都曾是使我思乡的蛊惑。后来,我在久别之后尝到了,也不过如此;惟独在记忆上,还有旧来的意味存留。他们也许要哄骗我一生,使我时时反顾。"

鲁迅在小说《社戏》中曾描写他童年时钓虾的故事:"我们每天的事情大概是掘蚯蚓,掘来穿在铜丝做的小钩上,伏在河沿上去钓虾。虾是水世界里的呆子,决不惮用了自己的两个钳捧着钩尖送到嘴里去的,所以不半天便可以钓到一大碗。"浙江人的菜中有一道名菜,就是"醉虾",小虾用酒腌制后,直接端上来,虾还是一跳一跳的时候便食用,鲁迅的文章中也写过那情景:"虾越鲜活,吃的人便越高兴,越畅快。"

鲁迅喜欢吃蟹,每逢秋季产蟹时节,食蟹饮酒是他的标配。浙江盛产螃蟹,鲁迅对于食蟹颇有研究,他讲过一个关于螃蟹的民间传说故事:

> 秋高稻熟时节,吴越间所多的是螃蟹,煮到通红之后,无论取那一只,揭开背壳来,里面就有黄,有膏;倘是雌的,就有石榴子一般鲜红的子。先将这些吃完,即一定露出一个圆锥形的薄膜,再用小刀小心地沿着锥底切下,取出,翻转,使里面向外,只要不破,便变成一个罗汉模样的东西,有头脸,身子,是坐着的,我们那里的小孩子都称他"蟹和尚",就是躲在里面避难的法海。

鲁迅还喜欢腌制的食品，如火腿、绍兴越鸡、酱鸭等，菜类也喜欢如绍兴的霉干菜、霉豆腐、笋干等。亲友知道他的习惯，经常送给他这些食品，鲁迅也用这些食品分送友人。小说《孔乙己》中的盐煮笋、茴香豆也是鲁迅的下酒菜。这是绍兴人鲁迅的习惯，尽管如此，鲁迅还是在《马上支日记》中这样描述绍兴菜："我将来很想查一查，究竟绍兴遇着过多少回大饥馑，竟这样地吓怕了居民，仿佛明天便要到世界末日似的，专喜欢储藏干物品。有菜，就晒干；有鱼，也晒干；有豆，又晒干；有笋，又晒得它不像样；菱角是以富于水分，肉嫩而脆为特色的，也还要将它风干……听说探险北极的人，因为只吃罐头食品，得不到新东西，常常要生坏血病；倘若绍兴人肯带了干菜之类去探险，恐怕可以走得更远一点罢。"

北京的饭馆

1912年鲁迅来到北京，到1926年离京南下，他在北京工作生活了十四年。据鲁迅日记载，鲁迅在北京用餐饮茶的地方有60多处。其中既有名气很大的饭店，也有常去便餐的小馆。饭菜的风味有山东、河南、福建、浙江等各省菜系，还有德式、日式等番菜（西餐）馆，其中不乏北京的一些老字号。北京大街小巷的饭馆，留下了鲁迅许许多多的足迹，因为饭是天天要吃的。

广和居饭庄，是清末以来北京一个有名的饭馆，位于宣武门外菜市口西路南的北半截胡同南口路东，正对着南半截胡同，是一套狭长的四合院。磨砖刻花的小门楼，黑漆大门，红油门联，上有"广居庶道贤人志，和鼎调羹宰相才"的嵌头对。广和居创始于道光十一年（1831），原名叫盛隆轩。据清代崇彝著《道咸以来朝野杂记》载："广和居在北半截胡同路东，历史最悠久，盖自道光中即有此馆，专为宣南士大夫设也。其肴品以炒腰花、江豆腐、潘氏青蒸鱼、四川辣鱼粉皮、清蒸干贝等，脍炙人口。故其地虽隘窄，屋宇甚低，而食客趋之若鹜焉。"由于宣武门外一带会馆林立，京官中汉官居住此地的颇多，文人学士、科考学子云集于此，广和居的生意也大为兴隆。晚清大臣张之洞、曾国藩、光绪皇帝的老师翁同龢、变法名士谭嗣同、文史学家李慈铭等都曾在这里宴客。鲁迅的祖父周介孚也在广和居宴过客。

民国以后，鲁迅周围的文化人也经常在广和居聚会餐饮。周作人、马幼渔、朱希祖、沈尹默、许寿裳、钱玄同以及鲁迅在教育部的许多同事等都是这里的常客。周作人在《补树书屋旧事》中记道："客来的时候到外边去叫了来，在胡同口外有一家有名的饭馆，还是李越缦等人请教过的。有些拿手好菜，如潘鱼、沙锅豆腐等，我们当然不叫，要的大抵是炸丸子、酸辣汤，拿进来时如不说明便不知道是广和居所送来的，因为那盘碗实在坏得可以，价钱也便宜，只是几吊钱吧。"

鲁迅于1912年5月5日到北京，住进宣武门外南半截胡同绍兴会馆，5月7日便"夜饮于广和居"。至1919年搬离绍兴会馆前，鲁迅日记中有64条关于广和居宴饮的记录。鲁迅在绍兴会馆住了约7年，会馆内不供膳食，鲁迅又是单身一人，所以常到广和居吃饭或是叫饭馆把饭菜送到会馆。

鲁迅最后一次到广和居是1932年回京探亲的时候，鲁迅日记载：1932年11月27日，"矛尘来邀往广和馆店夜饭，座中为郑石君、矛尘及其夫人等"。

便宜坊，创建于明永乐年间，是一家有近600年历史的老字号，位于宣武门外菜市口米市胡同。便宜坊以焖炉烤鸭最为出名，是北京烤鸭两大流派之一。焖炉是用砖砌成地炉，烤时不见明火，其烤鸭特点是皮酥肉嫩，肥而不腻。鲁迅在1912年至1913年有五次光顾便宜坊的记录。

同和居饭庄，开业于清代道光二年（1822），原址在西四南大街北口，西四牌楼西南角一座四合院内。同和居是北京较早经营鲁菜的老字号，民国初年，掌柜牟文卿请御膳房的袁祥福帮厨，袁祥福凭"三不沾"等宫廷名菜使同和居有了名气。同和居主营的山东福山帮菜，以烹制海鲜见长，精于熘、爆、扒、炒、烩等，菜肴清、鲜、嫩、脆是同和居的特点。烤馒头、三不沾和糟溜系列称为同和居名震京城的"三绝"。其中的三不沾烹饪技艺独特，因其不沾盘、不沾匙、不沾牙所以称其为"三不沾"。民国时期，一些达官贵人、文人墨客常来聚餐。

鲁迅曾多次光顾同和居与好友和同事聚餐。1912年9月1日，鲁迅同许寿裳、钱稻孙从什刹海归来，路过同和居，在这里吃午饭。日记载："午饭于西四牌楼同和居，甚不可口。"可能是那天点的菜不适合鲁迅的口味。1915年9月29日，时任社会教育司司长的高阆仙请鲁迅及教育部同事共12人在同和居聚餐饮酒。1925年，鲁迅住在阜成门内西三条，与西四牌楼仅一公里之遥。2月12日，鲁迅与语丝社成员王品青、章衣萍、李小峰、孙伏园等在家里会谈后同往同和居吃饭。1932年鲁迅回京探亲，其间在同和居会见老同志和老朋友，原未名社成员台静农、李霁野专程从天津赶来与鲁迅先生见面，邀请鲁迅先生在同和居共饮。

漪澜堂，鲁迅日记载：1926年8月9日，"上午得黄鹏基、石珉、仲芸、有麟信，约今晚在漪澜堂饯行。……晚赴漪澜堂。"漪澜堂在北海公园琼华岛上。据清史记载，每年的农历八月十五日皇太后及皇帝嫔妃们在漪澜堂，每年中秋节为皇太后们摆夜宴，观看太液池放河灯。这里的仿清宫御膳房的小吃点心非常有名，如栗子面的小窝头、豌豆黄等非常好吃。这一天是鲁迅的好友在漪澜堂为鲁迅办的饯行宴。8月26日，鲁迅离京南下。仿膳现在仍为清宫御膳特色餐馆。

鲁迅曾去过的饭馆还有：康熙年间开业的老字号饭馆致美斋，现在已被全聚德兼并；大栅栏劝业场内的澄乐园、玉楼春、小有天饭馆；宣内大街的杏花春饭馆、厚德福饭庄、四海春、宣南第一楼；鲜鱼口长巷头条的同丰堂；珠市口的华宾楼、金谷春、颐乡斋；东四牌楼的福全馆、燕寿堂；东长安街的中央饭店、东安饭店；西长安街的大陆饭店、华英饭店、西安饭店；中山公园内的瑞记饭店、四宜轩、长美轩；东安市场的中兴楼、森隆饭庄；西单的益昌西餐馆；东安门大街的东兴楼；中山公园内的来今雨轩；崇文门内的法国饭店；东长安街的德国饭店；等等。这些饭馆的字号现大都已经不存在了。

宣内大街的海天春饭馆是一个离教育部不远的小饭铺，饭菜经济实惠，吃饭可包月记账。鲁迅曾与好友齐寿山等在这家饭馆用饭。1913年9月4日，日记记载，"午约王屏华、齐寿山、沈商耆饭于海天春，系每日四种，每人每月银五元"。9月18日又记，"海天春肴膳日恶，午间遂不更往，沈商耆见返二元五角"。包了半个月饭，实在是不好吃，只得退款换地方了。

厦门的饭菜

鲁迅1926年8月底离京到厦门大学任教,在那里孤身一人生活了四个月。鲁迅作为一个教授,在厦门大学的宿舍里也是经常自己做饭做菜,烧水沏茶。鲁迅怀疑那里的水不卫生,所以必须自己烧。他用的是一种"火酒灯",也叫"打气炉"。这东西像是北方的煤油灯,鲁迅用得很熟练,先在炉中央一个小碟子似的引擎上倒上酒精,然后打气,用火柴点燃后扭开气门,就"砰"的一声从引擎四周冒出火苗来,发出"呼呼呼"的响声,屋里便弥漫着煤油气味。章川岛形容:"在我乍一看到时,觉得每天总这样的在耳边'呼呼呼'的三四次,倘若没有相当高的修养是难以安居乐业的。"鲁迅有一次做了干贝清炖火腿请川岛他们去吃,并指导性地告诉说:"干贝要小粒圆的才糯。炖火腿的汤,撇去浮油,功用和鱼肝油相仿。"看来那个打气炉还是挺管用的。

厦门大学的饭菜鲁迅吃不习惯,经常自己买些点心或水果吃,还常吃一种叫散拿吐瑾的补脑健胃药。饭菜不可口,就自己动手烧菜,为的是增加些营养,按鲁迅自己的话说,"多延长几年寿命,给那些讨厌我的人,多讨厌几年"。孙伏园是鲁迅的同乡,早年在山会师范学堂、北京大学学习,两度成为鲁迅的学生,在北京时曾任《晨报副刊》编辑,发表鲁迅作品《阿Q正传》。他与鲁迅同时应厦门大学文学院院长林语堂之邀,赴该校出任国学院编辑部干事。在厦门大学时他们关系很密切,常在一起做饭吃。有一次他烧出一个满盘血红的白菜来,鲁迅问他:"是什么菜?"他回答说:"似乎是红烧白菜之类。"鲁迅对他的朋友说:"你想'之类'上面还要加个'似乎'也就可想而知了。"但鲁迅承认孙伏园烧菜的本领要比自己高,自己就连"似乎之类"也做不到的。

广州的水果

鲁迅在广州时很喜欢那里的水果,尤其爱吃香蕉与柚子。

许广平给鲁迅写信介绍广州的水果:"广东水果现时有杨桃,五瓣,横断如星形,色黄绿,厦门可有么?"

鲁迅回信说:"我在此常吃香蕉,柚子,都很好;至于杨桃,却没有见过,又不知道是甚么名字,所以也无从买起。"

许广平又写信道:"广东一小洋换十六枚(有时十五),好的香蕉,也不过一毛买五个,起了许多黑点的,则半个铜元就买到了。我常买香蕉吃,因为这里的新鲜而香,和运到北京者大异。"

鲁迅回信:"伏园带了杨桃回来,昨晚吃过了,我以为味道并不十分好,而汁多可取,最好是那香气,出于各种水果之上。又有'桂花蝉'和'龙虱',样子实在好看,但没有一个人敢吃。厦门也有这两种东西,但不吃。你吃过么?什么味道?"

许广平又写信:"杨桃种类甚多,最好是花地产,皮不光洁,个小而丰肥者佳,香滑可口,伏老带去的未必是佳品,现时已无此果了。桂花蝉顾名思义,想是香味如桂花,或因桂花开时乃有,未详。龙虱生水中,外甲壳而内软翅,似金龟虫,也略能飞。食此二物,先去甲翅,次拔去头,则肠脏随出,再去足，食其软部，也有并甲足大嚼，然后吐去渣滓的。嗜者以为佳，否则不敢食，犹蚕蛹也。我是吃的，觉得别有风味，但不能以言传。"

1927年1月，鲁迅到广州中山大学任教。在生活上，得到了许广平的许多陪伴与照顾。鲁迅的学生好友看望他时也常带一些美食给他。许广平就曾给他送过几次"土鲮鱼"，这种鱼味道鲜美，粤菜中著名的"豆豉鲮鱼"就是用这种鱼做的。在教学之余，鲁迅经常与好友孙伏园、许寿裳等一起逛公园、看电影、吃零食、小吃，下馆子聚餐、吃茶。广东地处沿海，饮食业是很发达的，民间有"吃在广东"的说法。鲁迅在广州生活仅八个多月，他日记中记载的餐馆、茶园就有二十多家，下馆子四十多次，其中有荟芳园、北园、别有春、陆园茶室、大观园茶室、陶陶居、国民饭店、福来居、松花馆、山泉茶室、东方饭店、拱北楼、晋华斋、八景饭店、南园、美洲饭店、太平馆、亚洲酒店、妙奇香等。

上海的美食

鲁迅1927年10月到上海，在上海生活了九年，度过了他的最后岁月。上海是中国有名的大城市，号称"十里洋场"，中西各式菜馆，甲于全国。鲁迅在上海的亲朋好友众多，他在上海生活的九年里，据日记记载过的餐馆有近八十家。其中去得较多的字号有：言茂源、中有天、东亚食堂、知味观、梁园等。饭馆的菜系有川菜、京菜、粤菜、闽菜、徽菜及日式菜、西餐馆等。与友人的饭局中，大多是讨论文学创作、书籍出版和时事等。

中有天闽菜馆，鲁迅初到上海时的宴请多是在这家菜馆，鲁迅日记记载，从1927年到1930年的大部分宴请都是在这里，其中有十四次都是鲁迅请客。

1927年的最后一天，北新书局李小峰夫妇在中有天宴请，鲁迅夫妇、郁达夫夫妇、林语堂夫妇、章衣萍夫妇及周建人等应邀出席。从名单上看，这些人都是好友。在郁达夫与吴曙天的回忆中都记载了这天的热闹气氛。好几个人都喝醉了，鲁迅也喝得大醉，郁达夫在席间与鲁迅等人赌酒，鲁迅眼睛睁得很大，举着拳头喊道："还有谁要决斗！"可见朋友相见鲁迅喝酒也是很有豪气的。同时在座的作家许钦文回忆，菜品中有整只的烤小猪，还有许多大盘大碗的菜，大家都吃了个饱。之后，鲁迅还在中有天宴请过司徒乔、陶元庆等青年美术家，商议合办《奔流》杂志事宜。

知味观，是一家有名的杭州菜馆，老板和厨师都来自杭州。菜品中神仙鸭子、叫花鸡、荷包鲫鱼、西湖醋鱼、文炖东坡肉和各色面食都很有特色。这家饭馆虽离鲁迅住所远些，但较重要的宴请有时就选在这里，以示隆重。鲁迅曾在知味观宴请上海文艺界人士茅盾、黎烈文、郁达夫等，并把青年姚克介绍给他们。他还在这里宴请过日本友人。

鲁迅对杭州菜还是比较喜欢的，这可能是因为杭州离他的家乡绍兴较近，口味及菜品也相近吧。鲁迅答应过许广平，到上海后要与她去杭州一游，就算是他们的一个小蜜月吧。1928年7月，鲁迅与许广平在许钦文的陪同下来到杭州，从7月12日晚到杭州至17日早晨离杭，一共逗留了四天。这四天里除了游览名胜、买书，再就是吃了。西湖边上孤山脚下楼外楼菜馆的肴馔烹饪颇受鲁迅的欣赏，特别是有一道菜叫虾子烧鞭笋，鲁迅尤为赞许。鲁迅不大喜欢素菜馆，调皮的章川岛偏给鲁迅安排了一次素菜席。素菜馆中常以一些伪装的鸭、假样的鱼、素鸡、素火腿一类的菜，虽为素菜，但用荤名。鲁迅认为有人愿意吃鸡鸭就去吃好了，既然要戒杀生、吃素持斋，却仍不能忘情于鸡鸭鱼肉，素菜荤名，实在大可不必。功德林是杭州久负盛名的素菜馆，1922年创办于上海。虽为素菜，味道还是很不错的，有一些菜鲁迅也很喜欢吃，特别是对那道清炖笋干尖颇为欣赏。在上海的功德林素菜馆，鲁迅曾应柳亚子、李小峰和日本友人内山完造之邀也用过几次餐，很有名的一次是1930年8月6日内山完造邀请鲁迅、田汉、郁达夫、欧阳予倩和日本友人共十八人，举办漫谈会。其中有作家、记者、画家等，漫谈文艺与时事政治等问题。之后大家合影留念，至今还存有珍贵的照片。

聚丰园，是一家天津菜馆。"达夫赏饭"的事件就发生在这里。鲁迅第一次书写著名的《自嘲》，是在1932年10月12日。鲁迅日记载："午后为柳亚子书一条幅，云：'运交华盖欲何求，未敢翻身已碰头。旧帽遮颜过闹市，破船载酒泛中流。横眉冷对千夫指，俯首甘为孺子牛。躲进小楼成一统，管他冬夏与春秋。达夫赏饭，闲人打油，偷得半联，凑成一律以请'云云。下午并《士敏土之图》一本寄之。晚内山夫人来，邀广平同往长春路看插花展览会。"从日记看，鲁迅这一天的兴致是很高的。聚餐的时间是在10月5日，好友郁达夫与王映霞在聚丰园请鲁迅吃饭，同席还有柳亚子夫妇、郁达夫兄嫂、林徽因。老友相聚，必是谈得投机，席间柳亚子向鲁迅求字。一周后，鲁迅诗兴大发，作成一律，这首烩炙人口名篇，成为鲁迅的代表作。鲁迅曾在《华盖集·题记》中说："我平生没有学过算命，不过听老年人说，人是有时要交'华盖运'的。……这运，在和尚是好运：顶有华盖，自然是成佛作祖之兆，但俗人可不行，华盖在上，就要给罩住了，只好碰钉子。"这幅墨迹条幅现存鲁迅博物馆，成为镇馆之宝之一。

梁园，是一家有名的河南菜馆，创于清末民初，是上海有名的豫菜馆，也是鲁迅常去的餐馆之一。菜品除烤鸭外，还有小米稀饭是鲁迅爱吃的。鲁迅在1934年至1935年，曾在该馆宴请五次。他还经常在该馆定菜在家招待客人。鲁迅在这里宴请过谷非夫妇、萧军夫妇、耳耶夫妇、日本友人等，有时还携许广平及海婴在梁园就餐。萧红曾回忆，鲁迅曾在梁园请他们吃了一顿丰盛的酒席，菜品有炸核桃腰、糖醋软溜鲤鱼焙面、三鲜铁锅蛋、酸辣肚丝、木须肉等。

"野火饭"。1927年茅盾在上海时与鲁迅是同住大陆新村的紧邻，他们保持着很好的关系。1933年5月6日鲁迅日记载："午保宗来并赠《茅盾自选集》一本，饭后同至其寓，食野火饭而归。"保宗是茅盾的化名，中午茅盾又到鲁迅家送书，饭后他们又同至茅盾家，晚上由茅盾的夫人孔德沚亲自下厨，请鲁迅吃了一顿"野火饭"。所谓"野火饭"是茅盾的家乡浙江桐乡乌镇的一种家乡便餐，是用肉丁、笋丁、豆腐干丁、栗子、虾米、白果等，加上调料，与大米混合拌匀，煮熟即成，吃时再配以鲜汤。从用料上看，这"野火饭"真是很好吃的。朋友相聚，便餐招待，更具浓情，也可以畅谈尽欢。

鲁迅于正餐之外,是喜欢吃零食的。他有一篇杂文《零食》,专门描述上海人吃零食。"上海的居民,原就喜欢吃零食。假使留心一听,则屋外叫卖零食者,总是'实繁有徒'。桂花白糖伦敦糕,猪油白糖莲心粥,虾肉馄饨面,芝麻香蕉,南洋芒果,西路(暹罗)蜜橘,瓜子大王,还有蜜饯,橄榄,等等。只要胃口好,可以从早晨直吃到半夜,但胃口不好也不妨,因为这又不比肥鱼大肉,分量原是很少的。那功效,据说,是在消闲之中,得养生之益,而且味道好。"这些零食,鲁迅大约都是吃过的。

嗜好吃糖

鲁迅有三大嗜好,除吸烟、饮酒外就是吃糖。鲁迅从小喜爱吃甜食,这大概与浙江人的饮食习惯有关。他年青时写过一首诗《庚子送灶即事》,描述家乡旧时十二月二十三送灶日吃"胶牙糖"的习俗。鲁迅在杂文《送灶日漫笔》中也描述过"胶牙糖":"灶君升天的那日,街上还卖着一种糖,有柑子那么大小,在我们那里也有这东西,然而扁的,像一个厚厚的小烙饼。那就是所谓'胶牙饧'了。"(按:饧,读形,即糖稀)关于"胶牙糖"的作用,鲁迅说:"本意是在请灶君吃了,粘住他的牙,使他不能调嘴学舌,对玉帝说坏话。"爱吃糖应该是儿童的习惯,而鲁迅一生都保持着这爱好。他吃饭的时候也要找糖或者一些甜的东西吃,衣袋里经常装着糖果,随时嚼吃。来客人时,他也拿出糖果来招待。在鲁迅日记中可见他对糖果的不可缺少的习惯,出去购买生活用品时,总要买些糖果。那品种也很多,诸如蒙糖、果糖、饴糖、咖啡薄荷糖、玫瑰酥糖、冰糖、巧克力糖等。很多朋友知道他的这个习惯,也经常给他送糖果。有一次,鲁迅的学生荆有麟从河南带给鲁迅一包方糖,鲁迅打开一看,不是"方"的,而是黄棕色圆圆的薄片。品尝后,"又凉又细腻,确是好东西"。许广平告诉他,这是河南名产,用柿霜制成,性凉,如果嘴上生些小疮之类,一搽便好。可惜她说的时候,鲁迅已经吃了一大半了,连忙将所余收起,预备嘴上生疮的时候,好用这糖来搽。鲁迅自己描述:"夜间,又将藏着的柿霜糖吃了一大半,因为我忽而又以为嘴角上生疮的时候究竟不很多,还不如现在趁新鲜吃一点。不料一吃,就又吃了一大半了。"可见这柿霜糖多么好吃。白糖更是他饮食中不可少的。他在厦门大学任教时,白糖就放在桌上,但那里有一种小的红蚂蚁无处不在,爬得到处都是,于是鲁迅想了个办法,把放白糖的碗放在贮水的盘子中间,鲁迅把这方法叫作"四面围水之法",但偶然忘记,却又被蚂蚁爬满,桌上放的点心也如是。鲁迅住在四楼,常常把未吃完的点心和白糖连同蚂蚁一同抛到草地上去。

待客零食

鲁迅好客,客人中青年居多。在北京鲁迅故居内有一只铁盒子,是专门用来存放零食的,里面放上一些葵花子、花生和糖果,来客时一定拿出来与客人边吃边聊。鲁迅讲过他在北京时招待客人的故事:一天午后,密斯高(Miss Gao)来访,正好家中没有点心,"只得将宝藏着的搽嘴角生疮有效的柿霜糖装在碟子里拿出去。我时常有点心,有客来便请他吃点心;最初是'密斯'和'密斯得'一视同仁,但密斯得有时委实利害,往往吃得很彻底,一个不留,我自己倒反有'向隅'之感。如果想吃,又须出去买来。于是很有戒心了,只得改变方针,有万不得已时,则以落花生代之。这一著很有效,总是吃得不多,既然吃不多,我便开始敦劝了,有时竟劝得怕吃落花生如织芳之流,至于因此逡巡逃走。从去年夏天发明了这一种花生政策以后,至今还在继续厉行。但密斯们却不在此限,她们的胃似乎比他们要小五分之四,或者消化力要弱到十分之八,很小的一个点心,也大抵要留下一半,倘是一片糖,就剩下一角"。由此可见,鲁迅待客对"密斯"(Miss)和"密斯得"(Mr)是有区别的。

鲁迅到上海后,待客的茶点有所不同了,因为柿霜糖和花生不是南方的特产。徐梵澄说,在上海时访鲁迅,没有了"花生政策",自始至终都没吃到过花生米。浙江产的榧子、广东产的阳桃等都是作为茶点来待客的。一次吃到秀水产的小菱,那话题就谈到秀水人朱彝尊、王仲瞿;一次吃凉面,话题便谈到唐人的槐叶冷淘。这槐叶冷淘,是中国古代的一种传统凉面,杜甫的诗中提到过。鲁迅真是太渊博了。

小说中的美食

鲁迅的小说中常有关于美食的描写。《孔乙己》《在酒楼上》都是以饭馆为背景的。在小说中对美食的描写常常很精细,如《幸福的家庭》中的男主人公说："什么菜？菜倒不妨奇特点。滑溜里脊，虾子海参，实在太凡庸。我偏要说他们吃的是'龙虎斗'。但'龙虎斗'又是什么呢？有人说是蛇和猫，是广东的贵重菜，非大宴会不吃的。但我在江苏饭馆的菜单上就见过这名目，江苏人似乎不吃蛇和猫，恐怕就如谁所说，是蛙和鳝鱼了。现在假定这主人和主妇为那里人呢？——不管他。总而言之，无论那里人吃一碗蛇和猫或者蛙和鳝鱼，于幸福的家庭是决不会有损伤的。总之这第一碗一定是'龙虎斗'，无可磋商。"又如在《故事新编·采薇》中，伯夷叔齐把薇菜做成烤薇菜、薇汤、薇羹、薇酱、清炖薇、原汤焖薇芽、生晒嫩薇叶等，虽然没有酱油做不出红烧、红焖、红炖的薇菜来，但也说明鲁迅对做菜是颇有研究的。

中国菜与性欲

鲁迅在《马上支日记》中曾谈到他对中国菜的研究。鲁迅曾买到一本日本人安冈秀夫作的《从小说看来的支那民族性》，书中讲到中国的菜肴，鲁迅就想研究一下，他说："我于此道向来不留心，所见过的旧记，只有《礼记》里的所谓'八珍'，《酉阳杂俎》里的一张御赐菜帐和袁枚名士的《随园食单》。元朝有和斯辉的《饮馔正要》，只站在旧书店头翻了一翻，大概是元版的，所以买不起。唐朝的呢，有杨煜的《膳夫经手录》，就收在《闾邱辨囿》中。现在这书既然借不到，只好拉倒了。"从这几本书名来看，鲁迅读书颇为广泛，对中国菜肴颇有研究。

安冈秀夫的这本书里的最末一章是"耽享乐而淫风炽盛",书中有这么一段:"这好色的国民,便在寻求食物的原料时,也大概以所想象的性欲底效能为目的。从国外输入的特殊产物的最多数,就是认为含有这种效能的东西。……在大宴会中,许多菜单的最大部分,即是想象为含有或种特殊的强壮剂底性质的奇妙的原料所做。"鲁迅评道:"我对于外国人的指摘本国的缺失,是不很发生反感的,但看到这里却不能不失笑。筵席上的中国菜诚然大抵浓厚,然而并非国民的常食;中国的阔人诚然很多淫昏,但还不至于将肴馔和壮阳药并合。'纣虽不善,不如是之甚也。'研究中国的外国人,想得太深,感得太敏,便常常得到这样——比'支那人'更有性底敏感——的结果。"安冈氏的书中又说:"笋和支那人的关系,也与虾正相同。彼国人的嗜笋,可谓在日本人以上。虽然是可笑的话,也许是因为那挺然翘然的姿势,引起想象来的罢。"鲁迅对这一点很不赞同,他说:"会稽至今多竹。竹,古人是很宝贵的,所以曾有'会稽竹箭'的话。然而宝贵它的原因是在可以做箭,用于战斗,并非因为它'挺然翘然'像男根。多竹,即多笋;因为多,那价钱就和北京的白菜差不多。我在故乡,就吃了十多年笋,现在回想,自省,无论如何,总是丝毫也寻不出吃笋时,爱它'挺然翘然'的思想的影子来。因为姿势而想象它的效能的东西是有一种的,就是肉苁蓉,然而那是药,不是菜。总之,笋虽然常见于南边的竹林中和食桌上,正如街头的电干和屋里的柱子一般,虽'挺然翘然',和色欲的大小大概是没有什么关系的。"鲁迅幽默地写道:"我没有恭逢过奉陪'大宴会'的光荣,只是经历了几回中宴会,吃些燕窝鱼翅。现在回想，宴中宴后，倒也并不特别发生好色之心。但至今觉得奇怪的，是在炖，蒸，煨的烂熟的肴馔中间，夹着一盘活活的醉虾。"

辣椒与文学

鲁迅因肺病而逝，而一生困扰着他的疾病还有牙病和肠胃病。他的学生杨霁云认为鲁迅的胃病一定与饮酒有关，于是就问鲁迅："你的酒量如何？"鲁迅知道他的用意，笑着回答说："我不大吃酒，我的胃病并非因酒引起。说来年代长远了，还是从前初次离开绍兴进到南京江南水师学堂的时候，冬天气候冷，没有衣服穿，于是不得不多吃辣椒以御寒，可就把胃吃坏了。"鲁迅的这话在他的回忆文章《琐记》中也有明证："一有闲空，就照例地吃侉饼，花生米，辣椒，看《天演论》。"

鲁迅的家乡是浙江绍兴，那里的人本基本不吃辣的。他的小说《在酒楼上》记述了他回家乡时到饭馆，点了一斤绍酒，十个油豆腐，强调"辣酱要多！"然后他"很舒服的呷一口酒"评道："酒味很纯正；油豆腐也煮得十分好；可惜辣酱太淡薄，本来S城人是不懂得吃辣的。"他的小说《故事新编·奔月》中，羿出去打猎，腰上带着的是五个炊饼，五株葱和一包辣酱，结果他误杀了老太太的黑母鸡，无奈之下，他用那五个炊饼，搭上五株葱和一包辣酱把那鸡换了下来。回家后，发现妻子吃了升仙的药去月亮上了，他便将那鸡做了一盘辣子鸡，烙了五斤饼，吃掉了。在《非攻》中，公输般请墨子吃饭，也是备了辣椒酱、大葱和大饼。

喜欢辣椒，在鲁迅的生活中形成了一种习惯，辣椒酱、辣椒末，都是他吃饭时常吃的佐料，这习惯在他给许广平的信中向她作过汇报。他在文章中也常用辣椒作比喻。他曾对所谓的"革命文学"进行了揭露，他说："旧社会将近崩坏之际，是常常会有近似带革命性的文学作品出现的，然而其实并非真的革命文学。例如：或者憎恶旧社会，而只是憎恶，更没有对于将来的理想；或者也大呼改造社会，而问他要怎样的社会，却是不能实现的乌托邦；或者自己活得无聊了，便空泛地希望一大转变，来作刺戟，正如饱于饮食的人，想吃些辣椒爽口。"还说过："革命便也是那颓废者的新刺戟之一，正如饕餮者餍足了肥甘，味厌了，胃弱了，便要吃胡椒和辣椒之类，使额上出一点小汗，才能送下半碗饭去一般。"

鲁迅有一篇杂文《止哭文学》。他在《大晚报》上看到一篇文章《提倡辣椒救国》，文中说："北方人自小在母亲怀里，大哭的时候，倘使母亲拿一只辣茄子给小儿咬，很灵验的可以立止大哭。……现在的中国，仿佛是一个在大哭时的北方婴孩，倘使要制止他讨厌的哭声，只要多多的给辣茄子他咬。"鲁迅驳斥了这种谬论："辣椒可以止小儿的大哭，真是空前绝后的奇闻，倘是真的，中国人可实在是一种与众不同的特别'民族'了。然而也很分明的看见了这种'文学'的企图，是在给人一辣而不死，'制止他讨厌的哭声'，静候着拔都元帅。"他指出："不过，这是无效的，远不如哭则'格杀勿论'的灵验。此后要防的是'道路以目'了，我们等待着遮眼文学罢。"

"夜里睡不着,又计画着明天吃辣子鸡,又怕和前回吃过的那一碟做得不一样,愈加睡不着了。"这是鲁迅行文的幽默。

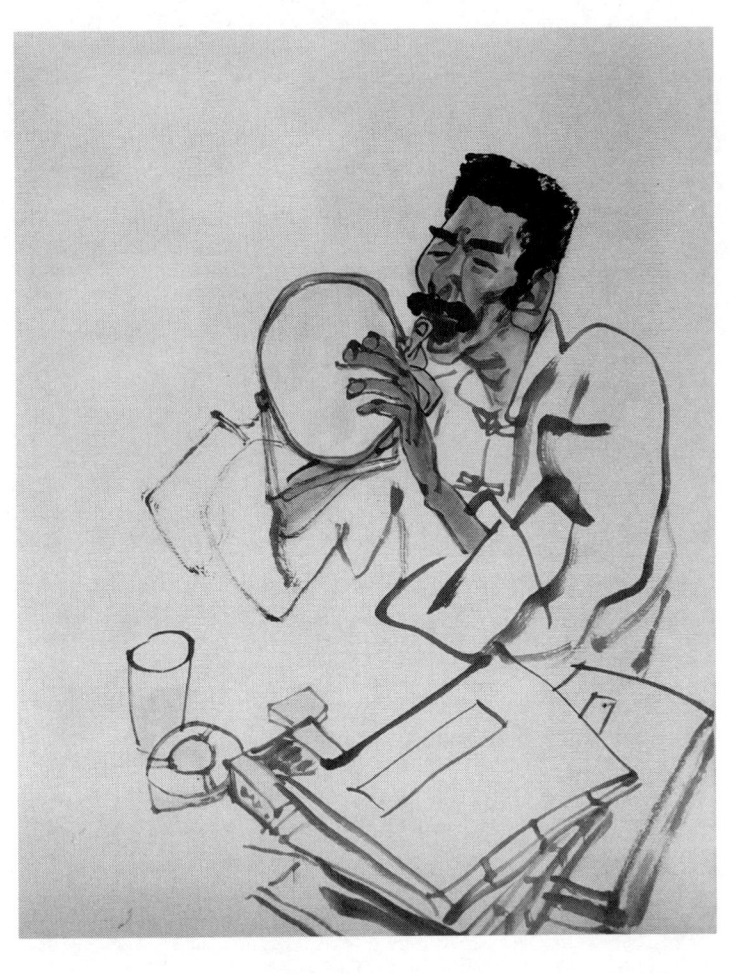

夜齿大痛，失睡至曙。

牙事

一辈子当了『牙痛党』。

鲁迅的牙,早早就掉光了。

俗话说:牙痛不是病,痛起来真要命。牙病这件事,谁也逃脱不了,鲁迅自然也不例外。读鲁迅日记可以看到他除了肺病、胃病之外,几乎一生都受牙病的困扰,因此他经常去看牙医,治牙、补牙、拔牙、镶牙。曾陪同鲁迅在西安讲学的张辛南在《追忆鲁迅先生在西安》一文中描述过他的牙:"鲁迅的牙齿是深黄色,牙根是深黑色,其黑如漆。"鲁迅学过解剖学,对牙的构造、生成及牙病都是了解的,但牙的寿与病主要来自遗传和生活习惯,而鲁迅家的遗传基因中牙就不好,生活习惯中又喜欢吃糖、喝酒和吸烟,因此他因为牙病也是备受折磨。牙的事情多了,自然也从他的文学作品中流露出来。

日记中的牙病史

牙痛是必须要治的,因为牙疼往往难以忍耐。清代以前,中医治牙痛一般都来得比较慢,牙坏了就拔掉。从旧资料看,那时的游医比较多,牙医手上摇着铃铛,身披褡裢,褡裢好插满了拔下的牙齿。清末至民国初年,西方的医牙术传入中国,于是有了补牙、镶牙的技术。有一本民国十七年(1928)上海新华药行书籍部出版的《牙医大全》,从牙的解剖、牙的组织构成、牙的生成到老化,以及各种牙病成因、补牙、植牙的方法都有详细的论述。可见其时治疗牙病的方法已经相当完善。

现存的鲁迅日记是从1912年5月5日他到北京教育部工作时开始的,直到1936年10月19日逝世前一天。日记中记录他的牙病发作和治疗的情况有100多处。

最早的一次是1913年5月1日"夜齿大痛,不得眠"。连续痛了两天,终于忍不住了,3日"午后赴王府井牙医徐景文处治牙疾,约定补齿四枚,并买含嗽药一瓶,共价四十七元,付十元"。11日"晚往徐景文寓补齿毕,付三十七元"。年底,又在牙医徐景文处补了三颗牙。

徐景文医寓位于王府井,是一家私人诊所,专治牙病。大概是治得不错,鲁迅从1913年至1916年曾18次到这个诊所治牙。最后一次是1916年3月18日,"午后往徐景文寓治齿,付一元讫"。

1914年6月13日"夜齿痛失眠"。24日"午后往徐景文寓疗龋齿"。26日"午后往徐景文寓疗齿,付资十元"。

1916年3月13日"夜拔去破牙一枚"。12月11日"晚微雪即止。齿小痛"。12月18日"夜齿大痛,失睡至曙"。

这期间日记中多次记载"夜齿痛"，又多次到徐景文寓所治疗。此后可能是由于买房迁居的原因，改在陈顺龙医生处治疗。陈顺龙牙科医院在前门廊房头条西口路南。陈顺龙是台湾人，曾在德国学医，给慈禧太后看过牙。

1919年4月1日，"牙痛，就陈顺龙医生治之"。10月14日，"夜齿痛"。11月22日，"往陈顺龙牙医生寓，属拔去一齿，与泉二"。12月29日，"下午以齿痛往陈顺龙寓，拔去龋齿，付泉三元。归后仍未愈，盖犹有龋者"。30日"复至陈顺龙寓拔去龋齿一枚，付三元"。

1921年3月27日，"夜落门齿一枚"。

1923年3月25日，"黎明往孔庙执事，归涂坠车落二齿"。6月20日，"上午至伊东医士寓治齿，先拔去二枚"。22日，"下午往伊东寓疗齿，拔去二枚"。26日"上午往伊东寓拔去一齿"。7月3日，"午后往伊东医士寓拔去三齿"。这一年，鲁迅与周作人兄弟二人失和，牙病一定与着急上火有关。

伊东牙医院在崇文门内的八宝胡同，是由日本人伊东丰作开办的医院。鲁迅经常在这医院看牙。第一次去伊东牙医院是带他的母亲看牙。鲁迅日记载：1920年12月7日，"午后同母亲至八宝胡同伊东牙医院疗齿"。从1923年至1926年鲁迅在伊东牙医院补牙、拔牙共去过10余次，1929年鲁迅回京探亲时还去过3次拔牙、补牙，鲁迅的10颗牙齿是在伊东牙医院拔掉的。可见鲁迅对这家医院的信任。鲁迅在《马上日记之二》一文中对伊东牙医院有过描述："上午，往伊东医士寓去补牙，等在客厅里，有些无聊。四壁只挂着一幅织出的画和两副对，一副是江朝宗的，一副是王芝祥的。署名之下，各有两颗印，一颗是姓名，一颗是头衔；江的是'迪威将军'，王的是'佛门弟子'。"

1927年秋天,鲁迅偕夫人许广平在上海定居,但牙病依然困扰。经常治牙的医院是上海宇都齿科医院。

1930年3月19日"午后落一牙"。24日"下牙肿痛,因请高桥医生将所余之牙全行拔去,计共五枚,豫付泉五十"。至此,鲁迅的牙已经全部拔光。这一年鲁迅49岁。

牙是拔完了,然后是"造义齿",也就是镶牙。为此鲁迅又跑了十余次医院才算完成他的牙病史。1934年12月17日"病后大瘦,义齿已与齿龈不合,因赴高桥医师寓,请其修正之"。直到1936年,鲁迅日记中再也没有治牙的记录了。

由这个日记记录下来的鲁迅牙病史可以看出,鲁迅的牙病几乎困扰了他的一生。

"牙痛党"

鲁迅自称他从小就是牙痛党之一,这来自家族的遗传。鲁迅说:"这就是我的父亲赏给我的一份遗产,因为他牙齿也很坏。"(鲁迅:《从胡须说到牙齿》)鲁迅家住小城绍兴,那时并没有牙医,只是凭借《验方新编》来找治病的方法,然而"试尽'验方'都不验"。后来一位善士给了他一个秘方:"择日将栗子风干,日日食之,神效。"自然,那也是没有用的。后来又看中医,中医说这病叫"牙损",因此还遭到长辈的斥责,说他是因为不自爱,才会生这种病。鲁迅不明白,就去查医书,原来医书上说齿是属于肾的,"牙损"的原因是"阴亏"。《本草纲目》中对牙齿的解释是:"两旁曰牙,当中曰齿。肾主骨,齿者骨之余也。"这也许就是中医中牙与肾之关系的来历。

鲁迅不相信中医，其原因是他身受的中医之害，尤其是给他父亲治病的庸医直接导致了父亲的死亡。鲁迅的父亲最早的病象是狂吐血，据中医"医者意也"的学说，相传陈墨可以止血，于是家人就研了许多墨汁给他喝，那自然是不能治病的。姚芝仙给鲁迅的父亲看了整整两年的病也没有治好。他开的药方中有许多奇怪的"药引"，比如：芦根、经霜三年的甘蔗等。治不好病，他就给推荐了另一位叫何廉臣的名医。何廉臣使用的药引又有不同，有"蟋蟀一对"，旁边注着小字："要原配，即本在一窠中者。"还有"平地木十株"。光找这药引，就让鲁迅费了很大的功夫。还有一种叫"败鼓皮丸"，是用打破的旧鼓皮做的，鲁迅的父亲当时全身水肿，又名鼓胀，用那药的道理就是用打破的鼓皮自然可以克服鼓胀。吃了一百多天的"败鼓皮丸"，鲁迅的父亲终于未能康复，却在"名医"手下去世了。这件事对鲁迅刺激很大，从此就再不相信中医了，因为他确实经历过中医给他心灵带来的伤害。这是他后来去日本学医的重要原因。

鲁迅在日本留学期间，牙病又犯了，于是他到长崎找到一个牙医，为他刮去牙后面的"齿垽"，牙龈就不再出血，而只用了两元医药费，一个小时的时间。"齿垽"实际上就是现在所说的牙石，清除了牙石，就不再发炎了。而当时的中医却治不好这样的病，在医学不发达的时代，人们只能承受这不治之痛。

鲁迅在日本学医，后来改为从事文学创作，只是一个肄业生，但他的所学还是很有成就的。他于1909年回国后，在浙江杭州两级师范学堂讲授生理学时编写了一部教材《人生象教》，包含了生理、解剖、保健等方面的医学知识。在消化系统一节，对牙齿的作用、构造及生成过程都有很详尽的描述。他论述道：

"齿所以研食，成人所有，为三十二，骈列上下，各得十六，其著于骨，正如楔之入木也。"并论述了"门齿""犬齿""小臼齿""智齿"在口腔中的位置及其结构、生长规律等。至今看来，仍具有很强的科学性与知识性。

1925年1月，鲁迅作过一篇《忽然想到》，专门考察牙痛的历史："牙痛在中国不知发端于何人？相传古人壮健，尧舜时代盖未必有；现在假定为起于二千年前罢。"他以自己的亲身经历指出中医对牙病的无奈："我幼时曾经牙痛，历试诸方，只有用细辛（按：一种草本药材）者稍有效，但也不过麻痹片刻，不是对症药。至于拔牙的所谓'离骨散'，乃是理想之谈，实际上并没有。"文中又指出："西法的牙医一到，这才根本解决了；但在中国人手里一再传，又每每只学得镶补而忘了去腐杀菌，仍复渐渐地靠不住起来。牙痛了二千年，敷敷衍衍的不想一个好方法，别人想出来了，却又不肯好好地学。"鲁迅是以牙痛及其治疗史的例子来批判中国人的做事敷衍又不好好学习的恶劣病。

"确落二个"门齿

鲁迅曾写过一篇杂文《论胡须》，就有人攻击为"无病呻吟党"。于是鲁迅又写了一篇《从胡须说到牙齿》以澄清流言。文中这样调侃道："不料恰恰一周年，我的牙齿又发生问题了，这当然就要说牙齿。这回虽然并非说下去，而是说进去，但牙齿之后是咽喉，下面是食道，胃，大小肠，直肠，和吃饭很有相关，仍将为大雅所不齿；更何况直肠的邻近还有膀胱呢，呜呼！"

这故事的起因是这样的：1925年10月26日，段祺瑞政府邀请英、美、法等12国代表在北京召开"关税特别会议"。会议当天，北京各学校和进步团体五万余人在天安门集会游行，途中被大批武装警察阻止、殴打，发生了流血事件。次日《社会日报》《世界日报》等刊登的新闻中有这样的话："周树人（北大教员）齿受伤，脱门牙二。"次日《社会日报》《舆论报》等又有"……游行群众方面，北大教授周树人（即鲁迅）门牙确落二个"。这报道显然是流言。鲁迅在文中讲述了他"门牙确落二个"的真相：

民国十一年（1922）秋，鲁迅作为教育部部员参加了袁世凯时代的祭孔活动，角色是"执事"，就是工作人员。鲁迅说："我'执事'后坐车回寓去，既是北京，又是秋，又是清早，天气很冷，所以我穿着厚外套，带了手套的手是插在衣袋里的。那车夫，我相信他是因为瞌睡，胡涂，决非章士钊党；但他却在中途用了所谓'非常处分'，以'迅雷不及掩耳之手段'，自己跌倒了，并将我从车上摔出。我手在袋里，来不及抵按，结果便自然只好和地母接吻，以门牙为牺牲了。于是无门牙而讲书者半年，补好于十二年之夏，所以现在使朋其君一见放心，释然回去的两个，其实却是假的。"（鲁迅：《从胡须说到牙齿》）

鲁迅日记中记载了这件事，1923年3月25日："晴。星期。黎明往孔庙执事，归涂坠车落二齿。"此事发生在1923年初春，而不是1922年秋，鲁迅杂文中记述的这件事恐时间记忆上有误。

与牙齿相关的习惯

吸烟确是鲁迅的一大嗜好,导致他的牙齿是难看的黑黄色。据鲁迅好友许寿裳回忆:他在日本东京留学时住在中越馆,早上醒来第一件事就是伏在枕头上吸一两支烟,牌子是"敷岛"。晚上回来后在洋灯下看书,他是睡得最晚的一个,第二天房东来拿洋灯,整理炭盆,那炭盆上插满了烟蒂,像一个大马蜂窝。他在北京绍兴会馆居住时,早上醒来就在蚊帐里吸烟,白色的蚊帐被熏成了黄黑色。他的吸烟量巨大,每天都要三四十支,几乎是烟不离口。吸烟是影响健康的,鲁迅死于肺病,一定与他的大量吸烟有关。

饮酒也是他生活中的一大嗜好。饮酒会造成血液循环快,造成牙髓充血,有牙病的人就经常会犯牙痛病。鲁迅的酒量不是很大,但却常喝。抽烟与喝酒,鲁迅是继承的父亲的习惯。父亲周伯宜有吸鸦片的瘾,年轻时喝黄酒有不过一斤的量,白酒也喝不过四两。平时不和家人吃饭,因为他总要先喝酒,酒后常给孩子们讲些诸如《聊斋》一类的故事。绍兴产黄酒,可以说鲁迅是生在酒乡,他颇懂得饮酒的情趣,从他的杂文《魏晋风度及文章与药及酒之关系》可以看出他对酒真的是颇有研究。鲁迅小说《在酒楼上》《孔乙己》都描写到在绍兴饮酒的细节。鲁迅的日记中留下许多"微醉""小醉""颇醉""大醉"的记录,而牙痛又常常伴随着喝酒而发生。

除吸烟、饮酒外,吃糖也是他的一大嗜好。鲁迅的牙早早就掉光了,是不是也和吃糖有关呢?但糖毕竟是人类不可或缺的食品。

牙事，无事则小，有事则大。无病时往往并不注意牙齿的重要性。2020年夏天，我的一颗门齿松动了，才意识到牙齿咬和嚼的功能是有分工的，门齿坏了，咬的功能就有问题了，而后槽牙若再有问题，嚼的功能也就有问题了。不能咬，则难于分解食物，不能嚼，则食物无味道了。鲁迅的杂文专有咬嚼之论，如《咬文嚼字》《咬嚼之余》等。读天下文章，正如要有好的牙齿，这牙齿就是一种能力，是应该用科学方法护理的。牙齿又是一种武器，鲁迅在《论"费厄泼赖"应该缓行》中说："'犯而不校'是恕道，'以眼还眼以牙还牙'是直道。中国最多的却是枉道：不打落水狗，反被狗咬了。但是，这其实是老实人自己讨苦吃。"鲁迅最后一次说到牙是在他的遗嘱式的杂文《死》中："损着别人的牙眼，却反对报复，主张宽容的人，万勿和他接近。"

以为印古色古香书,必须用古式纸……

笺事

中国木刻史上之一大纪念耳。

    中国四大发明的提法，最早却是由英国汉学家李约瑟博士在他的《中国科学技术史》中提出的。然而这一提法，产生在20世纪50年代。鲁迅也曾论述过中国古代的发明："中国古人所发明，而现在用以做爆竹和看风水的火药和指南针，传到欧洲，他们就应用在枪炮和航海上，给本师吃了许多亏。还有一件小公案，因为没有害，倒几乎忘却了。那便是木刻。虽然还没有十分的确证，但欧洲的木刻，已经很有几个人都说是从中国学去的，其时是14世纪初，即一三二〇年顷。那先驱者，大约是印着极粗的木版图画的纸牌；这类纸牌，我们至今在乡下还可看见。然而这博徒的道具，却走进欧洲大陆，成了他们文明的利器的印刷术的祖师了。"（《〈近代木刻选集〉（1）小引》）鲁迅在文中提到了火药、指南针、印刷术与木刻，唯独没有提到造纸。

造纸术是中国的四大发明之一，一般认为起源于汉代，应有两千多年的历史了。在此之前，人类书写的载体是龟甲兽骨、树皮竹简，古人读五车书的人是相当有学问的圣贤。随着科技的发展，纸张诞生了，至清末民国时期，中国纸的制造技术已臻登峰造极。品种有蚕茧纸、苔纸、发笺纸、竹纸等，产区有四川、浙江、江西、福建、广东、湖南、湖北等，最有名的是安徽泾县发源的宣纸。纸张是历代文人墨客赖以传播思想文化的必要载体，也是见证历史的活化石。

毛笔与宣纸

鲁迅生活的时代，是沿用着两千多年的毛笔在宣纸上书写的传统即将终结的时代。洋纸与钢笔进入中国，悄悄地取代毛笔与宣纸，毛笔与宣纸渐渐成为中国书法与中国画独有的写画材料。鲁迅曾自述"我自己是先在私塾里用毛笔，后在学校里用钢笔，后来回到乡下又用毛笔的人"。（《论毛笔之类》）鲁迅说钢笔"使用的多，原因还是在便当"。在书写工具大变革的20世纪20年代，大部分作家都已换笔，而鲁迅却颇有些自恋地说："我并无大刀，只有一枝笔，名曰'金不换'。"鲁迅一生酷爱美术，在中国美术史上，在美术教育、书籍装帧、倡导木刻等方面做出了卓越的贡献。鲁迅很讲究书法美，而毛笔和与之相配的纸张成为他案头必备的常用工具，可见他对毛笔书写的钟爱。鲁迅是用毛笔从事他的写作生涯，直到死。

文人写作离不开纸张，鲁迅一生著、译、抄校古籍、石刻等遗存有近千万字，其中不包括早年散佚的笔记、小说、杂文等手稿，还有大量寄给友人的书信。从鲁迅遗存的手稿来看，纸张有近四千页之多，纸的品种也丰富多彩。研究鲁迅所使用过的各种纸张，对考察民国时期的造纸工艺、制笺艺术及印刷业的状况也是极好的实证材料，亦能反映鲁迅的生活习惯、书写习惯、工作状态、经济状况、美学品位以及文人雅趣。

早期用纸

鲁迅自幼喜欢画画，散文《从百草园到三味书屋》写到了自己在三味书屋读书时，喜欢用一种"荆川纸"摹画小说上的绣像，而且积攒了一大本。周作人回忆说："鲁迅小时候也随意自画人物，在院子里矮墙上画有尖嘴鸡爪的雷公，荆川纸小册子上也画过'射死八斤'的漫画，这时却真正感到了绘画的兴味，开始来细心影写这些绣像。恰巧邻近杂货店里有一种竹纸可以买到，俗名'明公（蜈蚣）纸'，每张一文制钱，现在想起来，大概是毛边纸的一种，一大张六开吧。鲁迅买了这明公纸来，一张张的描写……"（周作人：《鲁迅的青年时代·五避难》）"荆川纸"是一种竹子制成的纸，薄而略透明，可以用于蒙在绣像上描画。相类似的还有一种叫桃花纸，较白，均产自浙江。

现存最早的鲁迅手稿是1897年在三味书屋读书期间，手抄祖父所作《桐华阁诗钞》，共29题105首。手抄塾师周玉田所作《鉴湖竹枝词》100首。手抄会稽童钰作《二树山人写梅歌》。这是目前存世的鲁迅最早的三种手抄本。从纸张上看，应是绍兴当地所产素色竹纸。1898年2月，鲁迅到杭州探望在狱中的祖父，购买了画报、画谱等书，还购买了一部《徐霞客游记》，在这套书的第一册内钤有"戎马书生"印，并夹有庚子年（1900）冬末重阅时自拟的该书卷目一页，写在一张漂亮的笺纸上，笺纸为曙红色，画题"风莲图"，这是现存的鲁迅最早的一页用笺。同年11月3—12日，鲁迅抄写祖父手书的《恒训》一卷。鲁迅以略带隶意的蝇头小楷工整地抄录，并署"己亥十月上瀚孙樟寿谨抄于江南陆师学堂"。其用纸使用的是16行朱丝栏筒子页笺，中缝有单鱼尾写有"義和祥"三字，四周有纸约两分宽的还有松竹梅花卉的花边。这是现存最早的鲁迅使用的带朱丝栏的花笺。

写作稿纸

现存鲁迅日记使用的纸张只有四种：1912年至1921年使用的是十八行朱丝栏宣纸册，中缝处下部有单鱼尾栏；1922年日记佚失；1923年至1925年使用的是十八行宣纸册，中缝处下部有单鱼尾栏，有"洪兴纸店"字样；1926年至1929年使用的是十八行朱丝栏宣纸册，中缝处下部有单鱼尾栏，有"懿文斋"字样；1930年至1936年去世前使用的是十八行朱丝栏宣纸册，中缝处下部有单鱼尾栏，有"松古斋"字样。"洪兴纸店"位于北京宣武门外菜市口，距离鲁迅工作的教育部很近，当时称为"洪兴南纸店"，此店现不存。"懿文斋"清代较早开业的南纸店，以木版刻印各种笺纸著名，"懿文斋"匾额是琉璃厂八大名匾之一，作为老字号现在仍在经营。"松古斋"亦为著名南纸店,擅长刻印各种笺纸,此店于抗战前后倒闭。鲁迅、郑振铎所编《北平笺谱》注明的九家"藏版者",其中就有懿文斋与松古斋。鲁迅日记现存日记保存完好,开本整齐划一,书写一丝不苟,是近现代最为精致的一部日记手稿。

鲁迅日记中记载了他在北京时期的用纸来源:

鲁迅1912年5月到北京,第一次买纸是同年8月23日,"与钱稻孙同至琉璃厂购纸"。本年,只有三次购纸记录。

1913年1月25日"二弟寄纸三帖计五百枚";2月26日,"二弟寄格子纸三帖五百枚";3月30日,"二弟寄乌丝栏纸三帖";9月13日,"到琉璃厂清秘阁买纸墨",本年再无购纸记录。

1914年1月6日"二弟所寄书写格子纸两帖可千枚";3月15日"荣宝斋买纸笔,共一元";6月6日"清秘阁买信纸信封,五角";12月30日"买清秘阁纸八十枚,笔两枝,价二元"。

1915年3月19日"赴清秘阁买纸一元";4月10日"至清秘阁买纸笔,合一元";5月16日"至留黎厂买纸 元";6月17日"二弟所寄桃花纸百枚"(许季上托买);9月16日"二弟寄书格子纸一千二百枚"。

1916年2月30日"二弟寄竹纸千二百枚"。此后再无二弟寄纸记录。

1918年3月18日"同陈师曾往留黎厂买西纸五十枚归"。此后到1926年离开北京之前,再无购纸记录。

以上统计说明几个问题。第一，从数量上看，1912年至1916年周作人寄给鲁迅的纸约有五千张，从中可以看出鲁迅多么大的工作量。第二，在鲁迅开始作小说（1917）之前，大量用纸是为了寓在绍兴会馆抄古碑，并做辑校古籍工作，而大部分纸张是由二弟周作人从绍兴老家寄到北京的。绍兴是产纸之地，那里的竹纸或宣纸应比北京便宜很多。鲁迅在经济生活上是精打细算之人，用纸量又大，所以让二弟从老家寄纸使用。第三，清秘阁也是具有数百年历史的老字号，其刻印的笺纸非常有名，鲁迅多次光顾该店，非常喜爱所售的笺纸，虽然一元二元在当时也算不菲的价格，但鲁迅还是多次出手购买，用于书写信札。第四，五四运动以后，鲁迅组织并参与多个文学社团，诸如"未名稿纸""语丝稿纸"等公务稿纸增加，稿纸的消费便大幅减少了。

1917年鲁迅开始作小说并且"一发而不可收"，遗憾的是，鲁迅小说的手稿除《故事新编》外，一无所留，所以也无从考证他使用的是何种稿纸。现存最早的文稿是1918年4月所作《随感录》，竖行40×16双线绿格子纸一页，左侧有"第 卷第 页新青年原稿用纸"字样。《写在〈坟〉后面》作于1926年11月11日，稿纸为绿色长方格子双线丝栏的洋式稿纸，竖列23格，横行18格，左侧有宋体印刷体"语丝稿纸每页一栏"字样，右下有"第 页"字样。鲁迅行文自右至左竖写。小说《眉间尺》也用的是"语丝稿纸"。散文《朝花夕拾·小引》的稿纸使用的是绿色呈长方格子双线丝栏稿纸，竖列36格，横行24格，四周文武线，中缝有宋体"未名稿纸"字样，呈筒子页形制。小说《眉间尺》也用的是"未名稿纸"。《二十四孝图》的稿纸使用的是绿色呈长方格子双线丝栏稿纸，竖列36格，横行11格，四周文武线，右侧有"文艺丛书稿纸共11行每行36字"字样。《五猖会》，筒子页形制，竖八行纸，中缝单鱼尾有"文华阁制"字样。《无常》，用的是长方格子纸32列，12行。《从百草园到三味书屋》，竖11行纸。《范爱农》，竖22行纸，左下有楷体"厦门大学用纸第九号"字样。以后的《南腔北调集》《且介亭杂文》等大都使用的绿色36×12的长方格子纸。

书信用笺

现存鲁迅手稿中最色彩纷呈的是鲁迅书信手稿。

现存鲁迅最早的书信手稿是1904年8月29日致许寿裳信，无格，纯白素笺纸。1910年7月21日致许寿裳信，用的是34×14格竖式稿纸。1911年以后多使用朱丝栏八行笺，多数是从琉璃厂荣宝斋、清秘阁等南纸店购买。1916年使用过有"亿锦乾制"八行朱丝栏信笺。1918年至1922年，多使用有"商务印书馆自制"字样的八行朱丝栏信笺，还有少量六行、十行朱丝栏信笺及纯白无丝栏素笺纸。1923年至1925年间大多使用的是有"涵芬楼制"字样的八行朱丝栏信笺。

1925年3月11日，许广平给鲁迅写了第一封信，鲁迅当夜热情复信，用的是八行竹筒型朱丝栏信笺，鲁迅写此信每行双排小字，天头地脚都写满了字，共写了四页之多。以后他们通信频繁，均为长篇小字，密密地书写，由此可见证鲁迅与许广平之间初恋的热情。

1926年9月至1927年1月，鲁迅在厦门大学任教，此间书信使用的有几种信笺。第一种是八行朱丝栏稿纸，上面有自右至左"厦门大学图书馆用笺"字样，右侧有"年　月　日"字样。鲁迅的《两地书》原信中也用过许多这样的纸。第二种是蓝色格子稿纸，四周文武线，右上有"No."字样，左下有"泱泱社稿纸25×24"字样，与现在通行的横写稿纸形制类似，但鲁迅手稿仍采用毛笔竖写。第三种是十四行蓝虚线稿纸，自左至右有"厦门大学国学研究院用笺"字样，左下侧有"No."，右有"年　月"字样，行距很小，显然是适于钢笔书写的信笺。第四种是"涵芬楼"笺，应是从北京带到厦门的。

1927年1月，鲁迅从厦门到广州中山大学任教，始用"国立中山大学用笺"。一种为八行竹简型朱丝栏，另一种为八行带花边朱丝栏，右侧有"第　页"，左侧有"中华民国　年　月　日"字样。还有一种为大开（如今8开）的，也是"国立中山大学用笺"稿纸。在广州期间也用过一些十五行蓝丝栏笺、十二行朱丝栏笺、十行橘色丝栏笺、十一行朱丝栏笺及长方格子纸。有一种比较特别，是十五行蓝色虚线丝栏，左上有"No."字样，页脚居中有"HAKURYU"，日文译为"白竜"或"白龙"，为日本所造。

1927年10月，鲁迅与许广平到上海，从此度过了鲁迅的最后九年。在上海期间，鲁迅大量的用纸一部分是自己购买，一部分是由三弟周建人为他购买。如鲁迅日记载：1930年6月5日"同三弟往三洋泾桥买纸，五元"。1932年4月27日"三弟及蕴如来，并为买来宣纸等五百五十枚"。1934年5月26日"三弟为买抄更纸二十帖，共泉二十三元"。在上海期间，鲁迅使用的信笺纸有八行、十八行及长方格子稿纸。1931年，用过一种十六行红虚线丝栏稿纸，上方印有"第　号　页　年　月　日"字样，左侧有"上海合众教育用品公司制"字样；另一种是八行朱丝栏笺纸，右印"第　页"，左印"年　月　日"，下方自右至左有"上海信封厂制"字样；还有一种十行笺，上方印西洋小版画一幅，下方有"便利笺上海南京路港粤沪华美电器行精选"字样。1933年，还用过一种方格子稿纸，上自右至左有"中华基督教女青年会全国协会编辑部稿纸"字样。1935年，使用过各色彩印的中国古代仕女笺、以西洋跳芭蕾舞女孩为图案的信笺。其他还有"涵芬楼"笺及一些素笺纸。在上海期间，鲁迅还使用过许多上海九华堂印制的木版水印笺，上有"九华宝书""九华宝记""九华堂自记印""九华宝记制画笺"等印记，多为著名画家吴待秋所绘。

1928年起，鲁迅写信就开始使用琉璃厂纸店的木版水印信笺。古代用于写信的纸称为信笺，又名诗笺、花笺、彩笺、锦笺等。信笺多为八行红色丝栏，称为"八行笺"，较为通行。彩笺则用各种色彩印制，图案有山水花鸟、神仙人物、汉瓦周壶、钟鼎铭文等。在笺纸上作信札，称为信笺；作诗题咏，称为诗笺。史书载，南北朝时期就有了五色花笺，唐代有著名的"薛涛笺"。明代时，由于雕版技术高度发达，笺纸制作已精妙绝伦。一张好的花笺，往往是诗、书、画、印俱佳的美术品。以花笺制成的书称为笺谱。明代《萝轩变古笺谱》和《十竹斋笺谱》使人们看到明代绘画、雕版、彩印的成就。其中的饾版拱花技术，是版画史上一大创新。鲁迅曾说："木刻的图画，原是中国早先就有的东西。唐末的佛像，纸牌，以至后来的小说绣像，启蒙小图，我们至今还能够看见实物。而且由此明白：它本来就是大众的，也就是'俗'的。明人曾用之于诗笺，近乎雅了，然而归结是有文人学士在它全体上用大笔一挥，证明了这其实不过是践踏。"（《〈全国木刻联合展览会专辑〉序》）从这段文字中，说明了鲁迅对于中国传统版画的理解，他认为中国版画原为"俗"的、"大众的"艺术，而诗笺则是近乎"雅"的，即文人学士们的小众艺术。然而鲁迅并没有摒弃这种传统艺术中的优良品种，为了继承和保存中国版画的传统，编辑出版了至今成为新文学善本的《北平笺谱》。

信笺作为毛笔时代写信的载体，鲁迅一直在使用。1912年鲁迅到北京教育部工作后，一直在琉璃厂购买笺纸，写信、记日记都用笺纸。鲁迅日记中有许多诸如到琉璃厂清秘阁、青云阁等笺纸店买信笺的记录。1929年3月8日，"得钦文信并信笺四十余种"。这是鲁迅收藏信笺的开始。1929年鲁迅回京探亲，《两地书》中记载了鲁迅与许广平的鸿雁之情，一段关于花笺的故事——5月17日，许广平在信中提醒鲁迅："你如经过琉璃厂，不要忘掉了买你写日记用的红格纸，因为所余无几。你也许不会忘记，不过我提起一下，较放心。"5月23日鲁迅日记载："从静文斋、宝晋斋、淳菁阁搜罗信笺数十种，共泉七元。"在这天鲁迅致许广平的信中说道："走了三家纸铺，集得中国纸印的信笺数十种，化钱约七元，也并无什么妙品。如这信所用的一种，要算是很漂亮的了。还有两三家未去，便中当再去走一趟，大约再用四五元，即将琉璃厂略佳之笺收备了。"28日，"往松古斋及清秘阁买信笺五种，共泉四元"。鲁迅给许广平的信正是用了在琉璃厂购买的漂亮的花笺纸，传递着他的爱意。许广平也非常喜爱鲁迅的手札，回信说："打开信来，首先看见的自然是那三个通红的枇杷。这是我所喜欢的东西……然而那时枇杷的力量却如此其大，我也是喜欢的人，你却首先选了那种花样的纸寄来了。其次是那两个莲蓬，并题着的几句，都很好，我也读熟了。你是十分精细的，那两张纸心不是随手检起就用的。"鲁迅回复道："我十五日信所用的笺纸，确也选了一下，觉得这两张很有思想的，尤其是第二张。但后来各笺，却大抵随手取用，并非幅幅含有义理，你不要求之过深，百思而不得其解，以致无端受苦为要。"这段故事说明中国传统的版画、笺纸与书法会带给人们高雅的艺术享受。此后鲁迅不断地搜集各种笺纸，知道鲁迅有此爱好，又有友人相赠，日记载，12月8日"下午柔石赠信笺数种"。1929年起，鲁迅常以花笺与友人书信往来，并为山本初枝、望月玉成、内山完造等日本朋友以他的书法书写诗笺。1933年鲁迅与郑振铎开始了《北平笺谱》的编辑工作。

编印笺谱

1932年鲁迅探家回北平，到琉璃厂荣宝斋、清秘阁等南纸店买了许多木版水印信笺，1933年2月5日鲁迅在致郑振铎的信中说："去年冬季回北平，在琉璃厂得了一点笺纸，觉得画家与刻印之法，已比《文美斋笺谱》时代更佳，譬如陈师曾、齐白石所作诸笺，其刻印法已在日本木刻专家之上，但此事恐不久也将销沉了。因思倘有人自备佳纸，向各纸铺择尤（对于各派）各印数十至一百幅，纸为书叶形，彩色亦须更加浓厚，上加序目，订成一书，或先约同人，或成后售之好事，实不独为文房清玩，亦中国木刻史上之一大纪念耳。"由此动议开始，一年中，鲁迅在上海，郑振铎在北平，关于此书的出版有30多次书信往来。至年底，鲁迅、郑振铎合编的《北平笺谱》由北平荣宝斋印行。鲁迅在《北平笺谱》的出版广告上写到这部书的意义："中国古法木刻，近来已极凌替。作者寥寥，刻工亦劣。其仅存之一片土，惟在日常应用之'诗笺'，而亦不为大雅所注意。三十年来，诗笺之制作大盛。绘画类出名手，刻印复颇精工。民国初元，北平所出者尤多隽品。抒写性情，随笔点染，每涉前人未尝涉及之园地。虽小景短笺，意态无穷。刻工印工，也足以副之。惜尚未有人加以谱录。近来用毛笔作书者日少，制笺业意在迎合，辄弃成法，而又无新裁，所作乃至丑恶不可言状。勉维旧业者，全市已不及五七家。更过数载，出品恐将更形荒秽矣。鲁迅、西谛二先生因就平日采访所得，选其尤佳及足以代表一时者三百数十种，（大多数为彩色套印者）托各原店用原刻板片，以上等宣纸，印刷成册。即名曰《北平笺谱》。书幅阔大，彩色绚丽。实为极可宝重之文籍；而古法就荒，新者代起，然必别有面目，则此又中国木刻史上断代之惟一之丰碑也。"鲁迅指出此书"又中国木刻史上断代之惟一之丰碑也"已被时间证明，并成为无争的事实。《北平笺谱》出版后，至今再没有一部像样的新刻笺谱问世，木版制笺几近绝迹，正如鲁迅所言"恐不久也将销沉"。印数只有一百部的《北平笺谱》近年来在拍卖会上已成为新文学版本中最耀眼的善本，它的确成为"中国木刻史上断代之惟一之丰碑"。

《北平笺谱》，内收人物、山水、花鸟笺332幅。这些笺纸来自北京的荣宝斋、淳菁阁、松华斋、静文斋、懿文斋、清秘阁、成兴斋、宝晋斋、松古斋九家纸店的木版水印作品。此后的数年中，鲁迅给亲友的书信中大量使用各种各样图案的信笺。日本有位学者写过一本《鲁迅书简和诗笺》，考证了鲁迅书信中用过170种560张笺纸。鲁迅使用的笺纸是鲁迅书信手稿中最亮丽的风景构成，其诗书画印，韵致古雅，妙趣盎然，加之鲁迅手书，更为意趣天成，实为新文学时代最为考究且珍稀的善本杰作。如果能将鲁迅书信精选纂成《鲁迅花笺简牍》，定会成为中国书史上的一部"极可宝重之文籍"。

宣纸行家

鲁迅出生于书香门第，深谙中国传统文化，他虽然猛烈地抨击"国粹"，但对旧文化主张"择取"，即择取旧文化中优秀的成分，为新时代的发展服务。对外来文化，鲁迅主张"拿来"，但"拿来"的同时，也必须"择取"。鲁迅说："我已经确切的相信：将来的光明，必将证明我们不但是文艺上的遗产的保护者，而且也是开拓者和建设者。"（鲁迅：《〈引玉集〉后记》）这就是鲁迅对于文化遗产的态度。

对于传承数千年的中国纸，鲁迅其实就是个行家。1931年至1932年，鲁迅为编辑《引玉集》，委托曹靖华联系苏联版画家征求木刻原作，先后六次买纸寄往苏联，最终鲁迅得到了118幅作品。这些纸张包括"抄扛纸""参皮纸""特别宣"。"抄扛纸"，又作"抄更纸""抄梗纸"，是用碎纸再制的纸张，因为是再造，所以又称"还魂纸"。鲁迅曾有解释："我看那印着《铁流》图的纸，果然是中国纸，然而是一种上海的所谓'抄更纸'，乃是集纸质较好的碎纸，第二次做成的纸张。"（鲁迅：《集外集拾遗·后记》）"参皮纸"是以树皮为原料的宣纸，较适用于绘画。"特别宣"，应是一种质量较高级的宣纸。为此事，鲁迅还特地托内山完造从日本买到名曰"西之内""鸟之子"的日本纸各100张寄往苏联。

1935年他托王冶秋找人到南阳拓印石刻，指明"只须用中国连史纸就好，万勿用洋纸"。连史纸最早产自福建、江西，是以嫩竹为原料的手工纸，质地精良，非常有名。明、清两代许多著名的书籍都是用连史纸印成。对于纸张印书的使用，鲁迅也是很讲究的。1935年1月17日致曹聚仁的一封信中说："《寒安五记》见赠，谢谢。但纸用仿中国纸，为精印本之一小缺点。我亦非中庸者，时而为极端国粹派，以为印古色古香书，必须用古式纸，以机器制造者斥之，犹之泡中国绿茶之不可用咖啡杯也。"

古人说"纸寿千年"，如果纸是有生命的话，从被制造成纸，直到灰飞烟灭，每一片纸张都会有自己的一段传奇，关键是要看这纸承载的内容是否具有史料价值、书法价值及文物价值。近年来民国文人信札收藏价格暴涨，2013年拍卖行拍卖过一页《鲁迅致陶亢德信札》，竟拍出650多万的价格，这恐怕是民国名人信札中最贵的一页纸了，其原因在于鲁迅手稿具有超级高的史料价值、书法价值及文物价值。据专家考证，鲁迅散佚的著作及其手稿不下480万字。已有学者总结过鲁迅手稿散佚的原因：

一是鲁迅投稿后手稿并不回收；二是鲁迅书信的收信人并无完全保存；三是当时的投稿制度多半不退还原稿；四是由于时事生活动荡，鲁迅也多次迁徙，丢失很多，再因处境危险，他自己也曾烧毁大量书信、手稿。作家萧红回忆："鲁迅先生的原稿，在拉都路一家炸油条的那里用着包油条，我得到了一张，是译《死魂灵》的原稿，写信告诉了鲁迅先生，鲁迅先生不以为稀奇。"（萧红：《回忆鲁迅先生》）鲁迅在致萧军的信中曾说道："我的原稿的境遇，许知道了似乎有点悲哀；我是满足的，居然还可以包油条，可见还有一些用处。我自己是在擦桌子的，因为我用的是中国纸，比洋纸能吸水。"尽管如此，近现代作家手稿保留到今天的仍以鲁迅为最，鲁迅用笺承载了鲁迅时代的艺术、工艺、书写形式的变革等丰富的信息，它是中华民族宝贵的文化遗产，也是非常值得后人进行研究的宝贵财富。

从内山君乞得弘一上人书一纸。

佛事

> 他的信仰是在科学，不是在宗教。

鲁迅生于清代，逝于民国。这是中国社会发生剧烈变革的时代。鲁迅在《自选集·自序》中说过："见过辛亥革命，见过二次革命，见过袁世凯称帝，张勋复辟……"后来又经过了新文化运动，成为新文化运动的急先锋之一。1918年他以"鲁迅"为笔名，创作了中国现代第一篇白话小说《狂人日记》，体现了新文化运动的实绩，从此以鲁迅名世，一发而不可收地创作了大量的小说、散文、杂文，成为中国现代最有成就的文学家、思想家和革命家。新文化运动中，对中国传统文化的批判是当时思想界的主流。在中国传播了几千年的佛教，作为中国传统文化的一部分，自然也未能逃过鲁迅及其当时思想界的批判。鲁迅自幼饱经传统文化的熏陶，佛教思想自然也对他产生过深刻的影响。鲁迅文章中有大量关于佛学文化、佛学思想以及当时大众佛教的接受及其弊病的论述。历史上,中国佛教的兴衰是与国家命运息息相关的,我们在看待鲁迅对佛教的理解和对当时佛教弊病的批判时,应该结合他对整个旧时代的批判态度。

鲁迅的佛缘

鲁迅诞生在一个聚族而居的封建士大夫家庭。到鲁迅这一代家境败落,不过这也许是使周樟寿成为鲁迅的一个必然条件吧。鲁迅本名周樟寿,祖父周福清在北京做官,得到家书报孙子出生,其时正好有张姓者来访,遂取乳名"阿张",学名定为"樟寿",字"豫山"。在绍兴话中"豫山"与"雨伞"发音相近,于是又由祖父改名"豫才"。1898年鲁迅到南京江南水师学堂读书,他的叔祖周椒生又将他的名字改成"周树人",取百年树人之意。1918年鲁迅在《新青年》上发表第一篇白话小说时第一次使用"鲁迅"的笔名。鲁迅有三个弟弟,按序为櫆寿、松寿、椿寿。按周氏家谱,他们属"寿"字辈。樟、櫆、松、椿是取四种与树木相关的名字,代表着祖父对后辈成才的期望。鲁迅最小的弟弟椿寿在六岁时就夭折了,剩下三兄弟,后来都改了名,鲁迅改名周树人,櫆寿为周作人,松寿为周建人。

鲁迅不到一岁时,就被送到离家不远的长庆寺,拜了一个和尚为师,于是鲁迅也做了一回和尚。鲁迅说:"名孩子为'和尚',其中是含有迷信的。中国有许多妖魔鬼怪,专喜欢杀害有出息的人,尤其是孩子;要下贱,他们才放手,安心。和尚这一种人,从和尚的立场看来,会成佛——但也不一定,——固然高超得很,而从读书人的立场一看,他们无家无室,不会做官,却是下贱之流。读书人意中的鬼怪，那意见当然和读书人相同，所以也就不来搅扰了。这和名孩子为阿猫阿狗，完全是一样的意思：容易养大。"在长庆寺，鲁迅得到一个法名，两件法宝。法名为"长庚"，后来鲁迅曾用"长庚"作过笔名。法宝是"百纳衣"和"牛绳"。"百纳衣"是用橄榄形的各色小绸片所缝就，非喜庆大事不给穿；"牛绳"原意是牵牛的绳索，而这小孩的饰品是用红丝线编成，长约二尺，两头打结，上挂零星小件，如历本、镜子、银筛之类，套在脖子上，出门去的时候戴上。

绍兴长庆寺的和尚被大家称为"龙师父"。和尚一般都是不留胡须的，但龙师父却有两绺下垂的小胡子，他待人和气，不教鲁迅念经或是佛门规矩，管着寺里琐屑的事。鲁迅说他"不过是一个剃光了头发的俗人"。龙师父有老婆，还有孩子，鲁迅讲过他们恋爱的故事："听说龙师父年青时，是一个很漂亮而能干的和尚，交际很广，认识各种人。有一天，乡下做社戏了，他和戏子相识，便上台替他们去敲锣，精光的头皮，簇新的海青（按：和尚礼佛时穿的衣服），真是风头十足。乡下人大抵有些顽固，以为和尚是只应该念经拜忏的，台下有人骂了起来。师父不甘示弱，也给他们一个回骂。于是战争开幕，甘蔗梢头雨点似的飞上来，有些勇士，还有进攻之势，'彼众我寡'，他只好退走，一面退，一面一定追，逼得他又只好慌张的躲进一家人家去。而这人家，又只有一位年青的寡妇。以后的故事，我也不甚了然了，总而言之，她后来就是我的师母。"鲁迅后来对佛学有过深入的研究，他与佛学的渊源，是不是与他从小拜师做和尚的事情有点关联呢？

鲁迅最早的师父竟然是和尚。在鲁迅回忆散文《我的第一个师父》中，描述了绍兴的民俗——将出生的孩子舍给寺院做和尚，以轻贱为名避免鬼的骚扰。而那寺庙的和尚，不过是剃光了头的俗人，"是有女人，或声明想女人，吃荤，或声明想吃荤的和尚"。鲁迅的三师兄，就是这样的和尚。这三师兄心里想的女人却不是尼姑，而是千金小姐或是少奶奶之类，因为和尚与尼姑相好特别"不便当"。终于，三师兄也有了老婆。鲁迅那时也已长大，就用和尚应守的清规的古老话来嘲笑他，本意是要他受窘，不料三师兄毫无窘态，立刻用"金刚怒目"式狮吼道：

"和尚没有老婆，小菩萨那里来？！"

鲁迅说："这真是所谓'狮吼'，使我明白了真理，哑口无言，我的确早看见寺里有丈余的大佛，有数尺或数寸的小菩萨，却从未想到他们为什么有大小。经此一喝，我才彻底的省悟了和尚有老婆的必要，以及一切小菩萨的来源，不再发生疑问。"鲁迅在《小杂感》中说："人往往憎和尚，憎尼姑，憎回教徒，憎耶教徒，而不憎道士。懂得此理者，懂得中国大半。"因为佛教属外来的异教，而道教则是国粹，所以那时鲁迅的文章中也多有对和尚的嘲讽。

鲁迅与近现代佛教人士

近代启蒙文化中，佛教深刻地影响着主流思潮。梁启超曾说："晚清思想有一伏流曰佛学……晚清所谓新学家者，殆无一不与佛学有关。"众多著名的政治家、思想家、学者，如谭嗣同、梁启超、沈曾植、陈三立、夏曾佑、宋恕、汪康年、章太炎等,均不同程度地与佛教发生过交涉。江南现代作家中,鲁迅、郁达夫、俞平伯、徐订、施蛰存、夏丏尊、丰子恺等都偏嗜佛学。著名学者李叔同,更是成为一代佛学宗师。佛学对他们的思维、审美选择和文学创作产生了很大影响。鲁迅先生作为中国近现代启蒙文化的思想巨匠,亦曾潜研过佛学,下过很深的功夫。

杨仁山 杨仁山(1837—1911),名文会,字仁山。池州石埭县(今安徽省石台县)人。是中国近代居士佛学的开拓者和佛学教育家,有"晚清佛教第一导师"之誉。杨仁山曾大力搜集佛教逸书,整理善本并校刻流通。他还为提高僧人素质,兴办学堂,传播佛学。1866年创办了"金陵刻经处",比如金陵刻经处汇印的《大乘起信论》就有三种译本,金陵刻经处后来成为中国近代佛教复兴的理论中心,对中国佛教文化事业影响深远。

鲁迅在日本留学期间,1909年春,周氏兄弟从章太炎先生学习梵文,章太炎曾致信杨仁山,希望他能派遣一些学生来此共同学习,请他促其事成。鲁迅兄弟在此期间接触了佛学教育。周作人在南京江南水师学堂求学期间,曾专门拜访过杨仁山请教佛学问题。鲁迅曾对学生徐梵澄说,杨仁山的佛学"是好的"。

鲁迅好友许寿裳回忆,"民三以后,鲁迅开始读佛经,用功很猛,别人赶不上"。据鲁迅日记记载,他于1914年曾大批购置佛经,其中有很多出于金陵刻经处者。

1914年7月,鲁迅为贺母亲寿辰,在杨仁山开创的金陵刻经处刻《百喻经》一百部,施银60元。鲁迅据日本翻刻高丽本进行了校勘,并写了校后记附于书后。书刻成后,鲁迅把许多本分赠给同事与朋友。可以看出当时在各阶层，包括知识分子中佛学的流行。

太虚法师　太虚法师（1890—1947），俗姓吕，原籍浙江石门县，学名淦森，法名唯心，是中国近代著名的佛教思想家，活动家。太虚法师一生致力于佛教的革新运动，弘法传教、兴办教育、住持寺庙。其倡导的"人生佛教"的教理革命影响至今，并为其后学发展为"人间佛教"，在佛教界影响深远。

1926年8月，鲁迅到厦门大学任教。据鲁迅日记载，1926年10月21日"晚南普陀寺及闽南佛学院公宴太虚和尚，亦以柬来邀，赴之，坐众三十余人。夜风"。据《太虚法师年表》，1926年10月21日，南普陀寺举行隆重的欢迎宴会，厦门各界人士出席，其中有林文庆、周树人（鲁迅）、孙贵定、张颐（真如）、沈士远、庄泽宜、顾颉刚、陈定谟、罗常培、缪子才等。在厦门期间，太虚应厦门各界之请，讲《大乘佛法的意义》，又为厦门大学师生讲《缘起性空之宇宙观》。

据孙伏园回忆说，鲁迅对太虚的印象则是"和易近人，思想通泰"。《两地书》中，鲁迅对许广平也提到这件事的细节："这几天此地正在欢迎两位名人。一个是太虚和尚到南普陀来讲经，于是佛化青年会提议，拟令童子军捧鲜花，随太虚行踪而散之，以示'步步生莲花'之意。但此议竟未实行，否则和尚化为潘妃，（按：南朝齐东昏侯萧宝卷的宠妃，小字玉儿，有姿色，性淫佚，萧宝卷为其建神仙、永寿、玉寿三座宫殿，穷奢极欲，宫殿地铺金莲纹，潘玉儿行踏于殿，此步步生金莲也。）倒也有趣。"鲁迅在另一封信中谈到了对太虚的印象："我今天上午刚发一信,内中说到厦门佛化青年会欢迎太虚的笑话,不料下午便接到请柬,是南普陀寺和闽南佛学院公宴太虚,并邀我作陪,自然也还有别的人。我决计不去,而本校的职员硬要我去,说否则他们将以为本校看不起他们。个人的行动,会涉及全校,真是窘极了,我只得去。罗庸(按:罗庸,蒙古族,中国著名古典文学研究专家和国学家。是清初扬州八怪之一罗聘的后人。1924年毕业后在教育部任职,与鲁迅同事,同时兼任北大讲师,女师大、北师大教授。)说太虚'如初日芙蓉',我实在看不出这样,只是平平常常。入席,他们要我与太虚并排上坐,我终于推掉,将一位哲学教员供上完事。太虚倒并不专讲佛事,常论世俗事情,而作陪之教员们,偏好问他佛法,什么'唯识'呀,'涅槃'哪,真是其愚不可及,此所以只配作陪也欤。其时又有乡下女人来看,结果是跪下大磕其头,得意之状可掬而去。这样,总算白吃了一餐素斋。这里的酒席,是先上甜菜,中间咸菜,末后又上一碗甜菜,这就完了,并无饭及稀饭。我吃了几回,都是如此。听说这是厦门的特别习惯,福州即不然。"鲁迅的描述充满了幽默,对于太虚法师的佛教入世精神,应该是比较赞赏的。

弘一法师 弘一法师(1880—1942),俗名李叔同,名文涛,别号息霜,浙江平湖人,生于天津。早年是著名音乐家、美术教育家、书法家、戏剧活动家,是中国话剧的开拓者之一。他从日本留学归国后,担任过教师、编辑之职,作为中国新文化运动的早期启蒙者,名画家丰子恺、潘天寿,音乐家刘质平,美术教育家吴梦非,文学家曹聚仁等文化名人皆出其门下。1918年,李叔同在杭州虎跑寺出家,法号弘一,法名演音,晚号晚晴老人,后被人尊称为弘一法师。作为中国近现代佛教史上杰出的一位著名高僧,他被尊为南山律宗大师,律宗第十一世祖,享誉海内外。弘一法师在戏剧、绘画、音乐、诗词、金石等方面都有很高的成就,尤以书法成就最高,在民国书法史上有很强的影响力。(按:与鲁迅书法有异曲同工之妙)

鲁迅与弘一法师没有多少交集,在鲁迅所有文字中,提到弘一也仅有一次。鲁迅日记载:1931年3月1日,"从内山君乞得弘一上人书一纸"。内山完造(1885—1959),汉名邬其山,日本冈山人。1913年到上海推销眼药,1916年与美喜子结婚后,偕夫人内山美喜子一起赴上海。1917年以美喜子的名义开设内山书店。鲁迅1927年定居上海后与内山完造成为好友,至鲁迅1936年逝世,去内山书店500多次,购书千余册。鲁迅的很多日本友人都是通过内山完造结识的。1932年起,内山书店成了鲁迅著作和编辑的版画书代理发行店,并帮助鲁迅举办木刻展及开办木刻讲习班。鲁迅留下的最后的日文绝笔便条,就是写给内山完造的。

据内山完造回忆,弘一法师与内山完造是通过夏丏尊结识的。1929年10月,弘一法师在福州游鼓山涌泉寺时发现唐人所辑、康熙年间付梓的《华严经疏论纂要》一书,刊版完整无缺,大喜集资,印了二十五部。拜托内山完造将其中的十二部送至日本有关大学和寺院。其中一部经弘一法师圈点过的,由内山完造寄给了京都的黄檗山万福寺。寺里收到这部书,写了感谢信。内山把所有的感谢信集在一起转寄给了弘一法师。2023年,福州黄檗山万福寺定明法师与黄檗书院白撞雨教授赴日本进行文化交流,亲睹了这部书仍保存在日本京都的黄檗山万福寺,上面还有弘一法师圈点的笔迹。

鲁迅在内山书店见到弘一法师所书写的书法"戒定慧"三字,甚为喜爱,向内山索要并带回珍藏。鲁迅平生对书法字画具有很高的鉴赏能力,除了因弘一法师的书法之精之外,在这幅书法的内容上,亦可看出鲁迅对弘一作为一位戒行精严的僧人的重视。鲁迅对于古代舍身求法的高僧,一向不乏褒评。鲁迅对于佛教戒律的日渐堕落,亦曾有自己的感慨,而弘一法师平生致力于佛教戒律的复兴,是理应得到鲁迅的尊重的。

弘一法师曾通过夏丏尊将四件自己的书法赠予内山完造。鲁迅在内山书店见到弘一上人的书法作品,颇为喜爱,便托内山完造代求弘一上人墨宝。内山完造便将其中一件转赠鲁迅,就是这件"戒定慧"三字。从鲁迅日记所记"乞得弘一上人书一纸",表明鲁迅对弘一法师人品的尊重和肯定,也表现了对弘一书法艺术的推崇和赞赏。这也是鲁迅日记中唯一用到"乞得"二字的地方,可见弘一上人在鲁迅心目中的地位是很高的。年龄上,鲁迅比弘一小一岁,两人的人生道路虽然不同,其"入世"与"出世"的选择也不相同,但他们的人生境界与精神追求却是相通的。

铃木大拙　铃木大拙(1870—1966),日本佛教学者。原名贞太郎,后因学禅,改名大拙。石川县金泽市人。铃木大拙是日本现代著名的禅宗研究者、思想家,也是以向西方介绍禅学而著称的世界文化名人,曾从事佛教典籍的英译和西方哲学、神学著作的日译,多次到美国和欧洲各国教学、演讲。他多次向西方介绍东方的思想和禅学,他对于禅学最大的贡献在于编辑与翻译禅宗著作,并在自己论禅的作品中把禅学与科学、神秘主义相联系，因此激起西方世界对禅学的普遍兴趣。他被称为"世界性的佛教学者"，1934年赴中国和朝鲜进行佛教实地考察，先后到过上海、杭州、宁波、奉化、普陀山、苏州、南京、镇江、北京等地，访问过灵隐寺、报国寺、清凉禅寺、金山寺、白云观、雍和宫、观音寺等寺院，会见过中国僧人居士及知名人士常惺（厦门南普陀寺住持，时在杭州灵隐寺）、太虚（时在雪窦寺）、印光（时在苏州报国寺闭关）、蒋梦麟（北大校长）、钱稻孙（清华大学教授）、胡适（北京大学教授）等。

鲁迅与铃木大拙曾有一次亲切会晤。鲁迅日记载，1934年5月10日："上午内山夫人来邀晤铃木大拙师，见赠《六祖坛经·神会禅师语录》合刻一帙四本，并见眉山、草宣、戒仙三和尚，斋藤贞一君。"会晤之后还合影留念。铃木回日本后，用英语著《中国佛教印象记》，专函寄鲁迅。鲁迅在日记中尊称其为"铃木大拙师"，可见鲁迅对他的尊重，铃木大拙后曾回忆与鲁迅的这次会晤，谈到"先生短躯伟貌，虽会谈短暂，诚可谓'春宵一刻值千金'……一问一答铭刻于心"。

鲁迅与佛学

鲁迅与佛教有很多渊源，家乡绍兴的神佛环境就使年幼的鲁迅对佛教有了感性的认识。在日本读书期间，在佛学思想上，又受到他的老师章太炎的影响。鲁迅对佛教产生兴趣，大概有几个方面。

首先，与近代中国文化转型的特定历史时期相关。1912年年初，南京临时政府教育部成立，蔡元培任教育总长。在教育部工作的好友许寿裳向蔡元培举荐鲁迅，2月中旬，鲁迅即到南京临时政府教育部担任了部员。5月初，与许寿裳一起随教育部北上北京。8月21日，任命周树人等32人为教育部佥事。8月26日，鲁迅又被委兼任负责文化、艺术等方面工作的社会教育司第一科科长。按当时官制，"参事""佥事"都由总长推荐，总统任免。在北洋政府时期，政府各部的最高首长为总长，副职为次长，以下设参事、司长、佥事、科长、主事、科员。当时不设处这一级，司下面便是科，而"佥事"是司长的助手，相当于副司长或司长助理。鲁迅被教育部任命为社会教育司第一科科长，主管博物馆、图书馆、美术馆等事宜。

1914年，33岁的周树人只是一位蛰居京城的消沉的公务员。政治环境严酷，教育部其他同僚为避祸，纷纷公开表现自己沉溺于某一种嗜好，或嫖妓赌博，或古玩书画，以求自我保全。鲁迅不嫖也不赌，就靠抄古碑、读佛经、辑录古书消磨时光。周作人后来回忆鲁迅这段经历："人人设法逃避耳目……鲁迅……只好假装玩玩古董。又买不起金石品，便限于纸片，收集些石刻拓片来看。"这样的状态，从1912年一直持续到1917年，这是鲁迅最孤独与寂寞的时期。

1917年，鲁迅处在人生中最苦闷的一个时期。他独自一人住在北京宣武门外绍兴会馆的一排僻静小屋中。会馆院中有一棵相传缢死过女人的槐树，鲁迅在夏夜常摇着蒲扇坐在这棵槐树下，透过密叶的缝隙凝视那一点一点的青天。每日依然要到教育部例行上班，回来后，便一人在这会馆中抄古碑。今日鲁迅博物馆还保存着鲁迅那时抄碑的墨迹，全部是用极端正的蝇头小楷誊抄，显然费时颇多，这正是鲁迅所谓"用了种种法，来麻醉自己的灵魂"。鲁迅甚至给自己刻了一方石章"竢堂",取了一个号"俟堂",意思都是一个,即"待死堂"。

鲁迅消沉的原因是多方面的,他在《自选集·自序》中说过:"见过辛亥革命,见过二次革命,见过袁世凯称帝,张勋复辟,看来看去,就看得怀疑起来,于是失望,颓唐得很了。"

另外,鲁迅自己的生活也颇不如意。在留学日本期间,他曾"弃医从文",想用思想医治国人的灵魂,然而办杂志、译小说却全不顺利,无人理睬,鲁迅在《呐喊·自序》中说:

"这寂寞又一天一天的长大起来,如大毒蛇,缠住了我的灵魂了。"

于是他反省:"我决不是一个振臂一呼应者云集的英雄。于是用了种种法,来麻醉自己的灵魂,使我沉入于国民中,使我回到古代去。"

他有近10年时间不再从事文学创作。婚姻也是痛苦的来源,母亲给他包办了和朱安的婚事,可这是一位没受过教育的旧女子,鲁迅与她无法交流,全无感情可言。鲁迅在北京是孤身一人,留下朱安在老家。他将这段无爱的婚姻称作"慈母误进的毒药"。

鲁迅在教育部任职期间的民国,佛教在社会各阶层都比较盛行。鲁迅的同事、亲友,或是佛教徒,或是佛学爱好者,在浓厚的佛学氛围的影响下,对鲁迅研读佛经都有促进作用。鲁迅的同事、好友许寿裳就对佛学很感兴趣,他常与鲁迅一同逛书店购买佛经。鲁迅的二弟周作人也研究佛经,1914年,周作人在西山养病,鲁迅每次去看他,都要带上一些佛经供他研读。鲁迅在北京教育部工作期间,1914年买过100多种250册佛经,占全年购书数量的二分之一。1921年和1925年，鲁迅虽然开始一发而不可收地创作小说、杂文和从事翻译，仍然购买了许多佛学书籍。鲁迅所购买的佛书几乎涉及中国佛教各个流派以及佛学的各个方面，如《金刚经》《维摩诘经》《楞伽经》《心经》《华严经》《阿弥陀经》《长阿含经》《中阿含经》《佛本行经》《居士传》《高僧传》《法苑珠林》《一切经音义》《阅藏知津》等。对于版本稀少的但具有研究价值的佛学书籍，鲁迅还从图书馆借阅和抄录。如鲁迅日记载，1916年3月3日："夜写《法显传》起。"3月16日："夜写《法显传》讫，都一万二千九百余字，十三日毕。"《百喻经》又名《痴华鬘》，具有重要的文学价值，鲁迅收藏过三种版本，并进行了认真校勘，于1914年南京金陵刻经处，"施洋银六十元"捐刻《百喻经》，并作《痴华鬘》题记，文中认为："佛藏中经，以譬喻为名者，亦可五六种，惟《百喻经》最有条贯。"

鲁迅不但用力研读，还与其弟交换阅读，与好友许寿裳共同研究。如鲁迅日记1914年10月4日载："午后阅《华严经》竟。"他阅读过的佛经包括《华严经》《妙法莲华经》《金刚经》《维摩诘经》《楞伽经》等，主要涉及华严、唯识二宗。他曾对好友许寿裳说："释迦牟尼真是大哲。我平常对人生有许多难以解决的问题，而他居然大部分早已明白启示了，真是大哲！"可见鲁迅对佛学研究是有心得的，他的文章中常常渗透出他所研究过的佛学思想。然而研究佛经与信佛是两回事。因为鲁迅研读过大量的佛经，所以他对佛学的观点也是有扬弃的，对于宣佛者，鲁迅这样看："说佛法的和尚，卖仙药的道士，将来都与白骨是'一丘之貉'，人们现在却向他听生西的大法，求上升的真传，岂不可笑！"

鲁迅对于佛教是一种理性的接受，他反对佛学中虚无深奥的义理而更注重现实。他曾举过一个生动的例子："天下事尽有小作为比大作为更烦难的。譬如现在似的冬天，我们只有这一件棉袄，然而必须救助一个将要冻死的苦人，否则便须坐在菩提树下冥想普度一切人类的方法去。普度一切人类和救活一人，大小实在相去太远了，然而倘叫我挑选，我就立刻到菩提树下去坐着，因为免得脱下唯一的棉袄来冻杀自己。"是啊，先把自己冻死的人一定是傻子，足见鲁迅的智慧。

许寿裳曾分析过鲁迅读佛经的原因："他对于佛经知识当做人类思想发达的史料看，借以研究其人生观罢了。别人读佛经，容易趋于小计，而他独不然，始终是积极的。他的信仰是在科学，不是在宗教。"鲁迅对佛教的研究，从系统性的佛学书籍中，从佛教造像题记中，窥悉出不同时代的社会、文化、政治、宗教状况。郑欣淼在《鲁迅与宗教文化》一书第二章"鲁迅与佛教"中进行了分析：对鲁迅来说，读佛经还是为了进一步研究中国社会历史，寻找社会病根。鲁迅采取了"沉入于国民中"与"回到古代去"，也在于进一步认识中国社会，考察中国历史，研究中国传统文化，诊察封建社会的痼疾，寻找针砭国民性的药方。

1927年3月22日，上海工人第三次武装起义成功和3月24日北伐军攻克南京，史称沪宁克复。鲁迅写下一篇杂文《庆祝沪宁克复的那一边》，文中警示人们："陶醉着革命的人们多，好自然是好的，但有时也会使革命精神转成浮滑。"鲁迅以自己对佛学的认识举例："我对于佛教先有一种偏见，以为坚苦的小乘教倒是佛教，待到饮酒食肉的阔人富翁，只要吃一餐素，便可以称为居士,算作信徒,虽然美其名曰大乘,流播也更广远,然而这教却因为容易信奉,因而变为浮滑,或者竟等于零了。"

徐梵澄说:鲁迅对佛学另有一高论,曰"居士起而佛法亡"。"不知道现在高僧大德还有没有……一般皆是形同白衣,心如俗子。"关于革命,鲁迅说道:"革命也如此的,坚苦的进击者向前进行,遗下广大的已经革命的地方,使我们可以放心歌呼,也显出革命者的色彩,其实是和革命毫不相干。这样的人们一多,革命的精神反而会从浮滑,稀薄,以至于消亡,再下去是复旧。"广东曾是革命的策源地,那时却处在革命的后方,鲁迅所揭示的危机极具前瞻性。

1931年前后,鲁迅曾写了一篇十六字佛偈,题寄他的日本友人清水安三:"放下屠刀,立地成佛。放下佛教,立地杀人。"在此时间前后,又曾写过一首诗送给内山完造:"廿年居上海,每日见中华。有病不求药,无聊才读书。一阔脸就变,所砍头渐多。忽而又下野,南无阿弥陀。"这两篇都采用了佛教的语言,意在嘲讽当时国民政府统治者把佛教当作幌子,遇到失败就以下野、信佛或出洋,一旦得势,又会放下佛教去当军阀来杀人。直斥国民政府统治者的丑陋嘴脸。

佛教拓片收藏

民国初期袁世凯当政,对知识分子弹压很严厉。批评政府会被特务抓去再也回不来,甚至在家里说了什么也会被抓,因为家里的厨师、车夫也都可能是特务。鲁迅为逃避这种风险,有外人在时,除了拓片的事什么都不说。他原来就喜欢玩拓片,有客人来就说拓片的事，旅途在外也只说拓片的事。鲁迅说："正因为这样，我现在的脑袋还联着身体哩！"

1912年鲁迅到北京教育部任职，开始关注金石拓片。收藏拓片，使鲁迅成了一个大藏家和研究家，他收藏的拓片现存6200多张，5100多种。鲁迅比较注重隋唐以前的碑拓、墓志及造像的收藏，收藏拓片的范围从先秦到两汉、魏晋南北朝、隋唐时期，其中汉碑就有130余种，经鲁迅抄录、校勘的有100多种，魏晋南北朝墓志有300多种，其他还有砖瓦拓片、汉画像拓片等。经鲁迅抄录并校勘的有192种。而且抄录了大量碑文、墓志等，做了许多校勘工作和研究文章。现在这些拓片基本都保存在鲁迅博物馆，成为中国文化遗产的巨大财富。1915年鲁迅写过一篇《大云寺弥勒重阁碑》校记，见证了鲁迅的认真与功力：

> 大云寺弥勒重阁碑，唐天授三年立，在山西猗氏县仁寿寺。全文见胡聘之《山右石刻丛编》。胡氏言，今拓本多磨泐，故所录全文颇有阙误，首一行书撰人尤甚。余于乙卯春从长安买得新拓本，殊不然，以校《丛编》，为补正二十余所，疑碑本未泐，胡氏所得拓本恶耳。其末三行泐失甚多，今亦不复写出。

鲁迅在北京居住的14年间，曾在琉璃厂购买拓片4000多枚，大量购买拓片是从1914年年末至1921年，其中购买最多的是在1915至1919年。鲁迅购买拓片的种类很多，包括碑刻、墓志、造像、砖刻、瓦当、镜、古钱、古砚、钟鼎、经幢、古印及汉画像等。其中六朝佛造像是鲁迅收藏的一个重点。如1916年7月28

日购买端氏藏石拓本一包，计汉、魏、六朝碑碣14种17枚，六朝墓志21种27枚，六朝造像40种41枚，总75种85枚；8月8日收端氏所藏造像拓本32种35枚。当时购买民国时期拓片的价格是很便宜的，如鲁迅日记载：1917年3月18日，"午后往留黎厂买洛阳龙门题刻全拓一分，大小约一千三百二十枚，直卅三元"。鲁迅所购题刻全拓一份大小约1320枚，指当时所能拓到的较完整的拓片，这是鲁迅最大宗购买的整套拓片。鲁迅本年工资为月俸300元，购买此套拓片占去月俸的十分之一，但33元的价格合每枚拓片2分5厘，也是极便宜的。

鲁迅花大精力去抄碑校碑，购买造像拓片，除了对佛教的研究外，其目的不仅是保护文化遗存和逃离现实，而做学问和研究是他的本来目的。此时的鲁迅并非社会名流，而他所从事的工作、坚实的国学基础和他的出生地绍兴、工作地北京等条件自然形成他做学问的优势。从他所想编写的几个题目可以看出他所研究的偏好——《中国字体变迁史》《汉画像集》《俟堂专文杂集》等。现存的鲁迅手稿中，还保存着鲁迅编写的《六朝墓名目录》26页、《六朝造像目录》192页、《六朝墓志目录》35页和《直隶现存汉魏六朝石刻录》80页，可见鲁迅对汉魏六朝文字情有独钟。鲁迅系统搜集碑帖拓片，准备将其结集出版，但因种种原因未能如愿。

2022年年底，由国家图书馆新出版的《鲁迅手稿全集》收录了一件最新发现的鲁迅信札手稿。是鲁迅于1915年4月13日写给胡绥之先生的一封信，并附拓片一枚。信的内容是关于出自鲁迅家乡绍兴的一件"齐永明造像"的拓片。

信的内容只有三行字:

> 谨启:齐永明造像,在山阴妙相寺之刻像背【齐永明六年太岁戊辰於吴郡敬造维卫佛】昨从越中寄来,拓片已极漫漶,几不可读。兹聊奉一枚,此上
> 绥之先生　　周树人顿首　　四月十三日。

随信札所附拓片,刻有三行十八字的正楷铭文:"齐永明六年太岁戊辰於吴郡敬造维卫尊佛。"信中所说的"山阴",即指绍兴,"妙相寺"今已无迹可寻。经查鲁迅日记,这件拓片是鲁迅二弟周作人从绍兴寄给鲁迅的。鲁迅第二天便寄给与他有同好的历史博物馆筹办处处长胡绥之。此前的胡绥之登门造访鲁迅,送他《龙门山造象题记》拓片。所以鲁迅一收到从绍兴寄来的新拓片,就立刻送一张给胡绥之分享。鲁迅共收到周作人寄给他的《永明造象》拓片7件,其中4件转送给好友陈师曾、许季市、张阆声、胡绥之等人,说明鲁迅对这件拓片的重视和喜爱。南朝文字存世极少,此件古佛造像拓片是极其珍贵的。鲁迅信札手稿中,写于1915年的也仅此一通。

鲁迅关于佛造像拓片的收藏是成体系的,如能出版,将对佛教文化的研究具有重要价值。

鲁迅与佛教艺术

鲁迅在研读佛学书籍,搜集整理佛教拓片的同时,还非常重视佛教与中国艺术的关系,并发展到推广"大众的艺术"。通过

这些书籍与拓片的全面收藏，使鲁迅对佛教艺术进行了系统性的研究。

鲁迅自幼喜爱美术，有着深厚的美术修养。佛教艺术随着佛教传入中国，对我国传统艺术产生了巨大的影响。从绘画的角度来看，鲁迅提出："至于怎样的是中国精神，我实在不知道。就绘画而论，六朝以来，就大受印度美术的影响，无所谓国画了。"鲁迅所说的"印度美术"就是指佛教绘画。最早的中国画以线条为主，再平涂一层颜色，而佛教绘画以"晕染法"或"凹凸法"表现物体的立体感，佛教画传入中国至唐代近千年间，对中国画坛产生了巨大的影响，不仅仅在画法上，也让传统的中国画在画风和意境上有所变化，并不断融合与发展。鲁迅提倡对本民族文化精髓进行择取与传承，对外国文化遗产进行"拿来主义"，同时还要创造具有本民族特色的新艺术。对于本民族的遗产，以绘画而言，《论"旧形式的采用"》一文提到："在唐，可取佛画的灿烂，线画的空实和明快。"鲁迅提到的唐代线画，也与佛教有很大关联。早在汉代就有这种石刻，在磨光石面上用阴线勾勒成画。唐代石刻线画的线条均匀，曲线美感强烈，圆润柔和，并带有韵律感。盛唐时期的绘画，宗教艺术占据重要地位，很多优秀的画师创作大量世俗化了的宗教壁画。其中吴道子是宗教人物画最具代表性的画家之一，创造一种波折起伏、错落有致的"莼菜条"式描法，线条更加富有韵律和节奏，描画的人物衣袖、飘带有起舞动势，有"吴带当风"之称，还在设色上吸取西域画渲染方法，融合于民族绘画色彩中。由此可见，鲁迅对本民族的绘画艺术进行了深入研究，发表的见解也极为精湛。

鲁迅还认为，中国是世界上版画出现最早的国家，他在《全国木刻联合展览会专辑》序言中说："木刻的图画，原是中国早先就有的东西。唐末的佛像，纸牌，以至后来的小说绣像，启蒙小图，我们至今还能够看见实物。而且由此明白：它本来就是大众的，也就是俗的。"中国古代木刻版画的发展与佛教有着密切的关系。远在汉代，就出现了具有版画性质和特点的石刻画像。公元8世纪前后，我国发明了刻板印刷技术，而这种技术成了宣传佛教的工具。唐五代流传下的版画作品，也都与佛教相关。鲁迅在《北平笺谱》序中写道：

> 镂像于木，印之素纸，以行远而及众，盖实始于中国。法人伯希和氏从敦煌千佛洞所得佛像印本，论者谓当刊于五代之末，而宋初施以采色，其先于日耳曼最初木刻者，尚几四百年。宋人刻本，则由今所见医书佛典，时有图形；或以辨物，或以起信，图史之体具矣。降至明代，为用愈宏，小说传奇，每作出相，或拙如画沙，或细于擘髪，亦有画谱，累次套印，文彩绚烂，夺人目睛，是为木刻之盛世。……

通过对中国古代艺术的全面透析，对佛教艺术的深入研究，鲁迅不仅一直在寻找改造国民性的方法，通过文艺运动改造国民精神，而且在他晚年倡导新兴木刻运动时，把版画艺术上升到推动革命事业前进的高度，还提倡让艺术作品在精神上对大众产生影响。在对木刻青年的指导上，鲁迅多次提到借鉴中国佛教艺术。如他在致李桦的信中提出："惟汉人石刻，气魄深沈雄大，唐人线画，流动如生，倘取入木刻，或可另辟一境界也。"鲁迅对外国遗产主张"拿来主义"的思想。佛教艺术传入中国，与中国画风相互交融，外国画风被中国传统画风改造，借鉴其优点，融合发展为中国新画风。因此，外来佛教艺术席卷中国之时，也是外来艺术民族化进程之始。鲁迅对木刻青年说："所以我的意思，是以为倘参酌汉代的石刻画像，明清的书籍插图，并且留心民间所赏玩的所谓'年画'，和欧洲的新法融合起来，许能创出一种更好的版画。"中国的新兴木刻正是在继承与借鉴的基础上逐渐创造发展起来的。佛教对中国传统文化有着重大影响，鲁迅与佛教艺术这一题目还值得后人更深入地研究，或许能给我们一些更新的启发，从而创作出具有开拓性和创新性的新艺术。

鲁迅小说中的佛教背景

在鲁迅的文学作品中有很多描写"和尚""僧人"的内容，形象地表现了当时社会平民对佛教认识的普遍现象。如著名小说《阿Q正传》中，阿Q对小尼姑说的"和尚动得，我动不得？"，也如借以讽刺流氓的"和尚喝酒他来打"。又如小说《肥皂》里"男人都像了和尚还不够，女人又来学尼姑了"似当时俗世的一个流行语。和尚在这些作品中常常是不守清规戒律的、无所事事的形象。而当和尚直接充当鲁迅文学作品中的人物时，鲁迅用人物之口，表达了自己对佛教的看法。带有回忆录性质的散文《我的第一个师父》，以亲历的笔法展现了"和尚"这一人物类型对佛教的态度。他们不是传统意义上吃斋念佛、修习佛法的渴望得道的僧侣，和尚不再是佛教徒，而是一种职业。鲁迅借和尚语言和行为批判和讽刺了披着和尚外衣去谋取私利的俗僧。

鲁迅笔下的政客高官们学佛当成是消遣，以"佛法救国"当成抬高自己的社会地位和谋取个人利益的工具。鲁迅文章中名流政客对佛教的态度，将佛教思想内核被高高架空，而使凡人无法触及，只剩外壳使百姓供奉。

鲁迅笔下的民众常常是封建迷信的、麻木不仁的形象。他们缺乏理性，遇事就要求神拜佛，他们生活在社会的最底层，无奈地期待着他人的解救，却往往想不到最应该做的是自救。鲁迅为了唤醒民智、破除迷信，塑造了一个个表面拜佛内心可悲的人物形象。

小说《离婚》里描写了妇人念佛的情形："前舱中的两个老女人也低声哼起佛号来，他们撅着念珠，又都看爱姑，而且互视，努嘴，点头。"描绘的是嘴里念佛，心里想着俗事的人物形象。

小说《明天》中，单四嫂子给已死的宝儿烧了四十九卷《大悲咒》，以为这样就可以让宝儿在阴间消除灾难，往生乐土。让读者明白，这种信佛不过是迷信。

小说《故乡》中的闰土脖子上戴着一枚银项圈，是他父亲在佛前许愿，为保佑闰土平安而戴的。隐喻了求神拜佛保平安已成为当地的风俗，成了民间约定俗成的生活方式。

小说《祝福》里提到"柳妈是善女人，吃素，不杀生的"。这里的"善女人"是指佛教中的"善男信女"，可是信佛的柳妈在与祥林嫂聊天时，怂恿祥林嫂撞死或者去捐门槛，并恐吓祥林嫂说："阎罗大王只好把你锯开来，分给他们。"表面是信佛之人，却反佛道而行，编造迷信的谎言，做出大恶之举。

鲁迅文学作品中刻画了许多"信佛""念佛"的众生相,这些"佛教徒"大都不是纯正的佛徒。表现了那个时代民众深陷于封建迷信之中,他们的拜佛缘于对生活的担忧,鲁迅将现实生活中的人物形象和佛教相关内容一起融于文学之中,对中国现实社会的愚昧落后进行了揭露与批判。

鲁迅散文中的佛教背景

鲁迅的《我的第一个师父》没有收入他的散文集,这篇文章记载了他幼年时的佛缘。

回忆散文《无常》中,刻画了"迎神赛会"中一个活泼而诙谐的"活无常"的形象,说看客对鬼卒、鬼王,还有活无常"不很敬畏,也不大留心,除了念佛老妪和她的孙子们为面面圆到起见,也照例给他们一个'不胜屏营待命之至'的仪节"。

鲁迅说:"我也没有研究过小乘佛教的经典,但据耳食之谈,则在印度的佛经里,焰摩天是有的,牛首阿旁也有的,都在地狱里做主任。至于勾摄生魂的使者的这无常先生,却似乎于古无征,耳所习闻的只有什么'人生无常'之类的话。人概这意思传到中国之后,人们便将他具象化了。这实在是我们中国人的创作。"由此结论可以看出,鲁迅对于中外佛学是经过对比研究的。

杂文中的佛教背景

鲁迅一生创作了大量的杂文。在他的许多杂文中都表达了他对佛学的理解。

求学时期的鲁迅对宗教是肯定的。1908年，鲁迅在他的早期论文《破恶声论》中充分肯定了佛教的社会意义："夫佛教崇高，凡有识者所同可，何怨于震旦，而汲汲灭其法。若谓无功于民，则当先自省民德之堕落；欲与挽救，方昌大之不暇，胡毁裂也。"在这里，鲁迅对佛教做了极高的评价，指出了佛教挽救"民德之堕落"的积极作用。随着时间的推移，鲁迅对佛教的认识也在扬弃中发生转变。

1923年，鲁迅发表《关于〈小说世界〉》，指出佛教、道教在中国传播类的混乱现象："凡当中国自身烂着的时候，倘有什么新的进来，旧的便照例有一种异样的挣扎。例如佛教东来时有几个佛徒译经传道，则道士们一面乱偷了佛经造道经，而这道经就来骂佛经，而一面又用了下流不堪的方法害和尚，闹得乌烟瘴气，乱七八遭。（但现在的许多佛教徒，却又以国粹自命而排斥西学了，实在昏得可怜！）但中国人，所擅长的是所谓'中庸'，于是终于佛有释藏，道有道藏，不论是非，一齐存在。现在刻经处已有许多佛经，商务印书馆也要既印日本《续藏》，又印正统《道藏》了，两位主客，谁短谁长，便各有他们的自身来证明，用不着词费。然而假使比较之后，佛说为长，中国却一定仍然有道士，或者更多于居士与和尚：因为现在的人们是各式各样，很不一律的。"可见鲁迅对中国宗教史的熟稔。

1925年发表的《补白》也指出中国人信仰的混乱："佛教初来时便大被排斥，一到理学先生谈禅，和尚做诗的时候，'三教同源'的机运就成熟了。听说现在悟善社里的神主已经有了五块：孔子，老子，释迦牟尼，耶稣基督，谟哈默德。"他说中国人并不是不善于改变，对于新的事物"不过并非将自己变得合于新事物，乃是将新事物变得合于自己而已"。

1925年所作《忽然想到（六）》中强烈批评闻"保古家"对革新的攻击，指出"无论如何，不革新，是生存也为难的，而况保古"。提出"我们目下的当务之急，是：一要生存，二要温饱，三要发展。苟有阻碍这前途者，无论是古是今，是人是鬼，是《三坟》《五典》，百宋千元，天球河图，金人玉佛，祖传丸散，秘制膏丹，全都踏倒他"。在《导师》一文中认为中国的希望在青年，强烈建议青年人不要寻求导师，极力反对青年人拜佛当和尚，"人们现在却向他听生西的大法，求上升的真传，岂不可笑！"1925年鲁迅所作《"碰壁"之后》描述了当时的心境："华夏大概并非地狱，然而'境由心造'，我眼前总充塞着重迭的黑云，其中有故鬼，新鬼，游魂，牛首阿旁，畜生，化生，大叫唤，无叫唤，使我不堪闻见。我装作无所闻见模样，以图欺骗自己，总算已从地狱中出离。"并说："正当苦痛，即说不出苦痛来，佛说极苦地狱中的鬼魂，也反而并无叫唤！"

1925年年底，鲁迅编成《华盖集》并作《题记》，说明这个集子命名的由来，文中说："我知道伟大的人物能洞见三世，观照一切，历大苦恼，尝大欢喜，发大慈悲。但我又知道这必须深入山林，坐古树卜，静观默想，得天眼通，离人间愈远遥，而知人间也愈深，愈广；于是凡有言说，也愈高，愈大；于是而为天人师。"鲁迅说他"也自有悲苦愤激"，"这病痛的根柢就在我活在人间，又是一个常人，能够交着'华盖运'"。"我平生没有学过算命，不过听老年人说，人是有时要交'华盖运'的。这'华盖'在他们口头上大概已经讹作'镬盖'（按：大锅盖）了，现在加以订正。所以，这运，在和尚是好运：顶有华盖，自然是成佛作祖之兆。但俗人可不行，华盖在上，就要给罩住了，只好碰钉子。"鲁迅这里的"伟大的人物"当然是指佛祖释迦牟尼,而他自认自己只是凡人,发出呐喊来试图唤醒沉睡的人们。

1926年,鲁迅作《有趣的消息》,文中说受到佛教思想影响的叔本华暗地吃一种药来避免"涅槃",他认为死亡是无法避免的,"涅槃"也不过是粉饰。又说到佛祖:"话要回到释迦先生的教训去了,据说:活在人间,还不如下地狱的稳妥。做人有'作'就是动作(=造孽),下地狱却只有'报'(=报应)了;所以生活是下地狱的原因,而下地狱倒是出地狱的起点。这样说来,实在令人有些想做和尚,但这自然也只限于'有根'(据说,这是'一句天津话')的大人物,我却不大相信这一类鬼画符。"文中谈到印度小乘佛教:"我常常感叹,印度小乘教的方法何等厉害:它立了地狱之说,借着和尚,尼姑,念佛老妪的嘴来宣扬,恐吓异端,使心志不坚定者害怕。那诀窍是在说报应并非眼前,却在将来百年之后,至少也须到锐气脱尽之时。这时候你已经不能动弹了,只好听别人摆布,流下鬼泪,深悔生前之妄出锋头;而且这时候,这才认识阎罗大王的尊严和伟大。"从这段可以看出鲁迅对佛学的熟悉,并能做出精辟的理性思考。

1927年,鲁迅作《在钟楼上》,指出中国人对佛教的态度,认为居士兴而佛教亡:"如大乘佛教一般,待到居士也算佛子的时候,往往戒律荡然,不知道是佛教的弘通,还是佛教的败坏?"

1933年,"左联"五烈士被杀害,鲁迅在悲愤中作了《为了忘却的记念》一文。在文中说:"记得《说岳全传》里讲过一个高僧,当追捕的差役刚到寺门之前,他就'坐化'了,还留下什么'何立从东来,我向西方走'的偈子。这是奴隶所幻想的脱离苦海的惟一的好方法,'剑侠'盼不到,最自在的惟此而已。我不是高僧,没有涅槃的自由,却还有生之留恋,我于是就逃走。"表达了鲁迅对佛教中的"涅槃"是并不相信的。

1934年,鲁迅作《中国人失掉自信力了吗》,针对当时社会对抗日前途的悲观进而转入求神拜佛,以及指责中国人失掉了自信力的言论,鼓舞民族自信心和抗日斗志。文章指出:"我们从古以来,就有埋头苦干的人,有拼命硬干的人,有为民请命的人,有舍身求法的人……虽是等于为帝王将相作家谱的所谓'正史',也往往掩不住他们的光耀,这就是中国的脊梁。"鲁迅把"舍身求法的人"也比喻为中国的脊梁,可见鲁迅对中国佛教人士的重视和战胜困难的信心。认为中国虽然发展着"自欺力",但是"我们有并不失掉自信力的中国人在"。

本年鲁迅又作《运命》一文,认为"运命并不是中国人的事前的指导,乃是事后的一种不费心思的解释"。"中国人自然有迷信,也有'信',但好像很少'坚信'。""宗教战争是向来没有的,从北魏到唐末的佛道二教的此仆彼起,是只靠几个人在皇帝耳朵边的甘言蜜语。"这里鲁迅阐述了宗教史,显然是他对佛学研究与宗教史有过深入的研究。他主张以科学代替宗教:"假如真有这一日,则和尚,道士,巫师,星相家,风水先生……的宝座,就都让给了科学家,我们也不必整年的见神见鬼了。"

鲁迅去世前的1936年9月,在一场大病之后,医生的诊断使他意识到将要死亡,于是他作了一篇随笔《坟》,假托梦境,对"死后"进行深层次的哲理探索,被人们看作临终遗嘱。文中分析了百姓中穷人和富人的生死观:"我们中国人是相信有鬼(近时或谓之'灵魂')的,既有鬼,则死掉之后,虽然已不是人,却还不失为鬼,总还不算是一无所有。不过设想中的做鬼的久暂,却因其人的生前的贫富而不同。""穷人们是大抵以为死后就去轮回的,根源出于佛教。佛教所说的轮回,当然手续繁重,并不这么简单,但穷人往往无学,所以不明白。这就是使死罪犯人绑赴法场时,大叫'二十年后又是一条好汉',面无惧色的原因。""然而有着地位,权势和金钱的人,却又并不觉得该堕畜生道;他们倒一面化为居士,准备成佛,一面自然也主张读经复古,兼做圣贤。他们像活着时候的超出人理一样,自以为死后也超出了轮回的。至于小有金钱的人,则虽然也不觉得该受轮回,但此外也别无雄才大略,只豫备安心做鬼。所以年纪一到五十上下,就给自己寻葬地,合寿材,又烧纸锭,先在冥中存储,生下子孙,每年可吃羹饭。这实在比做人还享福。假使我现在已经是鬼,在阳间又有好子孙,那么,又何必零星卖稿,或向北新书局去算账呢,只要很闲适的躺在楠木或阴沉木的棺材里,逢年逢节,就自有一桌盛馔和一堆国币摆在眼前了,岂不快哉!"鲁迅坦言:"我并不怎么介意于他的宣告,但也受了些影响,日夜躺着,无力谈话,无力看书。连报纸也拿不动,又未曾炼到'心如古井',就只好想,而从此竟有时要想到'死'了。不过所想的也并非'二十年后又是一条好汉',或者怎样久住在楠木棺材里之类,而是临终之前的琐事。在这时候,我才确信,我是到底相信人死无鬼的。"此时的鲁迅确信并无鬼的存在,已经成为一个坚定的唯物主义者,不认"轮回"的存在。

纵观鲁迅一生，他把佛学始终置于世界哲学体系去研究与思考，对于佛学采取批判的接受态度。他认为佛教作为宗教蕴藏着大智慧，但由于历史上政治与封建文化影响，佛教已夹杂太多的封建迷信。随着他生命的体验不断产生变化和认识，围绕着他的核心的立人的思想，形成一种独特且清醒的世界观。

端午家悬蒲艾盛于往年。敝寓亦悬一束……

花木事

> 室外独留滋卉地,
> 年来幸得养花天。

鲁迅有傲骨,是一位铁骨铮铮的战士。他一生高举着匕首与投枪,粉碎着各种旗帜、假面与外套。然而鲁迅也战斗,也休息,也饮食,他骨子里强烈地热爱生命,热爱自然界中的花草树木。他的文字里,总能看到他对花木的描述,而这大多来自他的博览群书及生活体验,从而丰富了他的文章色彩。从鲁迅的文本及有关他的回忆录中,可找出无处不在的证据。由此可以考查,鲁迅一生到底有怎样的花木情缘,又是怎样与花木为伴。

热爱花木　与生俱来

鲁迅出身于书香门第,本名周樟寿。他有三个弟弟,按序为櫆寿、松寿、椿寿。按周氏家谱,他们属"寿"字辈。樟、櫆、松、椿都与树木相关,代表着祖父对后辈成才的期望。

鲁迅爱花，从他的散文集题名《朝花夕拾》中就可以看出来。他小时候很喜欢玩"万花筒"，他在《我的种痘》一文中回忆："里面竟有许多五颜六色，希奇古怪的花朵，而这些花朵的模样，都是非常整齐巧妙，为实际的花朵丛中所看不见的。况且奇迹还没有完，如果看得厌了，只要将手一摇，那里面就又变了另外的花样，随摇随变，不会雷同，语所谓'层出不穷'者，大概就是'此之谓也'罢。"玩过之后，鲁迅感到很好奇，于是他找了个没人的地方把那万花筒拆开研究，明白了里面并没有花，而是"三片小镜子的折射与一些五色的通草丝制成的"。文中所说的"通草丝"，本是一种药用植物，在南方是常见的，旧时用来染色后制成万花筒。直到过了五十岁生日，鲁迅还念念不忘，想找一个回来玩玩。爱花的人都有一颗童心，鲁迅也是。

散文《从百草园到三味书屋》中记录了他童年的乐园："不必说碧绿的菜畦，光滑的石井栏，高大的皂荚树，紫红的桑椹；也不必说鸣蝉在树叶里长吟，肥胖的黄蜂伏在菜花上，轻捷的叫天子（云雀）忽然从草间直窜向云霄里去了。单是周围的短短的泥墙根一带，就有无限趣味。油蛉在这里低唱，蟋蟀们在这里弹琴。翻开断砖来，有时会遇见蜈蚣；还有斑蝥，倘若用手指按住它的脊梁，便会拍的一声，从后窍喷出一阵烟雾。何首乌藤和木莲藤缠络着，木莲有莲房一般的果实，何首乌有拥肿的根。有人说，何首乌根是有像人形的，吃了便可以成仙，我于是常常拔它起来，牵连不断地拔起来，也曾因此弄坏了泥墙，却从来没有见过有一块根像人样。如果不怕刺，还可以摘到覆盆子，像小珊瑚珠攒成的小球，又酸又甜，色味都比桑椹要好得远。"鲁迅在这段文字中记录的皂荚树、桑树、何首乌、木莲、覆盆子等植物，绘制了一幅生动的园林画面。鲁迅对三味书屋中的花木也有描述："三味书屋后面也有一个园，虽然小，但在那里也可以爬上花坛去折蜡梅花，在地上或桂花树上寻蝉蜕。"现在到绍兴参观三味书屋旧址，仍然可以看到那里的蜡梅和桂花树。蜡梅和桂花树都是南方常见的观赏花木，绍兴鲁迅故居内就有一株著名的四季桂，鲁迅曾说："我躺在一株大桂树下的小板桌上乘凉，祖母摇着芭蕉扇坐在桌旁，给我猜谜，讲故事。"（《狗·猫·鼠》）指的就是这株四季桂。

鲁迅少年时家境败落，父亲周伯宜病重，他常奔走于当铺和药铺。在《父亲的病》一文中曾描述为父找药的经历："芦根和经霜三年的甘蔗，他就从来没有用过。最平常的是'蟋蟀一对'，旁注小字道：'要原配，即本在一窠中者。'似乎昆虫也要贞节，续弦或再醮，连做药资格也丧失了。但这差使在我并不为难，走进百草园，十对也容易得，将它们用线一缚，活活地掷入沸汤中完事。然而还有'平地木十株'呢，这可谁也不知道是什么东西了，问药店，问乡下人，问卖草药的，问老年人，问读书人，问木匠，都只是摇摇头，临末才记起了那远房的叔祖，爱种一点花木的老人，跑去一问，他果然知道，是生在山中树下的一种小树，能结红子如小珊瑚珠的，普通都称为'老弗大'。"这里的芦根和甘蔗，是南方常见的植物，而平地木则是能够治疗咳喘的药材，不太好找。

鲁迅最早的植物学知识应来自清人陈溟子的《花镜》。他的一位远房叔祖——"一个胖胖的，和蔼的老人，爱种一点花木，如珠兰，茉莉之类，还有极其少见的，据说从北边带回去的马缨花。他的太太却正相反，什么也莫名其妙，曾将晒衣服的竹竿搁在珠兰的枝条上,枝折了,还要愤愤地咒骂道:'死尸!'这老人是个寂寞者,因为无人可谈,就很爱和孩子们往来,有时简直称我们为'小友'。在我们聚族而居的宅子里,只有他书多,而且特别。制艺和试帖诗,自然也是有的;但我却只在他的书斋里,看见过陆玑的《毛诗草木鸟兽虫鱼疏》,还有许多名目很生的书籍。我那时最爱看的是《花镜》。"(《朝花夕拾·阿长与〈山海经〉》)从鲁迅文中对珠兰、茉莉、马缨花等花名的准确记忆,说明他童年时对花木知识的认真。《花镜》是一部关于观赏植物栽培的书,共六卷,内有大量插图。1894年鲁迅从族兄寿颐处以二百文购得木版大本翻刻的《花镜》。后经鲁迅多次批校,分订为三册。又亲自栽种花木,在每株花木上都插上竹签,写上花名,观察它的生长情况。他还根据自己的经验指出了书上的错误。鲁迅非常重视这部书,从中获得了许多植物学知识。

少年鲁迅在三味书屋中读的是"四书五经",而他最喜爱搜集阅读的是《山海经》《毛诗草木鸟兽虫鱼疏》《尔雅音图》《毛诗品物图考》《广群芳谱》等博物学方面的图书,并作了许多笔记。他还抄录过陆羽的《茶经》、陆龟蒙的《耒耜经》与李翱的《五木经》等。现存鲁迅最早的抄本手稿是会稽童钰作《二树山人写梅歌》,至今保存在鲁迅博物馆。现存鲁迅最早的印章是1896年前后,他的叔祖芹侯在上坟的船中为他刻的朱文印章一枚"只有梅花是知己",还有一方白文印"绿杉野屋"。这两枚印章现已不存,只有留下的印鉴为证。现存最早的鲁迅文章《戛剑生杂记》作于1898年,其中就有关于茶的笔记:"夷人呼茶为梯,闽语也。闽人始贩茶至夷,故夷人效其语也。"1901年作

《莳花杂志》："晚香玉，本名土秘嬴斯，出塞外，叶阔似吉祥草，花生穗间，每穗四五球，每球四五朵，色白，至夜尤香，形如喇叭，长寸余，瓣五六七不等，都中最盛。昔圣祖仁皇帝因其名俗，改赐今名。"

鲁迅在此期间搜集、抄录并校勘了大量古代博物学逸书，包括小说佚文和古越丛书，如晋嵇含撰《南方草木状》、唐刘恂撰的《岭表录异》、唐段公路的《北户录》、宋范成大的《桂海虞衡志》、清程瑶田的《释虫小记》、清郝懿行的《蜂衙小记》等，还从《说郛》中抄录王方庆《园林草木疏》一卷、李翱《何首乌录》一卷、杨天惠《彰明附子记》一卷、戴凯之《竹谱》一卷、赞宁《笋谱》二卷、陈仁玉《菌谱》一卷、傅肱《蟹谱》两卷。以上并他人所抄共十九种合订为两册，题名为《说郛录要》。其中周氏《洛阳牡丹记》一卷、《洛阳花木记》一卷、赵时庚《金彰兰谱》一卷、陈翥《桐谱》一卷和戴凯之《竹谱》都经鲁迅以明抄《说郛》原本进行了批注。这部书于1911年3月写成，是一部极有价值的植物学著作。鲁迅的青少年时代没有专门的植物学书籍，然而他就这样边读书，边钩沉，边记录，把植物知识积累下来。

1898年，鲁迅离家去南京读书，并接受了正统的博物学教育。博物学在当时概念很宽泛，包括动物、植物、矿物等内容，相当于今天的天文学、地理学、地质学、生物及动物、植物等学科内容。1902年，鲁迅赴日本学医，后又弃医从文，但对花木的爱好伴随他的一生。

种花植木　广播桃李

鲁迅与二弟周作人在日本求学,三弟周建人便留在家里照顾母亲。鲁迅在日本读书时,仍然注意收藏花木植物类的图书,并鼓励三弟周建人自修植物学。周建人在《早年学科学追忆》中回忆:"那时鲁迅在日本,鼓励我自学植物学。因为他说,学习别的学科,都需要一定的实验设备,自学是比较困难的。但植物到处都有,可以自己采集标本,进行分类研究。"鲁迅在日本东京给三弟寄了四本书:德国Strusborger等四人合著的《植物学》、英国人著的《野花时节》、Jackson编的《植物学辞典》和《植物的故事》,并寄了一架解剖显微镜。后来鲁迅到北京工作后,还给三弟寄过《埤雅》一部四册,《尔雅翼》一部六册,支持他研究植物学。周建人后来在植物学方面很有建树,著有科普读物《花鸟虫鱼及其他》。鲁迅的好友许寿裳也曾回忆:"他在弘文学院时代,已经买了三好学的《植物学》两厚册,其中着色的插图很多。"(许寿裳:《亡友鲁迅印象记》)在住宅处,也与许寿裳一起种一些夕颜一类的花草。

1905年,鲁迅在仙台医专学习期间,往东京度春假(樱花假期),同许寿裳等人游览了日本名胜,在东京观赏了上野樱花。他在《藤野先生》中写道:"上野的樱花烂熳的时节,望去确也像绯红的轻云,但花下也缺不了成群结队的'清国留学生'的速成班,头顶上盘着大辫子,顶得学生制帽的顶上高高耸起,形成一座富士山。"生动描述了日本樱花盛开时的状况,笔锋中又流露出幽默的嘲讽。

1909年，鲁迅从日本回到故乡绍兴时，带回来一株水野栀子，并把这花栽种在庭院中，后来他把这棵栀子树赠送给表弟郦辛农。1962年，郦辛农又把这棵栀子树转赠给绍兴鲁迅纪念馆，这花树至今仍存活。鲁迅归国后，先是在杭州浙江两级师范堂任生理学、化学教员，他经常和讲植物学的日本教员铃木珪寿一起带学生到孤山、葛岭、北高峰、钱塘门一带采集植物标本。有一次，学生看到一株开着黄花的植物，问其名称，铃木答："一枝黄花。"学生大笑，说："这个花就是黄色的，就叫一枝黄花？它的学名呢，也是这样？"不相信铃木老师的回答。鲁迅严肃地告诉学生："你们可以查植物大词典，这个植物属于菊科，汉名叫一枝黄花嘛！为什么不懂装懂，乱批评呢？"（据许寿裳：《亡友鲁迅印象记》）

1910年起，鲁迅在绍兴府中学堂做监学，兼教博物学。他曾致信许寿裳，告知近况："仆荒落殆尽，手不触书，惟搜采植物，不殊曩日，又翻类书，荟集古逸书数种，此非求学，以代醇酒妇人也。"（1910年11月15日致许寿裳）在绍兴教学期间，还带学生去过兰亭、快阁、宋六陵、柯桥、七星岩等地，还和周建人、王鹤照一起郊游，采集植物标本或拓碑帖。现保存在国家图书馆的鲁迅采集植物标本册的封面上，还有鲁迅手绘的古文"鸟"字和一幅猫头鹰的小画。猫头鹰在传统上是一种不祥之鸟，却是鲁迅喜爱的小动物。1911年，鲁迅曾作《辛亥游录》两则，写到他采集植物标本的情形。一则记三月十八日去稽山禹祠："老藓缘墙，败槁布地，二三农人坐阶石上。折而右，为会稽山足。行里许，转左，达一小山。山不甚高，松杉骈立，束木棘衣。更上则束木亦渐少，仅见卉草，皆常品，获得二种。及巅，乃见绝壁起于足下，不可以进，伏瞰之，满被古苔，蒙茸如裘，中杂小华，五六成簇者可数十，积广约一丈。掇其近者，皆一叶一华，叶碧而华紫，世称一叶兰；名叶以数，名华以类也。"一则记八月十七日往沥海关前观潮："潮过雨霁，游步近郊，爰见芦荡中杂野菰，方作紫色华，劚得数本，芦叶伤肤，颇不易致。又得其大者一，欲移植之，然野菰托生芦根，一旦返土壤，不能自为养，必弗活矣。"这两篇文章收入翌年出版的《越社丛刊》第一集。文中提到的"一叶兰""野菰"都是北方难见到的植物。

1912年，鲁迅到北京教育部工作，先是住进绍兴会馆内的藤花馆，传说是这里因有一株巨大的古藤罗而著名。这里很是吵闹，鲁迅的日记记载过："邻室又来闽客，至夜半犹大嗥如野犬，出而叱之，少戢。"1916年5月，鲁迅搬进会馆内西边的补树书屋。院中有棵大槐树，因是补种的，所以称为"补树书屋"。绍兴会馆内是不许住女人的，原因是，许多年前有一位姨太太便是吊死在这大槐树上。有一次，一位姓谢的带着一个小妾来这里暂住一宿，会馆内的人们群起而攻之，谢某听到这个故事后，狼狈地搬了出去。鲁迅在《呐喊·自序》中讲过："S会馆里有三间屋，相传是往昔在院子里的槐树上缢死过一个女人的，现在槐树已经高不可攀了，而这屋还没有人住。许多年，我便寓在这屋里钞古碑。客中少有人来，古碑中也遇不到什么问题和主义，而我的生命却居然暗暗的消去了，这也就是我惟一的愿望。夏夜，蚊子多了，便摇着蒲扇坐在槐树下，从密叶缝里看那一点一点的青天，晚出的槐蚕又每每冰冷的落在头颈上。"鲁迅说的"槐蚕"，北京人叫"吊死鬼儿"，如果联想起那上吊的女人，住在这里的确有点阴森恐怖。鲁迅不信神鬼,却图了这里的槐荫和安静。在教育部工作期间,闲暇时还去赏花展。鲁迅日记1913年5月5日载:"下午同许季市往崇效寺观牡丹。"同事有时也送给鲁迅一些盆花。鲁迅日记1920年1月17日载:"上午同僚送桃、梅花八盆。"

1919年年底,鲁迅买下西直门内八道湾胡同十一号院,全家迁居到这里。这是一个很气派的四合院。从旧照片看,院里种植有丁香树、月季花。他们在这里养鸡养鸭。曾经借住在这里的俄国盲诗人爱罗先珂竟还劝他们养蜂,养猪,养牛,养骆驼。院子里长着许多铺地锦,还种了荷花。铺地锦是一种野草花,夏天北京的院子中常常自然生长在砖缝中。

1923年,鲁迅兄弟失和后,曾住在西四砖塔胡同,桌上有个大笔筒,里面还插有一支罂粟花的标本。后来搬到西三条21号院时,院子宽了许多,开始大种花木。鲁迅的母亲也喜欢花木,院子的泥地上种满了太阳花,开花的时候五颜六色,十分好看。这是一种南方的花,比较娇贵,秋风一起就枯萎了。于是鲁迅向琉璃厂的松云阁定购了一批花木。1925年4月3日鲁迅日记记载:"云松阁李庆裕来,议种化树。"4月5日又记载:"云松阁来种树,计:紫白丁香各二,碧桃一,花椒、刺梅、榆梅各二,青杨三。"接着5月23日又记载:"上午云松阁送来月季花两盆。"后院的花园更宽敞,但土质不如前面,都是用煤渣垫起来的,所以种下了两株花椒、两株刺梅,还有三株白杨。鲁迅很喜欢白杨树,在后院的西墙种了三株,说白杨生长力强,风吹树叶沙沙响,别有风味。后院东南角,即"老虎尾巴"东侧,还有一棵杏树,当时果实累累。俞家姐妹曾到鲁迅家去玩,鲁迅说:"等杏熟了，请你们来吃。"俞家姐妹开玩笑说："吃不完我们用袋子带回去。"鲁迅说："记得绍兴出杨梅、出瓜的地方，都只管吃饱，不许带走，我们这杏树也按这规定办。"（据俞芳：《我记忆中的鲁迅先生》）今天的西三条鲁迅旧居已辟为开放参观的场所，花木还有些原来的样子，比如紫丁香、黄刺梅等还保留着，但白杨树已被伐掉了。院落整洁干净，春天花开的时候仍然是繁荣茂盛的景象，却缺少了生活气息。

关于种花的经验，鲁迅是颇有心得与耐心的。1926年他写的《马上支日记》中有一段细致的描述："太阳很烈，几盆小草花的叶子有些垂下来了，浇了一点水。田妈忠告我：浇花的时候是每天必须一定的，不能乱；一乱，就有害。我觉得有理，便踌躇起来；但又想，没有人在一定的时候来浇花，我又没有一定的浇花的时候，如果遵照她的学说，那些小花可只好晒死罢了。即使乱浇，总胜于不浇；即使有害，总胜于晒死罢。便继续浇下去，但心里自然也不大踊跃。下午，叶子都直起来了，似乎不甚有害，这才放了心。"

1926年8月，鲁迅南下厦门大学教书，那里气候温暖，花木繁盛。鲁迅在文章中曾有过描述："世上爱牡丹的或者是最多，但也有喜欢曼陀罗花或无名小草的，朋其还将霸王鞭种在茶壶里当盆景哩。"（鲁迅：《厦门通信》）"我的住所的门前有一株不认识的植物，开着秋葵似的黄花。我到时就开着花的了，不知道他是什么时候开起的；现在还开着；还有未开的蓓蕾，正不知道他要到什么时候才肯开完。'古已有之'，'于今为烈'，我近来很有些怕敢看他了。还有鸡冠花，很细碎，和江浙的有些不同，也红红黄黄地永是这样一盆一盆站着。"（鲁迅：《厦门通信二》）"天气，确已冷了。草也比先前黄得多；然而我那门前的秋葵似的黄花却还在开着，山里也还有石榴花。"（鲁迅：《厦门通信三》）鲁迅有一张照片是摄于1927年1月2日，地点是在厦门郊外南普陀一片荒坟之中，他曾把这照片送给章廷谦，并在旁边题字："我坐在厦门的坟中间。"画面的前景是长得很繁茂的龙舌兰，这花又名剑兰、剑麻，是一种热带植物，在厦门是野生的，而在北方则是盆栽的。

1927年1月，鲁迅离开厦门大学到广州中山大学任教。他曾养过一盆"水横枝"的花。"广州的天气热得真早，夕阳从西窗射入，逼得人只能勉强穿一件单衣。书桌上的一盆'水横枝'，是我先前没有见过的：就是一段树，只要浸在水中，枝叶便青葱得可爱。看看绿叶，编编旧稿，总算也在做一点事。做着这等事，真是虽生之日，犹死之年，很可以驱除炎热的。"（鲁迅：《朝花夕拾·小引》）"水横枝"又名栀子花，为常绿灌木，花为白色，清雅高洁，鲁迅非常喜爱。

1927年10月，鲁迅到上海，他和夫人许广平在这里度过了他一生中最后的九年。一家人在相对安逸的生活中经常看电影，居室中也常有鲜花点缀。闲暇时还会去参观花卉展览。鲁迅日记1929年4月9日载："午后同柔石、真吾及广平往八三公园看樱花。"1932年10月12日载："晚内山夫人来，邀广平同往长春路看插花展览会。"鲁迅在1927年11月7日写信致时在杭州的章廷谦说："杭州芦花，闻极可观，心向往之，然而又懒于行，或者且待看梅花欤。"又说，"'许小姐——一作Miss Shu'已为'代候'。桂花将开，西湖当又有一番景况，也很想一游。但这回大约恐怕懒于动身了，因为桂花开后，菊花又开，若以看花为旅行之因，计非终年往来于沪杭线上不可。拟细想一想，究竟什么花最为好看，然后再赴西湖罢。"表达了他想要偕夫人许广平去杭州赏花的心愿。1935年时，鲁迅还在门前栽种了一株桃花。1936年4月15日致颜黎民的信中说："说起桃花来，我在上海也看见了。我不知道你到过上海没有？北京的房屋是平铺的，院子大，上海的房屋却是直叠的，连泥土也不容易看见。我的门外却有四尺见方的一块泥土，去年种了一株桃花，不料今年竟也开起来，虽然少得很，但总算已经看过了罢。"

鲁迅的学生许钦文、陶元庆等经常会带着花看望他，给他送过梅花、兰花、玫瑰、橙花、水仙花、胜山菊花等，他自己也买一些草花来种。内山完造夫妇也常送些堇花、菊花、杜鹃花等。1936年鲁迅生病期间，内山完造、史沫特莱多次持花看望鲁迅。鲁迅的花木情结是他生活中的余事，深厚的植物学修养是渗透在他骨子里的。

开落两由　笔底生花

鲁迅作为一个伟大的文学家，具有各方面的修养。从他的小说、散文、杂文和诗歌中，到处可以看出他深厚的植物学修养、花木的情缘和精到的借喻。

鲁迅的诗歌中，花木也是常用的表达要素。例如：现存最早的一首《别诸弟》，作于1900年，其中有句："夹道万株杨柳树，望中都化断肠花。"诗中的杨柳树是指古人折柳送别的一种风俗，断肠花一名秋海棠，用的是古代一女子因思念情人而滴泪落地长出断肠花的典故，诗中以此表达兄弟离别时的心情。同年又作《莲蓬人》："芰裳荇带处仙乡，风定犹闻碧玉香。鹭影不来秋瑟瑟，苇花伴宿露瀼瀼。扫除腻粉呈风骨，褪却红衣学淡妆。好向濂溪称净植，莫随残叶堕寒塘！"这首诗赞美了荷花落后的莲蓬，褪却红衣后的"风骨"，向作《爱莲说》的周敦颐说明，"亭亭净植"的不是荷花而是花落之后的莲蓬。1901年作《和仲弟送别元韵》中有："日暮舟停老圃家，棘篱绕屋树交加。怅然回忆家乡乐，抱瓮何时共养花？"写的是离家返校时，船停在棘篱绕屋、树木葱郁的农家，思念何时才能与兄弟一起抱瓦盆种花养花的日子。1901年由二弟周作人初创，鲁迅修改的《惜花四律·步湘州藏春园主人元韵》，是对四季花木的吟咏，以花拟人，以人喻花。写到了柳树、小草、素心（兰花）、蓝尾（芍药）、荼蘼等花木。第四律中"繁英绕甸竞呈妍，叶底闲看蛱蝶眠。室外独留滋卉地，年来幸得养花天。"更是以白描的手法描绘了百花盛开、生机勃勃的春天景象。

又例如：鲁迅著名的《自题小像》中"寄意寒星荃不察"中的"荃"，指的是一种香草，语出自《离骚》："荃不察余之中情兮，反信谗而齌怒。"鲁迅这里指的是民众。1931年2月，鲁迅的日本友人小荣原次郎买兰花后归国，他写下一首《送O.E.君携兰归国》相送："椒焚桂折佳人老，独托幽岩展素心。岂惜芳馨遗远者，故乡如醉有荆榛。"诗中的"椒""桂""佳人"均为芳木香草，"椒焚桂折佳人老"指的是对革命志士的摧残。1931年3月，鲁迅作《无题》一首："大野多钩棘，长天列战云。几家春袅袅，万籁静愔愔。下土惟秦醉，中流辍越吟。风波一浩荡，花树已萧森。"借荆棘、花树表达了对战乱、萧条的情绪。1931年12月作《送增田涉君归国》："扶桑正是秋光好，枫叶如丹照嫩寒。却折垂杨送归客，心随东棹忆华年。"诗中的"扶桑"是日本的别称，又是一种花木，"枫叶"也是日本人喜爱的。鲁迅散文《腊叶》中也曾写到过。"垂杨"多产自中国，诗人常以之寄以离别之情。1932年1月，鲁迅作《无题》："血沃中原肥劲草，寒凝大地发春华"句，以"劲草""春华"比喻压不垮的革命力量。1932年作《偶成》："文章如土欲何之，翘首东云惹梦思。所恨芳林寥落甚，春兰秋菊不同时。"以"芳林寥落""春兰秋菊"比喻了当时文坛的情况。还有很多诗句如："洞庭木落楚天高"（1932年《无题》）、"风生白下千林暗，雾塞苍天百卉殚"（1933年《赠画师》）、"岂有豪情似旧时，花开花落两由之"（1933年《悼杨铨》）等。鲁迅诗文中常以花木比喻和表达情感，从中也可以看出他对花木植物的熟稔与情结。鲁迅"五四"时期所作新诗和散文诗也往往以花木为题材，录一例《桃花》：

> 春雨过了，太阳又很好，随便走到园中。
> 桃花开在园西，李花开在园东。
> 　我说，"好极了！桃花红，李花白"。
> 　（没说，桃花不及李花白）
> 桃花可是生了气，满面涨作"杨妃红"。
> 　好小子！真了得！竟能气红了面孔。
> 　我的话可并没得罪你，你怎的便涨红了面孔？
> 　唉！花有花道理，我不懂。

　　（此篇发表于1918年5月15日《新青年》第四卷第五号，署名唐俟）

鲁迅的回忆散文集《朝花夕拾》中的许多篇，都记录了他少年时代有关花木的故事。他在《朝花夕拾·小引》曾写道："带露折花，色香自然要好得多，但是我不能够。便是现在心目中的离奇和芜杂，我也还不能使他即刻幻化，转成离奇和芜杂的文章。或者，他日仰看流云时，会在我的眼前一闪烁罢。"他的散文诗集《野草》中的许多篇对花木的描写，都充满着诗意。

"在我的后园，可以看见墙外有两株树，一株是枣树，还有一株也是枣树。"（《秋夜》）这两株枣树很有名，是因为这篇散文曾经许多年收在了中学语文课本。

> 我不知道那些花草真叫什么名字，人们叫他们什么名字。我记得有一种开过极细小的粉红花，现在还开着，但是更极细小了，她在冷的夜气中，瑟缩地做梦，梦见春的到来，梦见秋的到来，梦见瘦的诗人将眼泪擦在她最末的花瓣上，告诉她秋虽然来，冬虽然来，而此后接着还是春，胡蝶乱飞，蜜蜂都唱起春词来了。她于是一笑，虽然颜色冻得红惨惨地，仍然瑟缩着。（《秋夜》）

> 猩红的栀子开花时，枣树又要做小粉红花的梦，青葱地弯成弧形了……（《秋夜》）

> 雪野中有血红的宝珠山茶，白中隐青的单瓣梅花，深黄的磬口的蜡梅花；雪下面还有冷绿的杂草。胡蝶确乎没有；蜜蜂是否来采山茶花和梅花的蜜，我可记不真切了。但我的

眼前仿佛看见冬花开在雪野中，有许多蜜蜂们忙碌地飞着，也听得他们嗡嗡地闹着。（《雪》）

繁霜夜降，木叶多半凋零，庭前的一株小小的枫树也变成红色了。我曾绕树徘徊，细看叶片的颜色，当他青葱的时候是从没有这么注意的。他也并非全树通红，最多的是浅绛，有几片则在绯红地上，还带着几团浓绿。（《腊叶》）

河边枯柳树下的几株瘦削的一丈红，该是村女种的罢。大红花和斑红花，都在水里面浮动，忽而碎散，拉长了，如缕缕的胭脂水，然而没有晕。茅屋，狗，塔，村女，云……也都浮动着。大红花一朵朵全被拉长了，这时是泼刺奔迸的红锦带。带织入狗中，狗织入白云中，白云织入村女中……在一瞬间，他们又将退缩了。但斑红花影也已碎散，伸长，就要织进塔，村女，狗，茅屋，云里去。（《好的故事》）

地狱原已废弛得很久了：剑树消却光芒；沸油的边际早不腾涌；大火聚有时不过冒些青烟，远处还萌生曼陀罗花，花极细小，惨白可怜。——那是不足为奇的，因为地上曾经大被焚烧，自然失了他的肥沃。（《失掉的好地狱》）

以上几段举例中提到的枣树，是老北京院中常见的树木；栀子花是南方的植物，在北方只能盆栽；宝珠山茶是一种名贵的花木，还有药用价值，近年来据说还有抗癌作用；单瓣梅花和磬口蜡梅花是北方不常见的品种；一丈红又名蜀葵；大红花又名朱槿；斑红花在辞典是查不到的，估计也是槿类植物；曼陀罗花在《本草纲目》中又名山茄，药用价值很高。鲁迅的文章提及的植物品种繁多，证明了他的广博。

鲁迅创作的第一篇小说是用文言写成的《怀旧》。发表于1911年《小说月报》第四卷第一号。他在1934年5月致杨霁云的信中说："现在都说我的第一篇小说是《狂人日记》，其实我的最初排了活字的东西，是一篇文言的短篇小说，登在《小说林》（？）上。那时恐怕还是在革命之前，题目和笔名，都忘记了，内容是讲私塾里的事情的，后有恽铁樵的批语……还得了几本小说，算是奖品。"小说写到一株青桐树："吾家门外有青桐一株，高可三十尺，每岁实如繁星，儿童掷石落桐子，往往飞入书窗中，时或正击吾案，一石入，吾师秃先生辄走出斥之。桐叶径大盈尺，受夏日微瘁，得夜气而苏，如人舒其掌。"

鲁迅小说中常常用白描的手法以花木烘托场景，小说《祝福》《鸭的喜剧》《幸福的家庭》《伤逝》《在酒楼上》《采薇》等，有很多关于花木的描写。例如，《在酒楼上》有一段对山茶树的描写，很美："几株老梅竟斗雪开着满树的繁花，仿佛毫不以深冬为意；倒塌的亭子边还有一株山茶树，从暗绿的密叶里显出十几朵红花来，赫赫的在雪中明得如火，愤怒而且傲慢，如蔑视游人的甘心于远行。"再看《补天》中的一段优美的描写："伊自己也不知道怎样，总觉得左右不如意了，便焦躁的伸出手去，信手一拉，拔起一株从山上长到天边的紫藤，一房一房的刚开着大不可言的紫花，伊一挥，那藤便横搭在地面上，遍地散满了半紫半白的花瓣。"这一段关于紫藤的描写，明显是有着鲁迅的生活经验的。

鲁迅的杂文议论性的比较多，但也有很多运用花木作为文章元素的。鲁迅杂文的篇目中就有一些关于花木的，如：《无花的蔷薇》《新的蔷薇》《书苑折枝》等。其中有许多富于哲理的名言名句成了经典，能让人拍案叫绝。也举一些例子。

"批评家的职务不但是剪除恶草，还得灌溉佳花——佳花的苗。譬如菊花如果是佳花，则他的原种不过是黄色的细碎的野菊，俗名'满天星'的就是。"（《并非闲话（三）》）鲁迅所说的"满天星"，属石竹科，今常用来做插花，鲁迅对此是有研究的。

"我早有点知道：我是大概以自己为主的。所谈的道理是'我以为'的道理，所记的情状是我所见的情状。听说一月以前，杏花和碧桃都开过了。我没有见，我就不以为有杏花和碧桃。"（《新的蔷薇》）鲁迅在这里用杏花和碧桃作了形象的比喻。

以兰花作为文学阶级性划分的形象示例："自然，'喜怒哀乐，人之情也'，然而穷人决无开交易所折本的懊恼，煤油大王那会知道北京检煤渣老婆子身受的酸辛，饥区的灾民，大约总不去种兰花，像阔人的老太爷一样，贾府上的焦大，也不爱林妹妹的。"（《"硬译"与"文学的阶级性"》）

用种花的哲学，揭示人生的哲学："种牡丹者得花，种蒺藜者得刺，这是应该的，我毫无怨恨。"（《答有恒先生》）

以种菊，做诗的例子讽刺虚伪文人："现在有钱的人住在租界里，雇花匠种数十盆菊花，便做诗，叫作'秋日赏菊效陶彭泽体'，自以为合于渊明的高致，我觉得不大像。"（《魏晋风度及文章与药及酒之关系》）

阐述人生活的哲理，如："删夷枝叶的人，决定得不到花果。"(《"这也是生活"……》)

精辟的比喻，如："假使依或人所说，牡丹是中国的'国花'，那么，这就可以算是中国的'国骂'了。"(《论"他妈的！》)

他在《未有天才之前》中说："天才并不是自生自长在深林荒野里的怪物，是由可以使天才生长的民众产生，长育出来的，所以没有这种民众，就没有天才。……——譬如想有乔木，想看好花，一定要有好土；没有土，便没有花木了；所以土实在较花木还重要。花木非有土不可，正同拿破仑非有好兵不可一样。"他比喻天才与民众的关系是花木与泥土的关系。

博览群芳　译介谨严

伟大的翻译家，不但应具有广博的文学、历史、哲学以及天文、地理方面的知识，还应具有动物、植物学等方面的知识，鲁迅就是这样一位伟大的翻译家。他在谈论翻译时认为中国的译本往往将外国讲学术的有趣的内容删去，近于教科书："这正如折花者，除尽枝叶，单留花朵，折花固然是折花，然而花枝的活气却灭尽了。"(《忽然想到·二》)在植物学方面，他不仅通晓中国古今花木，如：《山海经》《诗经》《楚辞》及各种杂纂，也精通异域植物知识，这和他一惯的读书修养是分不开的。在日本留学期间他就买过两本厚厚的植物学辞典，回国后他也一直购买动物、植物方面的书籍，据鲁迅日记中的书账，有日文版的《东亚植物》《植物的惊异》《(原色)园艺植物图谱》《牧野植物学全集》等，英文、德文的书也买过不少。他的一生似都在补充花木知识的营养，这与他的创作和翻译工作有关，从中可以看出他的严谨。

1922年，鲁迅翻译了俄国盲诗人爱罗先珂的三幕童话剧本《桃色的云》，其中涉及很多植物的名称。1923年该书由新潮社出版时，鲁迅特地作《记剧中人物的译名》一篇，文中说明对植物的名字采用了六种方法，里面涉及了大量花木名称，故抄录如下：

一，用见于书上的中国名的。如蒲公英（Taraxacumofficinale），紫地丁（Violapatrinüvar.chinensis），鬼灯檠（Rodgersiapodophylla），胡枝子（Lespedezasieboldi），燕子花（Irislaevigata），玉蝉花（Irissibiricavar.orientalis）等。此外尚多。

二，用未见于书上的中国名的。如月下香（Oenotherabiennisvar.Lamarkiana），日本称为月见草，我们的许多译籍都沿用了，但现在却照着北京的名称。

三，中国虽有名称而仍用日本名的。这因为美丑太相悬殊，一翻便损了作品的美。如女郎花（Patriniascabiosaefolia）就是败酱，铃兰（Convallariamajalis）就是鹿蹄草，都不翻。还有朝颜（Pharbitishederacea）是早上开花的，昼颜（Calystegiasepium）日里开，夕颜（Lagenariavulgaris）晚开，若改作牵牛花，旋花，匏，便索然无味了，也不翻。至于福寿草（Adonisopenninavar.dahurica）之为侧金盏花或元日草，樱草（Primulacortusoides）之为莲馨花，本来也还可译，但因为太累坠及一样的偏僻，所以竟也不翻了。

四，中国无名而袭用日本名的。如钓钟草（Clematisheracleifoliavar.stans），雏菊（Bellisperennis）是。但其一却译了意，即破雪草本来是雪割草（PrimulaFauriae）。生造了一个，即白茅就是日本之所谓刈萱（ThemedaForskallivar.japonica）。

五，译西洋名称的意的。如勿忘草（Myosotispalustris）是。

六，译西洋名称的音的。如风信子（Hyacinthusorientalis），珂斯摩（Cosmosbipinnatus）是。达理亚（Dahliavariabilis）在中国南方也称为大理菊，现在因为怕人误认为云南省大理县出产的菊花，所以也译了音。

文中还解释了"七草"："七草在日本有两样，是春天的和秋天的。春的七草为芹，荠，鼠曲草，繁缕，鸡肠草，菘，萝卜，都可食。秋的七草本于《万叶集》的歌辞，是胡枝子，芒茅，葛，瞿麦，女郎花，兰草，朝颜，近来或换以桔梗，则全都是赏玩的植物了。他们旧时用春的七草来煮粥，以为喝了可避病，惟这时有几个用别名：鼠曲草称为御行，鸡肠草称为佛座，萝卜称为清白。但在本书却不过用作春天的植物的一群，和故事没有关系了。秋的七草也一样。"此文证实了鲁迅的植物学功力的深厚，简直就是一个专业从事植物研究的专家。同时证明了鲁迅对翻译工作绝不是简单地音译了事，而是通过大量查证来保证译文的质量。

1928年，北京未名社出版了鲁迅与好友齐宗颐合译的荷兰作家望·蔼覃的长篇童话《小约翰》，这本书中有很多植物是外国的，为了译名的准确，鲁迅用了很多植物学工具书来翻译，在书出版时，写了《动植物译名小记》。当时鲁迅手边只有一本《新独和辞书》（日文工具书），再从《辞林》里查中国字，但还有许多查不出的，鲁迅就托三弟周建人帮他查更详尽的辞典，为此，他们的往返通信就有七次之多。周建人使用的是德文书 Strassburger 的植物学，查得学名后再用当时中国唯一的《植物学大辞典》查中国名。然而鲁迅发现："但那大辞典上的名目，虽然都是中国字，有许多其实乃是日本名。"在中国植物学资料很不发达的那个时代，他们的工作难度是可想而知的。鲁迅感慨道："我们和自然一向太疏远了，即使查出了见于书上的名，也不知道实物是怎样。菊呀松呀，我们是明白的，紫花地丁便有些模胡，莲馨花（primel）则连译者也不知道究竟是怎样的形色，虽然已经依着字典写下来。"鲁迅虽然熟悉古书中的植物，但也难一一知道植物的形状，古人的描述很多是不清晰的。他批评道："经学家对于《毛诗》上的鸟兽草木虫鱼，小学家对于《尔雅》上的释草释木之类，医学家对于《本草》上的许多动植，一向就终于注释不明白，虽然大家也七手八脚写下了许多书。"以下举出文中关于花木名称的翻译，可窥观鲁迅关于外国花木的研究成果：

> Buche 是欧洲极普通的树木，叶卵圆形而薄，下面有毛，树皮褐色，木材可作种种之用，果实可食。日本叫作橅（Buna），他们又考定中国称为山毛榉。《本草别录》云："榉树，山中处处有之，皮似檀槐，叶如栎槲。"很近似。而《植物学大辞典》又称椈。椈者，柏也，今不据用。

旋花（Winde）一名鼓子花，中国也到处都有的。自生原野上，叶作戟形或箭镞形，花如牵牛花，色淡红或白，午前开，午后萎，所以日本谓之昼颜。

旋儿手里总爱拿一朵花。他先前拿过燕子花（Iris）；在第三章上，却换了Maiglöckchen（五月钟儿）了，也就是Maiblume（五月花）。中国近来有两个译名：君影草，铃兰。都是日本名。现用后一名，因为比较地可解。

第七章的翠菊是Aster；莘尼亚是Zinnia的音译，日本称为百日草。

第八章开首的春天的先驱是松雪草（Schneeglöckchen），德国叫它雪钟儿。接着开花的是紫花地丁（Veilchen），其实并不一定是紫色的，也有人译作堇草。最后才开莲馨花（Primelod.Schlüsselblume），日本叫樱草，《辞林》云："属樱草科，自生山野间。叶作卵状心形。花茎长，顶生伞状的花序。花红紫色，或白色；状似樱花，故有此名。"

Massliebchen不知中国何名，姑且用日本名，曰雏菊。

第九章上还记着他（小约翰）遇见两种高傲的黄色的夏花：NachtkerzeundKönigskerze，直译起来，是夜烛和王烛，学名OenotherbiennisetVerbascumthapsus。两种都是欧洲的植物，中国没有名目的。前一种近来输入得颇多；许多译籍上都沿用日本名：月见草，月见者，玩月也，因为它是傍晚开的。但北京的花儿匠却曾另立了一个名字，就是月下香；我曾经采用在《桃色的云》里，现在还仍旧。后一种不知道底细，只得直译德国名。

1929年11月，匈牙利作家至尔·妙伦的童话《小彼得》由上海春潮书局出版，这本书是由许霞（许广平）翻译，鲁迅校改的。这书中也有植物翻译的问题，鲁迅在《小彼得·译本序》中写道："破雪草也并非我们常见的植物，有是有的，药书上称为'獐耳细辛'（多么烦难的名目呵！），是一种毛茛科的小草，叶上有毛，冬末就开白色或淡红色的小花，来'报告冬天就要收场的好消息'。日本称为'雪割草'，就为此。破雪草又是日本名的意译，我曾用在《桃色的云》上，现在也袭用了，似乎较胜于'獐耳细辛'之古板罢。"

鲁迅除翻译外还和日本友人进行一些关于花木的交流。增田涉在翻译《中国小说史略》时曾向鲁迅征询过关于"待女花"为什么注为兰花的疑问，鲁迅回答他："大概是从女子来种香气就更好的传说而来的花名罢。等待女子之花。看来，兰花也是颇不正经的花。"山本初枝是一位日本歌人，是鲁迅晚年好友，鲁迅书信中就有致山本初枝的信二十四通。信中常常谈到花木：

> 上海已热，蚊虫颇多，经常咬我，现在还在挨咬。身旁内山夫人送给我的杜鹃正在开花。这也许就是所谓的苦中之乐。（1933年6月25日致山本初枝）
>
> 养兰花是颇麻烦的事，我的曾祖栽培过许多兰花，还特地为此盖了三间房子。不过这些房子，全被我卖了，这委实是兰花的不幸。（1933年11月14日致山本初枝）
>
> 棠棣花是中国传去的名词，《诗经》中即已出现。至于那是怎样的花，说法颇多。普通所谓棠棣花，即现在叫作"郁李"的；日本名字不详，总之是像李一样的东西。开花期与花形也跟李一样，花为白色，只是略小而已。果实犹如小樱桃，

孩子们是吃的，但一般不认为是水果。然而也有人说棠棣花就是山吹。（1935年11月7日致山本初枝）

1930年，鲁迅翻译了日本药学家刈米达夫的《药用植物》一书。译文最初发表在周建人在商务印刷馆所负责的《自然界》月刊上。所谓药用植物，是用于防治疾病的植物，这本译著鲁迅并没有作前言或后记，书中按药用植物的种类、科目收录了一百六十多种药用植物，详细阐述了植物的产地、药物成分及作用。从所收数量上来看，比起李时珍著的《本草纲目》来，数量不及十分之一，看来鲁迅翻译此书并没有遇到什么困难。1936年由商务印书馆结集出版，名为《药用植物及其他》。

鲁迅一生热爱花木与大自然，在植物学方面可称得上是一位名副其实的专家，以至于晚年倡导木刻，为中国的美术事业做出过巨大的贡献。他最早介绍外国美术在中国刊物上发表；创办"木刻讲习班"，培养了中国第一代现代版画家；举办多次版画展览；支持和指导十余个美术社团；创办"朝花社"，出版《朝花》周刊、旬刊，编印《艺苑朝花》；引玉拈花，编印出版多种外国美术画册。他与郑振铎合编的《北平笺谱》和《十竹斋笺谱》更是成为中国木刻史上的丰碑。他在《〈无名木刻集〉序》中说："新的木刻是刚健，分明，是新的青年的艺术，是好的大众的艺术。这些作品，当然只不过一点萌芽，然而要有茂林嘉卉，却非先有这萌芽不可。这是极值得记念的。"花木之事，从萌芽到成为茂林嘉卉是地球生命的意义，鲁迅为我们留下了宝贵的财富。

我的言论有时是枭鸣，报告着不大吉利的事。

动物事

> 他有个绰号,就叫作『猫头鹰』。

人与动物,本都是地球上相互依存的生物,何况人类也是灵长类动物中的一员。鲁迅的青少年时期,常与动物为伴,他早年求学时,曾经读过博物学,对动植物学有很深的钻研,了解很多关于动物的种类和习性。鲁迅早在日本1907年作《人之历史》一文中就推崇达尔文进化论的思想,将西哲们的动物种族发生学的研究成果介绍给国人。在《论"赴难"和"逃难"》一文中,鲁迅强烈抨击中国的教育:"施以狮虎式的教育,他们就能用爪牙,施以牛羊式的教育,他们到万分危急时还会用一对可怜的角。然而我们所施的是什么式的教育呢,连小小的角也不能有,则大难临头,惟有兔子似的逃跑而已。自然,就是逃也不见得安稳,谁都说不出那里是安稳之处来,因为到处繁殖了猎狗,诗曰:'趯趯毚兔,遇犬获之',此之谓也。然则三十六计,固仍以'走'为上计耳。"以动物作比喻是最恰当不过的了。在鲁迅的笔下,描写过许多动物,又常常把它们拟人化。透过人与动物的关系,阐释人类世界的光明与黑暗,善良与丑恶。

《山海经》

鲁迅七岁时随周玉田在家塾读书,他喜欢的是带图画的书,动物植物的书有陆玑的《毛诗草木鸟兽虫鱼疏》《花镜》等。周玉田对他讲:"曾经有过一部绘图的《山海经》,画着人面的兽,九头的蛇,三脚的鸟,生着翅膀的人,没有头而以两乳当作眼睛的怪物……可惜现在不知道放在那里了。"鲁迅听后念念不忘,总想得到这本书。有一天,他的保姆长妈妈给他带了一包书,说:"哥儿,有画儿的'三哼经',我给你买来了!"鲁迅惊喜万分:"我似乎遇着了一个霹雳,全体都震悚起来;赶紧去接过来,打开纸包,是四本小小的书,略略一翻,人面的兽,九头的……果然都在内。""这四本书,乃是我最初得到,最为心爱的宝书。"鲁迅形容这套最初得到的版本"是一部刻印都十分粗拙的本子。纸张很黄;图像也很坏,甚至于几乎全用直线凑合,连动物的眼睛也都是长方形的。但那是我最为心爱的宝书,看起来,确是人面的兽;九头的蛇;一脚的牛;袋子似的帝江;没有头而'以乳为目,以脐为口',还要'执干戚而舞'的刑天。"1918年,鲁迅作《吕超墓出土吴郡郑蔓镜考》,文中引用了《山海经·海外北经》中禺䝞的故事:"禺䝞者,《山海经》云:'北方禺䝞,人面鸟身。'郭注:'字玄冥,水神也。'竟之为物,仪形曜灵,月为水精,故刻禺䝞。禺字上有羡画,他竟或讹成万萬。"由此可见,鲁迅对《山海经》曾有过深入的解读和勘正。1925，鲁迅在《春末闲谈》一文中以《山海经》上的一幅画"刑天"举例："古人毕竟聪明，仿佛早就想到过这样的东西，《山海经》上就记载着一种名叫'刑天'的怪物。他没有了能想的头，却还活着，'以乳为目，以脐为口'，——这一点想得很周到，否则他怎么看，怎么吃呢，——实在是很值得奉为师法的。"并引用陶潜的诗："刑天舞干戚，猛志固常在。""可见无头也会仍有猛志，阔人的天下一时总怕难得太平的了。"

"怪哉"

鲁迅十二岁时开始到绍兴城内最有名的三味书屋读书，他除课上读"四书五经"外，读了大量课外书。有一次他听到一个东方朔的故事，说东方朔认识一种虫，名字叫"怪哉"，是忧愁的化身，用酒一浇就融化了。鲁迅于是有了疑惑，问保姆阿长，当然答案是不知道。于是他就请教塾师寿镜吾先生，得到的回答仍然是"不知道"，而且脸上还有了怒色。因为老师认为，学生只要读书，别的事情是不应该问的。"怪哉"是中国古代神话传说中一种昆虫的名字，故事出自《殷芸小说》："汉武帝幸甘泉宫，驰道中有虫，赤色，头目牙齿耳鼻尽具，观者莫识。帝乃使东方朔视之。还对曰：'此虫名怪哉。昔时拘系无辜，众庶愁怨，咸仰首叹曰："怪哉！怪哉！"盖感动上天，愤所生也，故名怪哉。此地必秦之狱处。'即按地图，信如其言。上又曰：'何以去虫？'朔曰：'凡忧者，得酒而解。以酒灌之当消。'于是使人取虫置酒下，须臾糜散。""怪哉"到底是什么样的昆虫，神话传说有怎样的依据，至今谁也说不清楚，的确是怪哉。

"独角兽"

旧时的蒙学，最初是教学生识字，基础的识字是从认识动物、植物和生活中的物品开始的，其中的动物常常是古代神话传说中的神兽。私塾中"对课"是一种学习的基本训练，也就是对对子。一般由易到难，由塾师出题，出对一字、二字至五字、七字不等。三味书屋就有这样的塾规，每天晚上"对课"完毕后才能放学。鲁迅因为好读书，对这种训练得心应手。鲁迅有一个姓高的同学，又笨又懒，还经常偷看寿先生的课题，告诉鲁迅要为他代笔。有一次，他偷看的课题是"独角兽"，鲁迅告诉他要对"四眼狗"。对课时，寿先生果然出了这个题，同学们有的对"两头蛇"，有的对"九头鸟"，鲁迅对的是"比目鱼"。寿先生说："'独'不是数字，且有'单'的意思，'比'也不是数字，且有'双'的意思，可见用心之苦。"对鲁迅大加赞赏。那姓高的同学果然回答"四眼狗"，寿先生很生气，因为他正戴着一副老花眼镜。他怒冲冲地责问道："'独角兽'是麒麟，'比目鱼'是箬鲽，都是实在的物体，'四眼狗'是什么东西？这是刻薄的骂戴眼镜的人，真是不长进！"同学们都哈哈大笑起来。

"猹"

《故乡》是鲁迅著名的小说，曾选入中学语文课本，在日本的教科书中，也有这一篇。其中写鲁迅十多岁时的小朋友闰土，与少年鲁迅一起玩耍，闰土是农民家的孩子，"紫色的圆脸，头戴一顶小毡帽，颈上套一个明晃晃的银项圈"。他有捉鸟的本领,冬天时,"我们沙地上,下了雪,我扫出一块空地来,用短棒支起一个大竹匾,撒下秕谷,看鸟雀来吃时,我远远地将缚在棒上的绳子只一拉,那鸟雀就罩在竹匾下了。什么都有:稻鸡,角鸡,鹁鸪,蓝背……"夏天时,他和他爹管理地里的西瓜,"管的是獾猪,刺猬,猹。月亮地下,你听,啦啦的响了,猹在咬瓜了。你便捏了胡叉,轻轻地走去……"这个"猹"是个什么动物呢?1928年舒新城任《辞海》主编,因以前的词典中从未见过这个字,所以就询问鲁迅"猹"是什么动物。鲁迅在致舒新城的信中说:"'猹'字是我据乡下人所说的声音,生造出来的,读如'查'。但我自己也不知道究竟是怎样的动物,因为这乃是闰土所说,别人不知其详。现在想起来,也许是獾罢。"1936年版《辞海》最终还是没有收录这个"猹"字,中华人民共和国成立后的各种字典才都收录了这个字,而注释为:"野兽,像獾,喜欢吃瓜",这根本就是从鲁迅的小说中拿来的。新的《现代汉语字典》似乎对"猹"有了明确的指向:"猹,毛一般灰色,腹部和四肢黑色,头部有三条白色纵纹。趾端有长而锐利的爪,善于掘土,穴居在山野,昼伏夜出。"鲁迅小说中已经把獾猪、刺猬和猹并列,那肯定不是獾猪,从特征上看应属于狗獾。但这个字,是鲁迅的创造,符合汉字形声字的造字法则。

隐鼠

老鼠在绍兴被称为"隐鼠"。鲁迅童年时候的床上就贴着一张"老鼠成亲"的花纸,"自新郎新妇以至傧相,宾客,执事,没有一个不是尖腮细腿,像煞读书人的,但穿的都是红衫绿裤"。鲁迅对它充满了喜爱。有时晚上不肯轻易便睡,"等着它们的仪仗从床下出来的夜。然而仍然只看见几个光着身子的隐鼠在地面游行,不像正在办着喜事"。有一回,他发现一条蛇把一只隐鼠咬伤,就把它养在一只纸盒里。第二天,隐鼠竟活了下来,也不逃走,时时跑到人前,还顺着腿往上爬。鲁迅把它放在饭桌上,喂它些菜渣;又放在书桌上,它还舐吃了些墨汁,这使鲁迅非常惊喜。这只小隐鼠养了一两个月。忽然有一天,小隐鼠不见了,使鲁迅感到若有所失的寂寞。终于,保姆长妈妈告诉他,隐鼠是昨天晚上被猫吃去了。鲁迅很愤怒,决定为隐鼠报仇。他见到猫就追赶、袭击,用石块打,或诱进空屋子里,打得猫垂头丧气。以至于猫一见到鲁迅就跑。过了大半年,鲁迅才知道那隐鼠并不是被猫吃掉了,而是它要爬到长妈妈的腿上,被她一脚踩死了。鲁迅于是改称长妈妈作"阿长"。直到有一天,阿长给鲁迅带来了"最为心爱的宝书"《山海经》,鲁迅才对阿长产生新的敬意:"别人不肯做,或不能做的事,她却能够做成功。她确有伟大的神力。谋害隐鼠的怨恨,从此完全消灭了。"看来,爱是可以消除恨的。

猫

鲁迅对猫的仇恨来自童年时谋杀了他喜爱的隐鼠的嫌疑,然而鲁迅还总结了两条仇猫的理由:一是猫的性情与别的猛兽不同,捕食雀鼠后尽情玩弄后才吃下去,颇与人们的幸灾乐祸、折磨弱者相同;二是虽与狮虎同族,但有一副媚态。鲁迅童年时,在一个夏夜,祖母摇着芭蕉扇,在院中的桂树下给他讲过一个猫的故事:"你知道么?猫是老虎的先生。"她说,"小孩子怎么会知道呢,猫是老虎的师父。老虎本来是什么也不会的,就投到猫的门下来。猫就教给它扑的方法,捉的方法,吃的方法,像自己的捉老鼠一样。这些教完了;老虎想,本领都学到了,谁也比不过它了,只有老师的猫还比自己强,要是杀掉猫,自己便是最强的脚色了。它打定主意,就上前去扑猫。猫是早知道它的来意的,一跳,便上了树,老虎却只能眼睁睁地在树下蹲着。它还没有将一切本领传授完,还没有教给它上树。"鲁迅想:"这是侥幸的,我想,幸而老虎很性急,否则从桂树上就会爬下一匹老虎来。"虽然后来证实了猫并没有谋杀鲁迅喜爱的隐鼠,但他对猫的感情始终没有融合。鲁迅到北京后继续打猫,因为他住的地方经常有猫在交配时的嚎春,吵得不能看书和睡眠。住在绍兴会馆时,就常有猫来骚扰,鲁迅的日记中就有几处记着这样的事:"夜为猫所扰,不能安睡。"周作人讲:"事实上在那时候大抵大怒而起,拿着一枝竹竿,搬了小茶几,到后檐下放好,他便上去用竹竿痛打,把它们打散,但也不能长治久安,往往过一会儿又回来了。"在八道湾,那矮墙上的大黑猫还残害了家中饲养的小兔子。旧恨新仇叠加,让鲁迅决定使出更辣的辣手:"那黑猫是不能久在矮墙上高视阔步的了,我决定的想,于是又不由的一瞥那藏在书箱里的一瓶青酸钾。"

狗

鲁迅说他生长在农村,爱听狗子叫。"深夜远吠,闻之神怡,古人之所谓'犬声如豹'者就是。倘或偶经生疏的村外,一声狂嗥,巨獒跃出,也给人一种紧张,如临战斗,非常有趣的。"在鲁迅的小说、散文和杂文中,常常有关于狗的描述。《狂人日记》中赵贵翁家的狗是小说中的一个重要角色;《阿Q正传》中尼姑也养着一只肥大的黑狗,差点咬着了阿Q的腿;《伤逝》中子君也养着一只花白的巴儿狗,名字叫作"阿随"。散文诗《好的故事》描写了一段好的风景:"茅屋,狗,塔,村女,云……也都浮动着。大红花一朵朵全被拉长了,这时是泼剌奔迸的红锦带。带织入狗中,狗织入白云中,白云织入村女中……在一瞬间,他们又将退缩了。但斑红花影也已碎散,伸长,就要织进塔,村女,狗,茅屋,云里去。"《狗的驳诘》更像是一篇寓言故事,用人与狗的对话,讽刺了那些势利之徒。

鲁迅对巴儿狗、赖皮狗深恶痛绝。他在著名的《论"费厄泼赖"应该缓行》一文中,用巴儿狗讽刺了那些攀附权贵却打着公理招牌,装作温柔敦厚,自称正人君子的人。他说:"叭儿狗一名哈吧狗,南方却称为西洋狗了,但是,听说倒是中国的特产,在万国赛狗会里常常得到金奖牌,《大不列颠百科全书》的狗照相上,就很有几匹是咱们中国的叭儿狗。这也是一种国光。但是,狗和猫不是仇敌么?它却虽然是狗,又很像猫,折中,公允,调和,平正之状可掬,悠悠然摆出别个无不偏激,惟独自己得了'中庸之道'似的脸来。""它们虽然非常势利,但究竟还有些像狼,带着野性",他主张对这种"落水狗"必须痛打,否则就会被狗咬了。表达了他的彻底革命的精神。鲁迅在《半夏小集》中写道:"假使我的血肉该喂动物,我情愿喂狮虎鹰隼,却一点也不给癞皮狗们吃。"

猫头鹰

猫头鹰，又称为"枭"，在民间常以不吉之鸟来象征厄运。在西方神话中，却被认为是智慧的象征。科学证实，猫头鹰确是一种益鸟。鲁迅留过洋，大约知道这种观点，对猫头鹰情有独钟。他在浙江杭州两级师范学堂教书时的一个笔记本现藏国家图书馆，在封面上，画着一只猫头鹰，这是现在保存的鲁迅最早的绘画。这只猫头鹰双眼圆睁，双耳直立，用笔简洁，极富装饰效果。1927年鲁迅在出版杂文集《坟》时，自己设计了一幅猫头鹰图案，放在书的扉页上。这只猫头鹰头部侧歪，一眼圆睁，一眼紧闭。在鲁迅的文章中，也有多次描写到猫头鹰。1924年他在一首《我的失恋》中有几句："爱人赠我百蝶巾；回她什么：猫头鹰。""爱人赠我双燕图；回她什么：冰糖葫芦。""爱人赠我金表索；回她什么：发汗药。""爱人赠我玫瑰花；回她什么：赤练蛇。"许寿裳说，诗中冰糖葫芦是鲁迅爱吃的，发汗药是鲁迅常用的，赤练蛇是鲁迅爱看的，"猫头鹰本是他自己所钟爱的"。鲁迅还以猫头鹰自喻："我有时决不想在言论界求得胜利，因为我的言论有时是枭鸣，报告着不大吉利的事，我的言中，是大家会有不幸的。"沈尹默曾回忆，在北京时，鲁迅有个绰号就叫作"猫头鹰"，因为他在大庭广众中，有时会凝然冷坐，不言不笑，衣冠又一向不甚修饰，毛发蓬蓬然，因此有人给他起了这个绰号。

蛇

鲁迅生于1881年，农历是辛巳，生肖为蛇。童年时就知道古代神话中有"九头的蛇"。夏夜乘凉时，鲁迅的保姆长妈妈常给他讲一些民间的传说，有一次长妈妈给鲁迅讲了一个美女蛇故事："先前，有一个读书人住在古庙里用功，晚间，在院子里纳凉的时候，突然听到有人在叫他。答应着，四面看时，却见一个美女的脸露在墙头上，向他一笑，隐去了。他很高兴，但竟给那走来夜谈的老和尚识破了机关。说他脸上有些妖气，一定遇见'美女蛇'了；这是人首蛇身的怪物，能唤人名，倘一答应，夜间便要来吃这人的肉的。他自然吓得要死，而那老和尚却道无妨，给他一个小盒子，说只要放在枕边，便可高枕而卧。他虽然照样办，却总是睡不着，——当然睡不着的。到半夜，果然来了，沙沙沙！门外像是风雨声。他正抖作一团时，却听得豁的一声，一道金光从枕边飞出，外面便什么声音也没有了，那金光也就飞回来，敛在盒子里。后来呢？后来，老和尚说，这是飞蜈蚣，它能吸蛇的脑髓，美女蛇就被它治死了。结末的教训是：所以倘有陌生的声音叫你的名字，你万不可答应他。"这故事让鲁迅知道了"做人之险"。

白蛇的传说是中国四大民间传说之一，据现有史料考证，其最初形成完整的故事是出自《警世通言》。鲁迅的祖母常给他讲白蛇娘娘的故事："白蛇娘娘就被压在这塔底下。有个叫作许仙的人救了两条蛇，一青一白，后来白蛇便化作女人来报恩，嫁给许仙了；青蛇化作丫鬟，也跟着。一个和尚，法海禅师，得道的禅师，看见许仙脸上有妖气，——凡讨妖怪做老婆的人，脸上就有妖气的,但只有非凡的人才看得出,——便将他藏在金山寺的法座后,白蛇娘娘来寻夫,于是就'水满金山'。"鲁迅说:"我的祖母讲起来还要有趣得多,大约是出于一部弹词叫作《义妖传》里的,但我没有看过这部书,所以也不知道'许仙''法海'究竟是否这样写。总而言之,白蛇娘娘终于中了法海的计策,被装在一个小小的钵盂里了。钵盂埋在地里,上面还造起一座镇压的塔来,这就是雷峰塔。"1924年,杭州的雷峰塔坍塌,坍塌的原因是因为乡下人迷信那塔砖放在自己的家中,凡事都必平安,如意,逢凶化吉,于是这个也挖,那个也挖,挖之久久,便倒了。另有一说是因为塔砖中有人挖出了古人的经卷,于是人们都去挖,挖来挖去便倒了。前一种是迷信心理,后一种是发财心理。鲁迅评道:"这一种奴才式的破坏,结果也只能留下一片瓦砾,与建设无关。""岂但乡下人之于雷峰塔,日日偷挖中华民国的柱石的奴才们,现在正不知有多少!"

鲁迅有个笔名"它音",曾在杂文《沉滓的泛起》使用过。许广平解释:"它,《玉篇》,古文佗字。佗,蛇也。先生肖蛇,故名。"鲁迅在北京住在砖塔胡同时,俞家姐妹常与他玩耍,鲁迅给她们取绰号,一个叫"野猪",另一个叫"野牛",她们把鲁迅叫作"野蛇"。鲁迅在文章中也把毒蛇用作比喻,在《呐喊·自序》中说:"这寂寞又一天一天的长大起来,如大毒蛇,缠住了我的灵魂了。"在《华盖集·杂感》中还说过:"无论爱什么,——饭,异性,国,民族,人类等等,——只有纠缠如毒蛇,执著如怨鬼。"

壁虎

作家章衣萍是鲁迅的小友，曾参加筹办《语丝》并常为之撰稿。1924年后与鲁迅交往甚密。他曾记述鲁迅这样一个故事："壁虎有毒，俗称五毒之一。但，我们的鲁迅先生，却说壁虎无毒。有一天，他对我说：'壁虎确无毒，有毒是人们冤枉它的。'后来，我把这话告诉孙伏园。伏园说：'鲁迅岂但替壁虎辩护而已，他住在绍兴会馆的时候，并且养过壁虎的。据说，将壁虎养在一个小盒里，天天拿东西去喂。'"沈尹默也是鲁迅家的常客，他讲过这样的故事："他住在会馆一个小偏院里，有两三间小屋，书案向着一扇方格糊纸的窗子。有一次，我发现窗纸上，有一个胖而且大的壁虎，很驯熟的样子，见人来了也不逃走，后来才知道这是他喂养着的，每天都要给他稀饭吃。"科学证实，壁虎确实是无毒的，它的食物是以昆虫为主。鲁迅对动植物学都很有研究，这个故事就是个明证。

鸡

鲁迅作《中国小说史略》，搜罗宏富，其中有《汉书·艺文志》中一篇是说鸡的："鸡者，东方之畜也。岁终更始，辨秩东作，万物触户而出，故以鸡祀祭也。"鲁迅认为这篇应是说"礼"的，不知当时为何进入了小说的范畴。不过杀鸡祭祀的礼俗，一直在中国流传下来。鲁迅在《家庭为中国之基本》一文中曾嘲讽过中国"鸡犬升天"的陋俗："'骨肉归于土，命也；若夫魂气，则无不之也，无不之也！'一个人变了鬼，该可以随便一点了罢,而活人仍要烧一所纸房子,请他住进去,阔气的还有打牌桌,鸦片盘。成仙,这变化是很大的,但是刘太太偏舍不得老家,定要运动到'拔宅飞升',连鸡犬都带了上去而后已,好依然的管家务,饲狗,喂鸡。"鲁迅还讲过一个故事:"我们有一个传说。大约二千年之前,有一个刘先生,积了许多苦功,修成神仙,可以和他的夫人一同飞上天去了,然而他的太太不愿意。为什么呢?她舍不得住着的老房子,养着的鸡和狗。刘先生只好去恳求上帝,设法连老房子,鸡,狗和他们俩全都弄到天上去,这才做成了神仙。"(《中国文坛上的鬼魅》)这故事出自东晋葛洪的《神仙传》。

俄国盲诗人爱罗先珂在北京时住在鲁迅家,养了一群小鸡,满院飞跑,把院中铺地锦的嫩叶都啄光了,但好景不长,没几天便死了。死了又买,买了又死,活下来的一只,被爱罗先珂写成了一篇童话《小鸡的悲剧》,写那一只作非分之想的小鸡想得到小鸭的爱,于是学游泳,结果淹死在池塘里。

鲁迅的购书账中,还有《养鸡学》《养鸡全书》。鲁迅在家乡绍兴时,家里就养鸡。绍兴有一种养鸡的器具,叫"狗气杀",那形状是木盘上匝有着栅栏,内盛食料,鸡可以伸进颈子去啄,狗却不能,只能看着气死。民国时的北京人也有养鸡的习惯,一是可以生鸡蛋,二是可以吃鸡肉。鲁迅住西三条时,后院里就养了三只鸡。鲁迅有时透过"老虎尾巴"的后窗看它们争斗。鲁迅的小说《白光》《明天》《故乡》《肥皂》《伤逝》等都有关于养鸡的描写。

《诗经》中有"风雨潇潇,鸡鸣胶胶""风雨如晦,鸡鸣不已",鲁迅诗中就曾用过这个典:"中夜鸡鸣风雨集,起然烟卷觉新凉。"(《秋夜有感》)《哀范君三章》中有"华颠萎寥落,白眼看鸡虫"。并在诗的附记中写道:"昨忽成诗三章,随手写之,而忽将鸡虫做入,真是奇绝妙绝,辟历一声,群小之大狼狈。"在《教授杂咏》中有"鸡汤代猪肉,北新遂掩门"。《亥年残秋偶作》中有"竦听荒鸡偏阒寂,起看星斗正阑干"。

鸡,也是鲁迅喜欢吃的食物。经常有一些朋友在年节时给他送些腌鸡、卤鸡之类。鲁迅的一篇杂文《"音乐"?》的开头这样写道:"夜里睡不着,又计画着明天吃辣子鸡,又怕和前回吃过的那一碟做得不一样,愈加睡不着了。"

猴

鲁迅对猴子的研究可算是行家,当他还是小孩子的时候,祖父就让他读《西游记》,这是他的文学启蒙读物。他的回忆散文《狗·猫·鼠》中讲到一种墨猴:"我听父亲说过的,中国有一种墨猴,只有拇指一般大,全身的毛是漆黑而且发亮的。它睡在笔筒里,一听到磨墨,便跳出来,等着,等到人写完字,套上笔,就舐尽了砚上的余墨,仍旧跳进笔筒里去了。我就极愿意有这样的一个墨猴,可是得不到;问那里有,那里买的呢,谁也不知道。"后来他又学到达尔文的进化论,对猴子演化成人类是确信的。他在《革命时代的文学》中讲述猴的故事:"生物学家告诉我们:'人类和猴子是没有大两样的,人类和猴子是表兄弟。'但为什么人类成了人,猴子终于是猴子呢?这就因为猴子不肯变化——它爱用四只脚走路。也许曾有一个猴子站起来,试用两脚走路的罢,但许多猴子就说:'我们底祖先一向是爬的,不许你站!'咬死了。它们不但不肯站起来,并且不肯讲话,因为它守旧,人类就不然,他终于站起,讲话,结果是他胜利了。"在《文艺与政治的歧途》中又写道:"动物中的猴子,它们自有它们的首领;首领要它们怎样,它们就怎样。在部落里,他们有一个酋长,他们跟着酋长走,酋长的吩咐,就是他们的标准。酋长要他们死,也只好去死。那时没有什么文艺,即使有,也不过赞美上帝(还没有后人所谓God那么玄妙)罢了!"鲁迅的文笔生动而通俗,用讲故事的方式诠释了人类的进化。

螃蟹

金秋九月蟹壳黄,文人墨客往往将那倒霉的螃蟹来开刀,把酒持螯,自以为得意。鲁迅生于浙江绍兴,螃蟹自然是很日常的食品。鲁迅是作小说、杂文的高手,他还写过一篇寓言故事,篇名是《自言自语·螃蟹》:

老螃蟹觉得不安了,觉得全身太硬了。自己知道要蜕壳了。

他跑来跑去的寻。他想寻一个窟穴,躲了身子,将石子堵了穴口,隐隐的蜕壳。他知道外面蜕壳是危险的。身子还软,要被别的螃蟹吃去的。这并非空害怕,他实在亲眼见过。

他慌慌张张的走。

旁边的螃蟹问他说:"老兄,你何以这般慌?"

他说:"我要蜕壳了。"

"就在这里蜕不很好么?我还要帮你呢。""那可太怕人了。"

"你不怕窟穴里的别的东西,却怕我们同种么?"

"我不是怕同种。"

"那还怕什么呢?"

"就怕你要吃掉我。"

鲁迅的寓言告诉人们,吃掉自己的往往是自己的同类。

鲁迅对于吃螃蟹颇有研究,他在杂文《论雷峰塔的倒掉》中讲过一个关于螃蟹的民间传说故事:

> 秋高稻熟时节,吴越间所多的是螃蟹,煮到通红之后,无论取那一只,揭开背壳来,里面就有黄,有膏;倘是雌的,就有石榴子一般鲜红的子。先将这些吃完,即一定露出一个圆锥形的薄膜,再用小刀小心地沿着锥底切下,取出,翻转,使里面向外,只要不破,便变成一个罗汉模样的东西,有头脸,身子,是坐着的,我们那里的小孩子都称他"蟹和尚",就是躲在里面避难的法海。

鲁迅还喜欢在文章中用螃蟹作比喻,小说《肥皂》中的四太太"伏在洗脸台上擦脖子,肥皂的泡沫就如大螃蟹嘴上的水泡一般,高高的堆在两个耳朵后,比起先前用皂荚时候的只有一层极薄的白沫来,那高低真有霄壤之别了"。他写《孤独者》中的魏连殳"螃蟹一般懒散而骄傲地堆在大椅子上,一面唉声叹气,一面皱着眉头吸烟。"鲁迅称第一个吃螃蟹的人是"勇士"。他说:"许多历史的教训,都是用极大的牺牲换来的。譬如吃东西罢,某种是毒物不能吃,我们好像全惯了,很平常了。不过,这一定是以前有多少人吃死了，才知道的。所以我想，第一次吃螃蟹的人是很可佩服的，不是勇士谁敢去吃它呢？螃蟹有人吃，蜘蛛一定也有人吃过，不过不好吃，所以后人不吃了。像这种人我们当极端感谢的。"（《今春的两种感想》）看来第一个吃螃蟹的人多半是中国人。

蜜蜂

蜜蜂在鲁迅的笔下常用作比喻。他在《小杂感》中曾写道："蜜蜂的刺，一用即丧失了它自己的生命；犬儒的刺，一用则苟延了他自己的生命。"鲁迅对蜜蜂的勤劳精神也是很赞赏的，关于读书，鲁迅曾在致颜黎民的信中说："你说专爱看我的书，那也许是我常论时事的缘故。不过只看一个人的著作，结果是不大好的：你就得不到多方面的优点。必须如蜜蜂一样，采过许多花，这才能酿出蜜来，倘若叮在一处，所得就非常有限，枯燥了。"鲁迅的散文中也有关于蜜蜂的诗意的描写："胡蝶乱飞，蜜蜂都唱起春词来了。"（《秋夜》）"蜜蜂是否来采山茶花和梅花的蜜，我可记不真切了。但我的眼前仿佛看见冬花开在雪野中，有许多蜜蜂们忙碌地飞着，也听得他们嗡嗡地闹着。"（《雪》）

1933年，作家张天翼作了一篇短篇小说《蜜蜂》，写一个养蜂场因蜂多花少引起的一场冲突事件。之后，曹聚仁发表《"蜜蜂"》一文，对张天翼小说的一些情节提出了异议。鲁迅为此写了一篇《"蜜蜂"与"蜜"》，文中说："昆虫有助于虫媒花的受精，非徒无害，而且有益，就是极简略的生物学上也都这样说，确是不错的。但这是在常态时候的事。假使蜂多花少，情形可就不同了，蜜蜂为了采粉或者救饥，在一花上，可以有数匹甚至十余匹一涌而入，因为争，将花瓣弄伤，因为饿，将花心咬掉，听说日本的果园，就有遭了这种伤害的。它的到风媒花上去，也还是因为饥饿的缘故。这时酿蜜已成次要，它们是吃花粉去了。"关于蜜蜂与"虫媒花""风媒花"这都是很专业的生物学常识，这与他早年教授生物学的修养是相关的。

蝙蝠

1932年11月，鲁迅回北平探望母亲，曾作过五次演讲，其中一次是在师范大学讲《再论"第三种人"》。梁实秋著文攻击鲁迅说："鲁迅先生最近到北平，做过数次演讲，有一次讲题是'第三种人'。……这一回他举了一个譬喻说，胡适之先生等所倡导的新文学运动，是穿着皮鞋踏入文坛，现在的普罗运动，是赤脚的也要闯入文坛。随后报纸上就有人批评说，鲁迅先生讲演的那天既未穿皮鞋亦未赤脚，而登着一双帆布胶皮鞋，正是'第三种人'。"鲁迅写了一篇《谈蝙蝠》予以回击。文章看似谈论蝙蝠，实际上是对"第三种人"进行了绝妙的嘲讽。文中幽默地写道，人们讨厌夜里出来的动物，是因为"怕他会窥见什么秘密罢"。"蝙蝠虽然也是夜飞的动物，但在中国的名誉却还算好的。这也并非因为他吞食蚊虻，于人们有益，大半倒在他的名目，和'福'字同音。以这么一副尊容而能写入画图，实在就靠着名字起得好。"西方洋人不喜欢蝙蝠的原因，是因为它的"骑墙"，"推源祸始，我想，恐怕是应该归罪于伊索的。他的寓言里，说过鸟兽各开大会，蝙蝠到兽类里去，因为他有翅子，兽类不收，到鸟类里去，又因为他是四足，鸟类不纳，弄得他毫无立场，于是大家就讨厌这作为骑墙的象征的蝙蝠了。"鲁迅看似分析东西方对蝙蝠这种动物的看法，实际上是对非左非右的"骑墙"者进行了辛辣的讽刺，他的丰富的动物知识于此文中可见一斑。

猪

鲁迅丰富的想象力，往往来自他丰富的知识。他曾在《智识即罪恶》中写道："那时我在乡下，很为猪羊不平；心里想，虽然苦，倘也如牛马一样，可以有一件别的用，那就免得专以卖肉见长了。然而猪羊满脸呆气，终生胡涂，实在除了保持现状之外，没有别的法。所以，诚然，智识是要紧的！"

安徽籍作家章衣萍，鲁迅在北京时与他关系很密切。鲁迅曾对章衣萍讲过一件事："在厦门，那里有一种树，叫相思树，是到处生长着的。有一天，我看见一只猪，在啖相思树的叶子。我觉得：相思树的叶子是不该给猪啖的，于是便和猪决斗。恰好这时候，一个同事的教员来了。他笑着，问：'哈哈，你怎么同猪决斗起来了？'我答：'老兄，这话不便告诉你。'"鲁迅最有名的事情是痛打落水狗，他住厦门时正与许广平两地相思，当然要与咬吃相思树叶子的猪来决斗了。

鲁迅在《一点比喻》中写到猪。有些所谓正人君子说："羊总是羊，不成了一长串顺从地走，还有什么别的法子呢？君不见夫猪乎？拖延着，逃着，喊着，奔突着，终于也还是被捉到非去不可的地方去，那些暴动，不过是空费力气而已矣。"鲁迅分析道："这是说：虽死也应该如羊，使天下太平，彼此省力。"他赞赏野猪："它以两个牙，使老猎人也不免于退避。这牙，只要猪脱出了牧豕奴所造的猪圈，走入山野，不久就会长出来。"他讲述叔本华杂文中的一个比喻——豪猪之间为了取暖要靠在一起，但身上的刺痛又使他们分开，所以他们保持一种合适的距离，叫作绅士的所谓"上流的风习"。如果身上没有刺，就会像庶人一样受伤。

胡羊

胡羊本是北方胡地所产的一种羊，浙江太湖一带产的羊称为湖羊，湖洲盛产的羊毫毛笔，就是用湖羊毛制成的。绍兴则把这种羊称为绵羊，尾巴短而圆，摆动时很灵巧可爱。鲁迅文章中所写"胡羊"，应该就是浙江的湖羊，从文字上说是通假的用法。鲁迅年幼时大人们给他起了个绰号叫"胡羊尾巴"。"胡羊尾巴"是绍兴的方言，鲁迅年幼时个子矮小灵活，穿着红棉袄，拿着和尚木匠给他做的大关刀跑来跑去，像胡羊的尾巴一样可爱，因此得了这样一个绰号。鲁迅的曾祖母通称"九太太"，平常她总坐在房门口的太师椅上。有时鲁迅便与她开玩笑，假装在她面前跌跟头倒在地上。老太太看见后就关心地对他说："阿宝呀，阿宝，衣裳弄脏了呀。"这时鲁迅就赶快从地上爬起来，可是过一会又假装跌倒，仍然等着老太太说那两句话。看来鲁迅的曾祖母对这个曾孙还是非常喜爱的，鲁迅的幼年也是非常调皮的，鲁迅后来的幽默诙谐、爱开玩笑是从小就形成的。

鲁迅在杂文《一点比喻》中曾以胡羊的习性作比喻："在我的故乡不大通行吃羊肉，阖城里，每天大约不过杀几匹山羊。北京真是人海，情形可大不相同了，单是羊肉铺就触目皆是。雪白的群羊也常常满街走，但都是胡羊，在我们那里称绵羊的。山羊很少见，听说这在北京却颇名贵了，因为比胡羊聪明，能够率领羊群，悉依它的进止，所以畜牧家虽然偶而养几匹，却只用作胡羊们的领导，并不杀掉它。"鲁迅把这领头羊脖子上挂的小铃铎称为"智识阶级的徽章"。他讽刺了袁世凯等文武领头人"除了残虐百姓之外，还加上轻视学问，荒废教育"，而感慨于百姓，特别是青年的盲目。

万牲园

鲁迅以大部分精力从事文学创作和翻译，但他一直对动物有浓厚的兴趣。万牲园就是今天的北京动物园，建于清光绪三十二年（1906），由两江总督兼南洋大臣端方受民政部尚书徐世昌委托，将在德国购买的一批野兽和禽鸟转运北京，由农工商部奏准，建立"农事试验场"，故这座农事试验场又有"万牲园"之称。园址在清三贝子花园，所以又称"三贝子园"。万牲园于清光绪三十三年（1907）开园，命名为"北京公园"，在当时是北京唯一开放的公园。万牲园先后雇用两个两米多高的"长人"在门口检票，成为一景。鲁迅在1926年7月3日作的《马上支日记》中写道："晚饭后在院子里乘凉，忽而记起万牲园，因此说：那地方在夏天倒也很可看，可惜现在进不去了。田妈就谈到那管门的两个长人，说最长的一个是她的邻居，现在已经被美国人雇去，往美国了，薪水每月有一千元。"

鲁迅从南京到北京后两星期就游览了万牲园，大概是出于对珍禽异兽的好奇。1912年5月19日，鲁迅日记载："与恂士、季市游万牲园。"1916年9月17日，"同三弟游万牲园。"1919年10月19日，"上午同重君、二弟、二弟妇及丰、谧、蒙乘马车同游农事试验场，至下午归，并顺道视八道弯宅"。1920年4月25日，"午后同母亲、二弟及丰游三贝子园"。万牲园的珍奇异兽确有吸引人的新奇，鲁迅带他的全家都游览过。

动物译名

鲁迅一生翻译了14个国家近百位作家的作品，可称得上是一位名副其实的翻译家。鲁迅译著中的儿童文学作品中，动植物名称很多，他本身具有丰富的动植物知识，对待翻译工作又十分的严谨，在翻译过程中参考各种工具书，以达到准确无误。他在翻译荷兰作家望·蔼覃的《小约翰》时写过一篇《动植物译名小记》，对其中的动物译名翻译过程进行了记录，如："约翰看见一个蓝色的水蜻蜓（Libelle）时，想道：'这是一个蛾儿罢。'蛾儿原文是Feuerschmetterling，意云火胡蝶。中国名无可查考，但恐非胡蝶；我初疑是红蜻蜓，而上文明明云蓝色，则又不然。现在姑且译作蛾儿，以待识者指教。"关于禽鸟类的举几例：

> Pirol。日本人说中国叫"剖苇"，他们叫"苇切"。形似莺，腹白，尾长，夏天居苇丛中，善鸣噪。我现在译作鹪鹩，不知对否。

Meise。身子很小，嘴小而尖，善鸣。头和翅子是黑的，两颊却白，所以中国称为白颊鸟。我幼小居故乡时，听得农人叫它"张飞鸟"。

Amsel。背苍灰色，胸腹灰青，有黑斑；性机敏，善于飞翔。日本的《辞林》以为即中国的白头鸟。

Rohrdrossel und Drossel。无从考查，只得姑且直译为苇雀和嗌雀。但小说用字，没有科学上那么缜密，也许两者还是同一的东西。

红膝鸟（Rotkehlchen）是译意的。这鸟也属于燕雀类，嘴阔而尖，腹白，头和背赤褐色，鸣声可爱。中国叫作知更雀。

鲁迅译文中涉及的动物译名还有很多。这给他的翻译带来了很多困难。他先用日本辞书查出日本名，再从《辞林》中查中国字，实在查不出的，就让在中华书局工作的三弟周建人帮助查考较详细的辞典。鲁迅感叹："我们和自然一向太疏远了，即使查出了见于书上的名，也不知道实物是怎样。"。

鲁迅笔下涉及的动物还有很多，不但有神话传说中的神兽，还有农事中的猪马牛羊、飞禽走兽，说明了他知识的广博，因此他驾驭文字能够旁征博引，异于常人。在现代文学作家中，很少能有鲁迅般的广博。

鲁迅日记一则：夜补绘《於越三不朽图》缺页三枚。

美术事

扶植刚健质朴的文艺。

鲁迅以他前卫的小说、犀利的杂文闻名于世,而他的翻译、国学、美术、书法等方面的成就却不大为人所知。翻开中国美术史,鲁迅是绕不过去的话题,鲁迅一生的文学成就,对新文化事业的贡献,应该离不开他的美术修养,以及所形成的艺术鉴赏力。这也是一代文学大师必备的条件。鲁迅文字的面孔,所表现的美的与丑的,外在的与灵魂的,彩色的与黑白的,写实的与写意的,无不与他的美术修养有关。这是鲁迅与一般作家的不同之处。享年仅56岁的鲁迅,生命付出最多的,除了创作和翻译之外便是在美术活动上。童年的鲁迅最喜爱的是图画书,甚至大量影写书中的插图。青年鲁迅购买美术画谱及带有插图的书籍如醉如痴。成年的鲁迅更以收藏画谱、碑帖及汉画像拓片为乐趣。鲁迅的最后10年,几乎都在编辑出版美术书刊,并全力引进和介绍外国美术。尤其是对中国新兴木刻的倡导不遗余力，培养了大批木刻青年。鲁迅在美术书籍的购买和阅读上，遍及古今中外。现存鲁迅所收藏的中国现代版画有2000多幅，鲁迅收藏的外国版画，其中包括德国、苏联、日本、比利时等16个国家280多位版画家的2000多幅版画原作。鲁迅的一生还撰写、翻译了大量关于美术的文章。这些都是鲁迅留给世人的宝贵艺术遗产。可以说，鲁迅是世界美术史上的一位通人。

童年始爱美术

今天的图书出版，几乎是无图不成书的时代。鲁迅出生在清末，那时的出版并不发达，大量的经史子集是很少有插图的。带插图的书少之又少。鲁迅的童年时代的教育，以"四书五经"为主要教材，有图的书基本上都是课外读物。热爱美术是鲁迅的天性，从小他就喜欢搜罗带插画的书来读，如《花镜》《点石斋丛画》《诗画舫》《尔雅音图》《毛诗品物图考》等许多图画书，他更是把《山海经》称为"最为心爱的宝书"。他不但爱看，还喜欢画。鲁迅小时候画过许多漫画放在小床的垫被下面。鲁迅七八岁时，邻居沈家有个小男孩名叫八斤，年龄比鲁迅大三四岁，家境比较清苦，衣服常不整齐，夏天时常赤身露体，手里拿着一支自制的竹枪，跳进跳出地挥舞，嘴里还嚷着："戳伊杀，戳伊杀！"意思是杀了你。虽然八斤倒不一定是直接威吓鲁迅，但这也是一种示威，鲁迅是绝不能忍受的。鲁迅的家教是禁止和别人家的孩子打架的，于是他就用画画来抒发心中的反抗。有一天，他画的画被伯宜公发现了，翻开一看，好几张画中有一幅画着一个人躺倒在地上，胸口上插着一支箭，上面还有题字"射死八斤",于是把鲁迅叫去,笑嘻嘻地责问了一番。可见鲁迅从小性格中就带有反抗和倔强,对攻击他的人绝不轻易饶恕。

宋元时起,小说中有了大量的古代版画插图,以增加读者阅读的趣味,也被称为绣像,意即绣在书中的图像,原指用丝线刺绣的佛像或人像,后来是指古代用木版雕印的插图。明清时期,小说及戏曲等书内的"绣像",更为发达起来。鲁迅曾作过一篇《连环图画琐谈》列举了绣像的历史:"古人'左图右史',现在只剩下一句话,看不见真相了,宋元小说,有的是每页上图下说,却至今还有存留,就是所谓'出相';明清以来,有卷头只画书中人物的,称为'绣像'。有画每回故事的,称为'全图'。那目的,大概是在诱引未读者的购读,增加阅读者的兴趣和理解。""但民间另有一种《智灯难字》或《日用杂字》,是一字一像,两相对照,虽可看图,主意却在帮助识字的东西,略加变通,便是现在的《看图识字》。文字较多的是《圣谕像解》《二十四孝图》等,都是借图画以启蒙,又因中国文字太难,只得用图画来济文字之穷的产物。"

鲁迅在三味书屋读书的时候,寿镜吾先生在课堂上读书入神,鲁迅就在下面画画。他用的是一种"荆川纸",大约一文钱一张,他把纸蒙在《荡寇志》和《西游记》小说的绣像上,把一个个画影写下来,又装订成一大册。不久,他因要用钱,以二百文卖给了一个有钱的同窗。从鲁迅留下的手绘画来看,他的线条功夫十分了得,那是年轻时打下的基础。

版画和小说是鲁迅一生的主要成就,而鲁迅真正接触版画和小说大约是在12岁。1893秋后,祖父因儿子和亲友子弟参加乡试而贿赂主考官,事情泄露,被光绪皇帝谕旨判为"斩监候",俟秋后处决。周家只好变卖家产设法营救,为免株连,送孩子到皇甫庄外婆家避难。鲁迅被寄在大舅父鲁怡堂处。在那里鲁迅被称为"乞食者"而受到很深的刺激。大舅父那里有一部《荡寇志》，是道光年间的木刻原版，开本大，画像生动，像赞用篆隶真草各体分书，十分精美。周作人讲过："鲁迅小时候也随意自画人物，在院子里矮墙上画有尖嘴鸡爪的雷公，荆川纸小册子上也画过'射死八斤'的漫画，这时却真正感到了绘画的兴味，开始来细心影写这些绣象，恰巧邻近杂货店里有一种竹纸可以买到，俗名'明公（蜈蚣）纸'，每张一文制钱，现在想起来，大概是毛边纸的一种，一大张六开吧。鲁迅买了这明公纸来，一张张的描写，像赞的字也都照样写下来，除了一些楷书的曾由表兄延孙帮写过几张，此外全数是由他一个人包办的。这个模写本不记得花了多少时光，总数约有一百页吧，一天画一页恐怕是不大够的。我们可以说，鲁迅在皇甫庄的这个时期，他的精神都用在这件工作上，后来订成一册，带回家去，一二年后因为有同学见了喜欢，鲁迅便出让给他了。"在皇甫庄避难约一年的时间，鲁迅看了许多书，画了许多画。

鲁迅从皇甫庄回来后，对图画书的兴趣越发浓厚，买了许多画谱，买不到的就借来影写下来。买到收藏的画谱有石印的《芥子园画传》四集及《天下名山图咏》《古今名人画谱》《海上名人画稿》《点石斋丛画》《诗画舫》，还有木版的《晚笑堂画传》等。他还从族兄寿颐处以两百文购得木版大本翻刻的《花镜》。后经鲁迅多次批校，分订为三册。还有一本木刻的书，叫作《海仙画谱》，又称《十八描法》，日本小田海仙作。鲁迅兄弟都非常喜欢，于是兄弟三人合出一百五十文购买了下来。这本书后来给了三弟周建人，鲁迅自己又另买了一本收藏，现在还藏于鲁迅博物馆。

周作人在《鲁迅的青年时代》中回忆："这里边最记得清楚的是马镜江的两卷《诗中画》，他描写诗词中的景物，是山水画而带点小人物，描起来要难得多了。但是鲁迅却耐心的全部写完，照样订成两册，那时看过的印象觉得与原本所差无几，只是墨描与印刷的不同罢了。"鲁迅还影写过王冶梅的一册画谱和王磐的《野菜谱》，可惜鲁迅早年的这些成绩都没有保存下来。

少年时期鲁迅搜集和阅读的图画书还有《尔雅音图》《百美图咏》《百将图》《於越先贤象传》《剑侠传》《镜花缘》《儒林外史》《西游记》《三国演义》《封神榜》《聊斋志异》《夜读随录》《绿野仙踪》《天雨花》《义妖传》等。

东京求学关注美术

1902年鲁迅到日本留学。次年1月，与陶成章、许寿裳等二十九名绍兴籍留日学生联名发出《绍兴同乡公函》，其中论及日本美术教育情况，"日本工艺美术各学校中，其髹漆，其雕刻，其锻冶。又若刺绣，若织物，若染色物，皆日新月异，精益求精。而又若造纸（近日新发明用木料造纸），若铜版，若写真，若制皮诸事，无不尽工极巧，日有进步。即磁器为我中国所固有者，今日本且骎骎乎欲驾而上之。其余出物，种种蕃备"。以日本的工艺美术发展为例，感叹中国艺术的停滞不前，呼吁乡人"求智识于宇内，搜学问于世界"，"惊醒我国人之鼾梦，唤起我国人之精神"。此函件执笔者不详，但可以说明，鲁迅从那时起就对美术事业十分关注。

1904年9月，鲁迅入仙台医学专门学校学医。老师藤野先生对鲁迅影响很大。所受功课：骨学、血管学、神经学。在日本学习期间，鲁迅已不用毛笔写字，而改用钢笔或铅笔。现代人初写字就用硬笔，已很少能看到由毛笔改换硬笔的一代人的书写状态。鲁迅当时的医学笔记，现存北京鲁迅博物馆。从鲁迅的医学笔记可以看到他从毛笔转换到墨水笔的书写状态，这是研究书写工具换代的最好资料。工整秀丽的硬笔字，行笔快速而流畅，但仍有毛笔字的影子。鲁迅对硬笔书写的优点是这样说的："据报上说，因为铅笔和墨水笔进口之多，有些地方已在禁用，改用毛笔了……倘若安砚磨墨，展纸舔笔，则即以学生的抄讲义而论，速度恐怕总要比用墨水笔减少三分之一，他只好不抄，或者要教员讲得慢，也就是大家的时间，被白费了三分之一了。所谓'便当'，并不是偷懒，是说在同一时间内，可能由此做成较多的事情。这就是节省时间，也就是使一个人的有限的生命更加有效，而也即等于延长了人的生命。古人说，'非人磨墨墨磨人'，就在悲愤人生之消磨于纸墨中，而是墨水笔之制成，是正可以弥补这缺憾的。"（鲁迅：《准风月谈·禁用和自造》）

鲁迅的医学笔记曾受到其爱师藤野严九郎的大加赞赏，其中的解剖学笔记的画图更是精妙准确。医学解剖图的绘制是很复杂的，鲁迅的绘画功底使他具有很强的造型能力，他的画图轻松流畅而少有修饰，简直可以和印刷品媲美。

鲁迅在仙台居住期间，对日本的浮世绘产生很大兴趣。周作人在《鲁迅的故家》中回忆："……日本旧画谱他也有点喜欢，那时浮世绘出版的风气未开，只有审美书院的几种，价目贵得出奇，他只好找吉川弘文馆旧版新印的书买，主要是自称'画狂老人'的那葛饰北斋的画谱，平均每册五十钱，陆续买了好些，可是顶有名的《北斋漫画》一部十五册，价七元半，也就买不起了。北斋的人物画，在光绪中上海出版的《古今名人画谱》（石印四册）中曾收有几幅，不过署名没有，所以无人知悉，只觉得有点画得奇怪罢了。"葛饰北斋是日本浮世绘名家，他在木刻中又加入了西洋画法，更有现代气息。但因穷学生买不起名贵的原版，鲁迅只买过几册嵩山堂木刻的新印本。

1908年6月，鲁迅在《河南》月刊第五号发表《科学史教篇》。这是我国最早论述西方自然科学发展史的论文。文中介绍了欧洲科学发展史，并以欧洲中世纪科学与美艺的关系为例，论述了科学与美术、艺术的关系，以及杰出的思想家、科学家、文学家、画家、音乐家对人类文明的重要作用。认为"盖无间教宗学术美艺文章，均人间曼衍之要旨，定其孰要，今兹未能"。"故科学者，神圣之光，照世界者也，可以遏末流而生感动。"而"人群所当希冀要求者"，还要有文学、美术、音乐等方面的发展。"凡此者，皆所以致人性于全，不使之偏倚，因以见今日之文明者也。"这篇文章可以说是鲁迅第一篇论述关于美术的观点。

1909年鲁迅从日本归国，先在杭州浙江两级师范学堂任生理学、化学教员。编印生理学讲义《人生象敩》及《生理实验术要略》。这些讲义中绘有大量人体器官插图，均为鲁迅亲手绘制，其线条的精准表现了鲁迅强大的描摹能力。有图的教材会使教学产生良好的效果。之后，鲁迅又在绍兴府中学堂任监学，兼教博物学。鲁迅任教期间，经常带学生采集植物标本或拓碑帖。现仍保存在国家图书馆的植物标本册的封面上有鲁迅手绘的古文"鸟"字和一幅猫头鹰的小画。猫头鹰在传统上是一种不祥之鸟，却是鲁迅喜爱的小动物。它在黑暗中却能目光敏锐地捕猎，它象征着黑暗时代的颠覆力量。这两幅小画极富装饰感，猫头鹰的形象用笔简练，神态可爱，常被后人用作书籍装饰。

主管美术教育的公务员

1912年2月，鲁迅到南京教育部工作，成为一名公务员，此时他就开始收藏拓片及画谱类图书，如《於越先贤象传》、《高士传并图》、清张苏盦《百华诗笺谱》、陈老莲《陈章侯人物册》等。同年5月，鲁迅随教育部迁到北京。据许寿裳《亡友鲁迅印象记》回忆：教育总长蔡元培当时主张"以美育代宗教"，"鲁迅深知其原意；蔡先生也知道鲁迅研究美学和美育富有心得，所以请他担任社会教育司第一科科长，主管图书馆、博物馆、美术馆事宜"。鲁迅是推行蔡元培美育教育的忠实践行者。他在教育部担任美育宣传和教育的工作，除了撰写有关美术教育的文章，还到教育部举办的夏期讲演会演说《美术略论》。从鲁迅日记中记载的听众人数看，一共有数十人，可见当时国人对美术的冷淡。鲁迅演讲的讲稿今已佚。许寿裳回忆说：鲁迅的讲演"深入浅出，要言不烦，恰到好处"。"记得鲁迅这篇文章之中，说到刻玉为楮叶，可以乱真，核桃雕文章，可逾千字，巧则巧矣，不得谓之美术。"1912年7月，蔡元培辞职，由次长范源濂代理教育总长。在临时教育会议中作出删除"美育"的决定，鲁迅对此极为愤慨。鲁迅日记载：7月12日，"闻临时政府竟删美育。此种豚犬，可怜可怜！"在删除"美育"的决定公布后，鲁迅依然坚持将美术讲座进行到底。

1913年2月，鲁迅在北京《教育部编纂处月刊》上发表《拟播布美术意见书》。本文分四个部分。第一部分，解释了何为美术，指出了美术的三要素："一曰天物，二曰思理，三曰美化。缘美术必有此三要素，故与他物之界域极严。"第二部分，指出美术的类别："美术云者，即用思理以美化天物之谓。苟合于此，则无间外状若何，咸得谓之美术；如雕塑，绘画，文章，建筑，音乐皆是也。"即通过美术家的思维活动美化的客观事物都称为美术，并介绍了希腊柏拉图的划分法。第三部分，结合中国的实际，指出美术的目的和功用：美术可以表现文化、辅翼道德和救援经济。第四部分，提出播布美术的方法，指出了建设、保护、研究的范围和方法。

在鲁迅所有文章中，论及美术的随感、杂文、序跋有一百多篇，鲁迅致友人和青年美术家的书信中，论及美术书刊的编辑、创作也非常多，其中体现了鲁迅的美术思想。

1913年3月起，鲁迅参加了儿童艺术品展览会筹备工作，展品内容有全国各地小学生的字画作业和他们做的编织、刺绣、玩具及手工艺品等。1914年4月21日，儿童艺术品展览会在教育部礼堂开幕。为筹办1914年莱比锡"万国书业雕刻及其他种专艺赛会"，德国派米和伯向历史博物馆借取展品。展品以墨迹、书籍为主，都比较珍贵，所以鲁迅连夜守护，直到第二天米和伯将展品取走。

美术藏书

据统计，至今保存下来的鲁迅藏书有4000多种14000余册。其中中文线装书946种7579册，中文平装书866种1112册，中文报刊353种2069册（页），西文书778种1182册，日文书995种1889册。据甘智钢《鲁迅日常生活研究》统计，从1912年5月至1936年10月间，鲁迅的总收入为124511.995元，而据鲁迅日记的"书账"，鲁迅购书款总数为12165.524元，约占总收入的1/10。

鲁迅的藏书范围非常广泛，从现存鲁迅的一万多册藏书中，古今中外，经史子集无不涉猎，其中美术藏书的比例是非常大的。鲁迅从童年起对美术书籍的收藏热情在他的生命中就没有中断过，特别是晚年更是大量购买外国美术画册及艺术理论书籍。据鲁迅的日记统计，艺术类图书约600多种，大约占据了全部购书的1/5，很多书由于各种原因散失了。

鲁迅初到北京时，特别注意画谱的收集，1912年仅半年多时间就购进《观无量寿佛经图赞》《李龙眠白描九歌图》《罗两峰鬼趣图》《龚半千画册》《顾恺之画列女传》《释石涛东坡时序诗意》《石涛和尚八大山人山水合册》《石涛山水册》《董香光山水册》《大涤子山水册》《石谷晚年拟古册》等画册，这些画册在现存的鲁迅藏书目录中多已不存。同时他还购买日、德、法、英等文字的关于艺术理论、美术理论等书籍。鲁迅购买此类书籍的目的，一是与他主管美术教育工作有关，二是为了翻译并学习西方先进的美术理念，三是研究中外美术的历史与现状。鲁迅的艺术研究涉及中国古代美术、西方美术及版画艺术。

鲁迅一生酷爱美术。从童年开始，他就致力美术图书的收藏。最早的《花镜》《山海经》等带版画插图的书籍都是鲁迅所爱。鲁迅的美术藏书是一个完整的美术体系。鲁迅大力收藏历代中国美术画册可以分为两个阶段。

第一阶段是从1912年开始的，这时他在教育部任社会教育司第一科科长，主管图书馆、博物馆、美术馆事宜，阅读和收藏美术类书籍与他的工作有很大的关系。还有一个原因，是因为当时他有较好的经济收入，可以应付美术图书的昂贵，满足他热爱收藏美术图书的欲望。从1916年起，鲁迅的收藏重点放在大量收藏碑帖拓片，就很少购买中国画册了，其中的原因一是出国留学期间所见世界各种艺术形式众多，眼界开阔了，二是经济收入所致。例如鲁迅刚到北京的1912年，年末书账中记载，自5月至年末，8个月购书款用了160多元，"然无善本"。感叹"京师视古籍为骨董，唯大力者能致之耳。今人处世不必读书，而我辈复无购书之力，尚复月掷二十余金，收拾破书数册以自怡说，亦可笑叹人也"。从鲁迅购书账看，鲁迅每年都购买大量书籍，书籍的品种广博，而美术类书籍一般都比较贵，因而鲁迅的选书也是极为精到的。但"善本"的价格不是鲁迅所能承受的。鲁迅购书的重点之一是美术书，首先是他出于对美术的爱好与研究有关，还与他在教育部分管的工作有关。1915年鲁迅年末的书账记云：本年购书款"总计四三二.九六三〇十二月卅一日灯下记"。本年鲁迅用于购书的开支较前两年又有大幅增加，主要用于购买大量的金石学著作和搜集大量的金石碑帖，其中重点是汉画像、唐以前的碑帖拓片、六朝造像及少量的秦汉砖、瓦当拓片和古钱币。这个阶段鲁迅的美术藏书由于时事动荡，多次迁徙，现已大部分不存，只有少量现藏北京鲁迅博物馆。

第二阶段是1927年鲁迅到上海定居后，所购美术书大多以国外画册及艺术理论书籍为主，同时又有选择地开始购买中国画册。鲁迅曾将《列女传》《梅谱》《晚笑堂画传》《历代名人画谱》《耕织图题咏》《圆明园图咏》等书寄苏联木刻家亚历克舍夫等，用于文化交流。鲁迅在致苏联木刻家"希仁斯基、亚历克舍夫、波查尔斯基、莫察罗夫、密德罗辛诸同志"的信中介绍了"俄法书籍插图画展览会"在上海展出的情况，并请他们写各自的传略以更多了解苏联版画家。随信寄去附有版画的中国古籍若干册，并介绍说："这些都出于封建时代的中国'画工'之手。此外还有三本以石版翻印的书，这些作品在中国已很少见，而那三本直接用木版印刷的书则更属珍品。我想，若就研究中国中世纪艺术的角度看，这些可能会使你们感到兴趣。"

鲁迅作为中国现代文化的先驱者，他的美术视野是贯穿了中外美术史的，继承和汲取精华，弃除糟粕。1928年以后，鲁迅注重收藏外国版画书籍，开始研究和倡导现代版画，成为中国现代版画史上的先驱。鲁迅喜爱绘画，绘画也滋养着鲁迅，翻阅好的画册在鲁迅来看是一种艺术享受。鲁迅收藏历代中国美术画册范围基本概括了中国美术史。

鲁迅在南京求学期间曾学习德文，在日本留学期间又进修过德文，对于德文，鲁迅可以达到阅读的程度。1912年鲁迅在北京时，就开始收藏德文美术图书。大部分图书购于1927年鲁迅在上海定居之后。鲁迅收藏的外国版画，以德国版画为质量最高，最重视的德国版画家是凯绥·珂勒惠支、卡尔·梅斐尔德、乔治·格罗斯。曾编辑出版《凯绥·珂勒惠支版画选集》《梅斐尔德木刻士敏土之图》，并举办德国版画展，以他收藏的德国版画对木刻讲习班进行现代版画教育。鲁迅通过德国美术书籍，还有荷兰画家凡·高、伦勃朗，英国画家比亚兹莱，法国杜米埃，比利时画家麦绥莱勒，墨西哥画家里维拉等进入鲁迅的美术视野。

鲁迅的日文水平是非常高的，无论是口语、阅读还是书写，都能达到流畅自如的程度。这得益于他在日本的留学生活。他在《因太炎先生而想起的二三事》一文中说："凡留学生一到日本，急于寻求的大抵是新知识。除学习日文，准备进专门的学校之外，就赴会馆，跑书店，往集会，听讲演。"可见中国留学生在日本学习是很刻苦的，鲁迅也不例外。留学日本期间，他就注重收藏画谱，但经济条件所限，不能买到心仪的画册。日本当时是个开放的国度，鲁迅在日本经常逛书店，接触了大量世界美术书籍，打开了美术的视野。鲁迅回国后，大量购买美术书籍，日文美术书籍的购买量是最大的。一部分书购自北京的东亚书店，另一部分购自上海的内山书店，还有一部分是从日本的丸善书店、其中堂、东京堂、鸡声堂等书店邮购的。所购书中美术类占了很大比重。其内容包括日译西洋美术、日译苏俄美术、日本美术、日译中国美术等画册及艺术理论书籍。

鲁迅关注外国美术，是从留学日本时就开始了。日本当时是出版业比较发达的国度，世界著名的各学科领域都有大量的译介，西方美术方面的图书也不例外。鲁迅经常逛书店，开阔了他的视野。在仙台居住期间，他喜欢收藏日本的旧画谱，因那时浮世绘版画较贵，他就买一些旧版新印的书，主要是自称"画狂老人"的葛饰北斋的画谱，平均每册五十钱。1907年夏，鲁迅为提倡文艺和美术，开始筹办文艺杂志《新生》，他买过一本英国出版的《瓦支画集》，插画拟定为英国19世纪画家瓦支的油画，题云《希望》，画作一个诗人，包着眼睛，抱了竖琴，跪在地球上面。《新生》后因种种原因未能出版。

鲁迅回国后一直从日本书店邮购日文版美术画册及艺术理论书籍，并托人从德国、苏联、法国等地购买德、俄、英、法等文版的美术书籍。鲁迅迁居上海后，更是从好友内山完造所办的内山书店购买了大量外文美术图书。鲁迅翻译大量外国美术论著，倡导中国新兴木刻运动，开办木刻讲习班等活动都得益于其美术书籍的收藏。鲁迅收藏的美术图书以德、日、俄文为主，并有英、法及欧美十多个国家出版的书籍。综览鲁迅的外国美术收藏，可知鲁迅的美术视野是世界的，也可以了解他为中国美术做出的巨大贡献的基础。

藏画

鲁迅的遗藏中有一批文人画小品，其中最好的是他在教育部工作时的好友陈师曾的画。陈师曾，名衡恪，字师曾，号槐堂，江西义宁人，著名的书画家，是鲁迅在南京矿路学堂、日本弘文学院读书时的同学、在北京教育部工作时的同事。1909年鲁迅与周作人翻译的《域外小说集》出版，封面书名由陈师曾以篆书书写。1915年鲁迅辑录的《会稽郡故书杂集》，书名也是由陈师曾书写。陈师曾1913年到北京，民国后任教育部编审处编审员并从事美术教育工作，善诗文、书法，尤长于绘画、篆刻。1915年以后历任国立北京高等师范学校国画教师，北京大学中国画导师、国立北京美术专门学校中国画教授。著有《中国绘画史》《中国文人画之研究》《染苍室印存》等。鲁迅与陈师曾友谊颇深，对陈师曾的艺术也非常看重。在教育部他们一起筹办展览会，经常一起吃饭、畅谈，一起逛琉璃厂、小市，买碑帖画帖，经常互赠碑帖及汉画像拓片。鲁迅非常看重陈师曾的绘画,1933年与郑振铎编印的《北平笺谱》中,收陈师曾作"梅花笺""花果笺""山水笺"共24帧。鲁迅在《〈北平笺谱〉序》中介绍:"及中华民国立,义宁陈君师曾曾入北京,初为镌铜者作墨合,镇纸画稿,俾其雕镂;既成拓墨,雅趣盎然。不久复廓其技于笺纸,才华蓬勃,笔简意饶,且又顾及刻工省其奏刀之困,而诗笺乃开一新境。""所作诸笺,其刻印法已在日本木刻专家之上。"周作人曾说陈师曾的画,"在时间他的画是上承吴昌硕,下接齐白石,却比二人似乎要高一等,因为是有书卷气"。在教育部他们一起工作的同事都想得到他的几张画,慢慢"揩他的油",可惜他因为看护老太爷的病时染上了风寒,早早去世了。鲁迅还收藏了十多张陈师曾的山水和花鸟画作。

在鲁迅的藏画中还有翻译家林琴南,乡人包公超、袁甸盦,友人刘立青,同事桂百铸、戴螺舲,亲戚郦荔臣的山水画,还有学生孙福熙的菊花画等,这些画都是鲁迅在教育部工作期间受赠或求赠的作品。

藏印

印章艺术是鲁迅的爱好之一,他的藏书中就有许多印谱。早在1896年前后,鲁迅的叔祖芹侯在上坟的船中为鲁迅刻朱文印章一枚"只有梅花是知己",还有一方白文印"绿杉野屋"。"绿杉野屋"是鲁迅、周作人、周建人三兄弟的斋号。在南京矿路学堂读书时用过"戎马书生"的印章,鲁迅还曾自取别号"戛剑生",并刻章两枚:"文章误我""戛剑生"。这两枚印章只存于文字中，未见印蜕，印章已不存。在日本读书时又用过"存诚去伪"的印章。鲁迅使用和收藏过的印章现存58方，其中原章50枚，8方只有印鉴。北京鲁迅博物馆存原章42方，上海鲁迅纪念馆存原章8方。鲁迅藏印中有友人印"何凝"（朱文篆书）、"萧参"（朱文隶书）、"丰子恺"（白文篆书）、"莽原社"（朱文宋体、行书）各一方。其余均为自用章。

鲁迅遗印中有一枚单字"迅"的印章，据许广平说，这是鲁迅唯一的自刻印章，以鲁迅自书的草书刻成，白文。中国印章艺术中以草书入印的极少，这是鲁迅对传统的一种突破。

鲁迅藏印多为自用印，有名章、藏书章、闲章、鉴赏章等。许多印章都是名家所为，鲁迅的好友陈师曾就是一位篆刻大家。

陈师曾还为鲁迅刻过六方印章，这在鲁迅遗印中是最好的几方，其中有一方就是1916年陈师曾为鲁迅篆刻的白文印章"俟堂"。"俟堂"之名的由来是因当时陈师曾送鲁迅一方石章料，并问刻何字，鲁迅说，你叫槐堂，我就叫俟堂吧。"俟"有等待之意，当时教育部内有长官想挤掉鲁迅，"俟堂"这笔名的意思是说，我就等在这大堂上，任什么都请来吧，颇有轻蔑之意。周作人曾回忆："洪宪发作以前，北京空气恶劣，知识阶级多已预感危险，鲁迅那时自号'俟堂'，本来也就是古人的待死堂的意思，或者要引经传，说出'君子居易以俟命'亦无不可，实在却没有那样曲折，只是说'我等着，任凭什么都请来吧'。"鲁迅还曾以"俟堂"编过一本《俟堂专文杂集》，这书在鲁迅生前没能出版。

鲁迅还有一些印章是通过陈师曾在琉璃厂同古堂刻的。同古堂，位于西琉璃厂路南，1912年由张樾丞创建。同古堂以制作、出售铜墨盒为主业，兼营古董和治印。同古堂刻铜在当时首屈一指，陈师曾、姚华、张大千等名画家，常在同古堂的墨盒上作画，然后由张樾丞刻制，鲁迅与周作人经常在同古堂刻印。鲁迅遗印中"会稽周氏藏本""俟堂石墨"等近十方印都是在同古堂所制。

鲁迅晚年写诗赠友常用的一方印章是西泠印社篆刻家吴德光刻的，印文为篆书"鲁迅"，白文，青田石，顶款刻"德光"二字。鲁迅较喜爱这方印，曾在致郑振铎的信中说："至于印在书上的一方，那是西泠印社中人所刻，比较的好。"之后鲁迅出版的著作版权印花都用的这方印章。

还有两方印是鲁迅非常赞赏的，就是1933年郑振铎请刘淑度女士为鲁迅刻的印。1933年11月11日，鲁迅在致郑振铎的信中写道："名印托刘小姐刻，就够好了。居上海久，眼睛也渐渐市侩化，不辨好坏起来，这里的印人，竟用楷书改成篆体，还说什么汉派浙派，我也就随便刻来应用的。"鲁迅信中的"刘小姐"即刘淑度，著名女篆刻家，山东德州人，后定居北京。师从齐白石。她曾为鲁迅、钱玄同、许寿裳、朱自清、郑振铎、谢冰心等名人制印。经郑振铎推荐，鲁迅嘱其镌刻的白文"鲁迅"和朱文"旅隼"两方印章，深得鲁迅珍视，常在书稿和封面上使用，两方印均为羊脂玉石质。

鲁迅的藏印中有一方金星石印章，是许广平在广州寄给当时在厦门的鲁迅的。1926年12月2日，鲁迅在致许广平信中说："印章很好，其实这大概就是称为'金星石'的，并不是'玻璃'。我已经写信到上海去买印泥，因为旧有的一盒油太多，印在书上是不合适的。"此枚印章是许广平于11月29日连同毛线背心一件一起寄到厦门的，刻印者不详。鲁迅晚年题赠时也常用到这方印章。印章饱含了许广平对鲁迅的爱意。

鲁迅藏印的材质有：寿山石、青田石、羊脂玉、金星石、象牙、牛角、檀木、花梨木、楠木等。从这里也可以看出鲁迅时代刻印的材质也是多种多样的。鲁迅印章的字体有篆书、隶书、楷书、行书、草书，可谓精彩纷呈。可见鲁迅在印章艺术追求方面的多样性与创新性。

鲁迅对印章之学是非常有研究的。1916年时，他曾为同乡篆刻家杜泽卿写过一篇《〈蜕龛印存〉序》。文中论及印章"始于周秦"，乃"执政所持，作信万国"，并谓"铁书之宗汉铜，固非徒以泥古故也"，并赞赏蜕龛之印"用心出手，并追汉制，神与古会，盖粹然艺术之正宗"。

译介美术

1927年，鲁迅翻译了日本板垣鹰穗著的《近代美术史潮论》，此后又翻译了大量外国艺术理论著作和文章，并开始编印外国美术画集。鲁迅的美术译介使中国美术受益匪浅。鲁迅所编印的画册多以版画为主。1928年11月，与柔石、崔真吾、王方仁等青年创办"朝花社"。鲁迅在《南腔北调集·为了忘却的记念》一文中曾回忆：那时柔石"躲在寓里弄文学，也创作，也翻译，我们往来了许多日，说得投合起来了，于是另外约定了几个同意的青年，设立朝花社。目的是在介绍东欧和北欧的文学，输入外国的版画，因为我们都以为应该来扶植一点刚健质朴的文艺"。"朝花社"是鲁迅组织的最早将外国版画介绍到中国来的文艺社团。曾先后出版了《朝花》周刊、《朝花》旬刊和《艺苑朝花》版画丛刊等。1930年"朝花社"因经费不足而停办。

1929年1月，鲁迅编印了第一种画集《近代木刻选集（1）》，后又陆续编印了《蕗谷虹儿画选》《近代木刻选集（2）》《比亚兹莱画选》《新俄画选》《梅斐尔德木刻士敏土之图》《引玉集》《木刻纪程（1）》《凯绥·珂勒惠支版画选集》和《死魂灵一百图》《苏联版画选》等十余种版画选集。以此来推动中国的版画事业。此外，鲁迅与郑振铎共同编辑的《北平笺谱》和《十竹斋笺谱》是中国版画史上的经典之作，其中《北平笺谱》成为"中国木刻史上断代之惟一之丰碑也"。

鲁迅所编的这些画册反映了鲁迅的审美取向。鲁迅在《〈艺苑朝华〉广告》中说，编印这些画册的目的"有时是重提旧时而今日可以利用的遗产，有时是发掘现在中国时行艺术家的在外国的祖坟，有时是引入世界上的灿烂的新作"。

倡导木刻

1931年夏天，内山嘉吉到上海度暑假，住在内山完造的书店里。据内山嘉吉回忆："大约是在八月十二、十三日早晨，为了回答嫂嫂的希望——版画到底是怎样刻制的呢？我就使用刀具和木板当场做了表演。"当时恰好鲁迅看到，提出希望能给中国学生们讲习版画技术，像教孩子们一样，从最初入门的开始。内山嘉吉为鲁迅的"热望所感动"，便接受邀请。鲁迅通过冯雪峰通知"美联"，要为青年美术工作者举办一个"木刻讲习会"，并拟定参加学习班的人员，计"一八艺社"社员6人，"上海美专"、中华艺大的学生各3人，"白鹅画会"的学生1人参加，共13人。"木刻讲习会"的地点设在长春路（北四川路底）面东的一幢三层楼的日语学校里，是由鲁迅向该校校长郑伯奇借用的。

讲习时间从本日起，每日早九时至十一时，至22日结束，共6天。讲授内容"主要是木刻技法方面的知识，如工具的种类和它们的功用，如何打稿和刻印的各种方法"。鲁迅"不顾盛夏炎热的天气，在蒸笼似的屋子里"亲自担任翻译；还"每天提着一包版画书籍和版画图片到讲习会来，给学员们传阅，借以扩大他们的眼界"。其间，鲁迅亲自授课三次：第一讲，日本的浮世绘版画和现代版画；第二讲，英国版画；第三讲，德国女版画家珂勒惠支的《农民战争》铜版组画。讲习班结束后还举办了一次观摩会，展示了学员的作品。"木刻讲习会"结束那天，鲁迅同内山嘉吉和全体学员照相留念。

"木刻讲习会"成了中国新兴木刻运动的发端。到鲁迅去世前，中国一代新兴木刻家始终受到鲁迅的悉心指导，鲁迅也被后人称为"中国现代版画之父"。中国新兴版画由此兴旺发展起来，中国版画艺术在抗日战争、解放战争和中华人民共和国建设中都起到了重要作用。

鲁迅在《〈近代木刻选集〉（1）小引》一文中论述了版画源于中国14世纪初，而欧洲最早的木版印本是在15世纪。文中简要介绍了版画发展史，直至演进到今的"创作底木刻"，而"成了纯正的艺术"。从而倡导这种"不模仿，不复刻，作者捏刀向木，直刻下去"的创作木刻在中国的回归。在《〈近代木刻选集〉（2）小引》中鲁迅又赞美木刻的"有力之美"。批评中国现时流行的装饰画，指出"但这'力之美'大约一时未必能和我们的眼睛相宜。流行的装饰画上，现在已经多是削肩的美人，枯瘦的佛子，解散了的构成派绘画了"。"有精力弥满的作家和观者，才会生出'力'的艺术来。'放笔直干'的图画，恐怕难以生存于颓唐，小巧的社会里的。"

到1936年鲁迅逝世前，鲁迅所从事的倡导新兴版画活动超乎常人的想象——支持和指导青年从事木刻创作，大量收藏他们的作品，资助并帮他们编印出版画册，举办外国版画展览，帮助和支持青年版画家办展，还帮助青年组织了十余个美术社团。

举办展览

1930年起，鲁迅在上海举办过多次外国版画展览，并对青年版画家举办展览提供大力支持，多次著文加以宣传。

1930年10月4日、5日，鲁迅与内山完造一起在狄思威路八一二号"上海购买组合"第一店二楼举办《世界版画展览会》，这是鲁迅第一次举办版画展览。鲁迅从自己收藏的版画中选取了德、苏等国作品70余幅，装上镜框，加上中、英、日三种文字说明，并印了展览目录。展览共举办两天，有400人参观，观众以日本人居多。本次展览会期间，接待了青年版画家陈烟桥和野风画会的版画家。

1931年6月11日，一八艺社习作展览会在上海"每日新闻"楼上展出，本次展览会经鲁迅策划，内山完造帮助，展出该社创作的国画、版画等作品180余幅。鲁迅亲往参观展览，并为作《小引》。文中指出："现在的艺术，总要一面得到蔑视、冷遇，迫害，而一面得到同情，拥护，支持。一八艺社也将逃不出这例子。因为它在这旧社会里，是新的，年青的，前进的。""时代是在不息地进行，现在新的，年青的，没有名的作家的作品站在这里了，以清醒的意识和坚强的努力，在榛莽中露出了日见生长的健壮的新芽。""自然，这，是很幼小的。但是，惟其幼小，所以希望就正在这一面。"

1932年6月4日，德国绘画展览会开幕。本次展览由瀛寰图书公司负责人汉堡嘉夫人和鲁迅联合举办，地点在上海静安寺瀛寰图书公司，展出德国版画原作60余件。此次展览原定1931年12月7日举行，鲁迅还为其写下了《介绍德国作家展览会》，后因有些展品尺寸过大，镜框发生问题，故展览延期举办。

1933年10月，筹办德俄木刻展览会，展出40帧苏联、德国的版画原作。展览场地是借了千爱里四十号空屋。共展出两天。关于本次展览会，许广平、刘岘、陈烟桥等都在回忆录中有记述。展场是两间大房子，中间一张大长方桌，桌上放着日本清水制造的木刻雕刀，还有一些茶具。供大家休息座谈。展览期间鲁迅和青年木刻家们亲切交谈，并带来一些外国画册给大家讲解。

1933年12月，筹办俄法书籍插画展览会，这是鲁迅举办的苏联和法国书籍插图展览会。地点在老靶子路日本基督教青年会。12月2日、3日展出两天。展出作品40幅，其中大部分为苏联版画，少量法国版画。观众有200余人。

1934年第一次全国木刻联合展览会时，得到了鲁迅先生更多的指导与支持。所展出的现代中国木刻200余件，其中约1/3是鲁迅先生从自己所收藏及征集来的作品中选择提供的。从1935年元旦起，展览会在北平、天津、济南、汉口、太原、上海六地展出。

1936年2月20日起，苏联版画展览会在上海举行，为期一周。地点在上海八仙桥青年会。共展出版画200余幅。这次展览是由苏联版画展览会、苏联对外文化协会、中苏文化协会和中国文艺社联合主办的。鲁迅为作《记苏联版画展览会》一篇，文章说，以前对于苏联版画的介绍"都是文章或照相，今年的版画展览会，却将艺术直接陈列在我们眼前了"。文章还介绍了几位苏联版画家，指出："他们在作品里各各表现着真挚的精神，继起者怎样照着导师所指示的道路，却用不同的方法，使我们知道只要内容相同，方法不妨各异，而依傍和模仿，决不能产生真艺术。"并说："现在，二百余幅的作品，是已经灿烂的一同出现于上海了，单就版画而论，使我们看起来，它不像法国木刻的多为纤美，也不像德国木刻的多为豪放；然而它真挚，却非固执，美丽，却非淫艳，愉快，却非狂欢，有力，却非粗暴；但又不是静止的，它令人觉得一种震动——这震动，恰如用坚实的步法，一步一步，踏着坚实的广大的黑土进向建设的路的大队友军的足音。"

1936年7月5日，第二回全国木刻流动展览会在广州首展，展出中国现代版画作品100余件，还有中国古代木刻和民间年画等。全部作品共590件。8月又在绍兴、杭州展出。10月2日在上海展出，展出会场在上海八仙桥青年会，展出现代中国版画作品400余件，共展出一周。鲁迅抱病到场参观指导，并和青年木刻家座谈。在场的青年木刻家有陈烟桥、黄新波、林夫、白危等。此展览在上海展出后，又在南通、南昌、开封、太原、南宁等十几个城市展出。

我们熟悉的一组由沙飞拍下的鲁迅照片《鲁迅在"全国第二回流动木刻展览会"与青年木刻家交谈》，就是在鲁迅去世前10天拍下的。去世前3天，鲁迅还在给青年木刻家曹白写信。美术，伴随了鲁迅一生。

先生本是设计师。

设计事

> 先生本是设计师。

北京鲁迅博物馆曾经办过一个展览——"鲁迅是个设计师"。鲁迅的设计才能来自他的美术天赋及自幼形成的深厚的美术修养。童年时鲁迅就喜欢读带图画的古籍,并影写古书上的插图,喜欢画些手绘画。北京鲁迅旧居的设计改建,就是鲁迅亲自动手设计的,他的设计草图至今保存在博物馆。他曾参与设计中华民国国徽图、北京大学校徽等。作为作家的鲁迅,书籍装帧更是他的强项,以至于中国书籍装帧史上总会有鲁迅一节,他的设计引领了那个时代洋装书的潮流。

鲁迅的手绘画

鲁迅遗存的手稿中,有很多他随手绘制的小画。1909年鲁迅从日本归国，先在杭州浙江两级师范学堂任生理学、化学教员。编印生理学讲义《人生象敩》及《生理实验术要略》。这些讲义中绘有大量人体器官插图，均为鲁迅亲手绘制，其线条的精准表现了鲁迅强大的描摹能力。有图的教材会使教学产生良好的效果。之后，鲁迅又在绍兴府中学堂任监学，兼教博物学。鲁迅任教期间，经常带学生采集植物标本或拓碑帖。现仍保存在国家图书馆的植物标本册的封面上有鲁迅手绘的古文"鸟"字和一幅猫头鹰的小画。猫头鹰在传统上是一种不祥之鸟，却是鲁迅喜爱的小动物。它在黑暗中能目光敏锐地捕猎，它象征着黑暗时代的颠覆力量。这两幅小画极富装饰感，猫头鹰的形象用笔简练，神态可爱，常被后人用作书籍装饰。

1912年，鲁迅在绍兴府中学堂任教时的学生宋琳等在绍兴创办《天觉报》，11月1日《天觉报》创刊号出版，鲁迅致贺电并手绘《如松之盛》图一幅。鲁迅祝词为："敬祝天觉出版自由北京周树人祝"。这是仅见的鲁迅所作的水墨画。

1927年，鲁迅的杂文集《坟》由北京未名社出版。鲁迅画了一幅装饰画，用在书的第一页作为装饰。图画为方形，右上角站立一只睁了一只眼的神态可爱的猫头鹰，画中间是作者名"鲁迅"和书名"坟"，边框为象征性装饰图案。鲁迅在图上作了标注，一是猫头鹰，二象征雨，三是天，四是树，五是月，六是云，七是"1907—1925"。

1927年，鲁迅在《朝花夕拾·后记》中手绘一幅生动的"活无常"。这是据鲁迅小时候看过的社戏中的形象绘制的，身穿哀悼死者的服装，脚穿草鞋，头戴高帽，腰间束着草绳，颈项上挂着纸钱，左手拿着追命锁，右首执一把破葵扇，腿上稀稀拉拉地长着长毛,口中还振振有词地唱道:"哪怕你,铜墙铁壁!"形象惟妙惟肖。画中的活无常造型生动,线条准确,充满浓郁的生活气息。在鲁迅与日本友人增田涉师弟答问录中,也可以看到鲁迅手绘的很多图解说明。鲁迅从事书刊装帧设计中如《桃色的云》《心的探险》等都有大量的手绘图案。为从事书刊封面设计,他还专门临绘过许多德国装饰图案。他的绘画元素有的采用汉画像中的图案,有的采用中国传统图案,还有的采用外国美术设计图案。从鲁迅幼时的美术修养到他后来从事的倡导版画,都能体现鲁迅在绘画上的深厚功底。

设计民国国徽

1912年8月28日鲁迅日记载:"与稻孙、季市同拟国徽告成,以交范总长,一为十二章,一为旗鉴,并简章二,共四图。"这一天,鲁迅与钱稻孙、许寿裳合作设计的国徽图稿上交给当时的教育总长范源濂。并作《致国务院国徽图说明书》一文。这个国徽的创意是由三个人商量之后设计的,由钱稻孙绘制,鲁迅为之撰写了说明。这篇文章连同图徽图刊载于1913年2月北京《教育部编纂处月刊》第一卷第一册。文中论述了国徽的由来和历史,国徽的作用,提出独特的设计思想,"应远据前史,更立新图,确有本柢,庶几有当",并为所设计的国徽图作了详细的说明。十二章,是古代天子冕服制度,出自《尚书》为古代十二种吉祥图案,通常绣在礼服上,包括日、月、星辰、山、龙等。鲁迅参与设计的这枚国徽图在民国的旗帜和钱币上都使用过。在钱币收藏家手上,可以看到这样一枚铸有"中华民国十二年造"字样的硬币，下面铸有国徽图，甚为精美。

设计北大校徽

1917年，时任北京大学校长的蔡元培很赞赏鲁迅的美术功力，请鲁迅为之设计校徽。8月7日，鲁迅将设计完成的校徽图样寄交蔡元培，后即被采用。鲁迅设计的北京大学校徽，是"北大"两个篆字上下排列，其中"北"构成背对背的两个侧立的人像，而"大"构成了一个正面站立的人像。校徽突出"以人为本"的办学理念，并给人以北大人肩负重任的想象。设计古朴简洁、寓意丰富。北大教授刘半农在为《北京大学卅五周年纪念刊》撰写纪念文章时，曾做出他对这枚校徽的理解，"我以为这愁眉苦脸的校徽，正在指示我们应取的态度、应走的路。我们唯有在愁眉苦脸中生活着，唯有在愁眉苦脸中咬紧了牙齿苦干着，在愁眉苦脸中用沉着刚毅的精神挣扎着，然后才可以找到一条光明的出路"。

封面设计大师

鲁迅的书籍装帧是美术界众所周知的，凡有书籍装帧设计的教科书，无不以鲁迅的书籍装帧为例。鲁迅的书籍装帧是以他从小对美术的热爱和多年的美术修养为基础的。在书籍装帧史上，鲁迅也是一面旗帜。

1907年夏天，鲁迅与周作人、许寿裳在日本东京拟办一本杂志《新生》。鲁迅为之付出了不少心血，并选定了封面画——一幅英国19世纪画家瓦支的油画，题目叫作《希望》，画作一个诗人，包着眼睛，抱了竖琴，跪在地球上面。后来因经费问题杂志未能出成。这应是鲁迅从事书籍装帧的开始。

1909年，鲁迅与周作人合译的《域外小说集》第一册在日本东京出版。封面由鲁迅设计，淡绿灰色，上方一长方形图案，是希腊女神抚琴和破开云雾光焰四射的太阳。黑白版画的效果，意境十分优美而富有寓意。封面文字《域外小说集》是由陈师曾用篆书题写。书内印有"周氏兄弟纂译"字样。鲁迅在书中的《略例》一文中说明："装钉均从新式，三面任其本然，不施切削；故虽翻阅数次绝无污染。前后篇首尾，各不相衔，他日能视其邦国古今之别，类聚成书。且纸之四周，皆极广博，故订定时亦不病隘陋。"毛边书是鲁迅借鉴了西方的装帧形式，在中国的洋装书装帧史上乃是首创。鲁迅之后，毛边书在20世纪二三十年代大为流行。《域外小说集》是鲁迅设计的第一个书籍封面。

鲁迅一生与书为伴，他亲自设计的书刊书面、扉页达数十种，而且对书的扉页、题花、插图、版式、开本等方面都非常讲究。鲁迅小说集《呐喊》的封面就是他亲自设计的。封面上端黑色长方框内，嵌以镂空美术字，整版暗红色，显得深沉质朴。

鲁迅杂文集的封面大部分是他自己亲自设计的，并以他自己的书体题写书名。

再看一下鲁迅绘制的几个封面：

《歌谣纪念增刊》，封面画设计成一弯新月挂在夜空，有星星相伴，云彩围绕，右下角是由鲁迅指名沈尹默所题的刊名和日期，左上角写了一首月亮的歌谣。

《心的探险》，是高长虹的诗和散文诗，鲁迅选编并亲自绘制封面，在书后有注云："鲁迅掠取六朝人墓门画像作书面。"封面为青灰色，用棕色绘描群魔在云中跳舞的景象，有的在龙的背上倒立，有的在云端翱翔，灵动多姿，意趣盎然。

《桃色的云》，是俄罗斯作家爱罗先珂作的童话剧，鲁迅翻译，并设计了书的封面。书面为白色，鲁迅采用古代石刻云纹图案，云图是鲜红色的，清新夺目，手绘而成。

《海上述林》，鲁迅好友瞿秋白的译文集，瞿秋白被国民党杀害后，由鲁迅编校并作序出版。为了这本书完美出版，从编辑、校对、设计封面、装帧、题签、拟定广告到买纸、印刷、装订都由鲁迅亲自经办。此书大32开，重磅道林纸精印，其中特制皮脊本100部，金顶，金字；蓝色绒面本400部，蓝顶金字。书出版后，鲁迅自己也很满意，说皮脊本有点古典，天鹅绒面"殊漂亮也"。

鲁迅和青年书籍装帧艺术家陶元庆、钱君匋等保持着非常亲密的关系。鲁迅的小说集《彷徨》的封面就是陶元庆设计的，鲁迅对陶元庆的设计非常赞赏，他说："《彷徨》的书面实在非常有力，看了使人感动。"除此之外，陶元庆还为鲁迅设计过《苦闷的象征》《出了象牙之塔》《工人绥惠略夫》《中国小说史略》《唐宋传奇集》《坟》《朝花夕拾》封面。陶元庆是一位非常有才华的画家，可惜英年早逝。我们现在看到陶元庆设计的封面仍然很前卫，也可见鲁迅的美术眼光十分高明。

1929年，鲁迅开始倡导新兴木刻运动，编印了"艺苑朝花"等十余种版画选集，每种书的设计各不相同，体现了鲁迅对艺画册设计的独特匠心。其中《梅斐尔德木刻士敏土之图》《凯绥·珂勒惠支版画选集》《木刻纪程（1）》采用了中式线装书的形式，打破了传统线装书的设计。尤其以德国《凯绥·珂勒惠支版画选集》设计，选用原拓本影印，8开大本，宣纸精印，以磁青纸做封面，用泥金笺亲笔题签，可谓豪华大气。这本画册被后来的版画学徒们奉为珍宝，至今也是版画学生学习外国版画创作的经典。鲁迅又编辑了苏联版画《引玉集》《死魂灵一百图》等，开本、用纸、装帧都各有不同。

鲁迅认为："书籍的插画，原意是在装饰书籍，增加读者的兴趣的，但那力量，能补助文字之所不及，所以也是一种宣传画。"（《"连环图画"辩护》）鲁迅"力之美"的美术观贯穿于他一生的美术活动中。

我并无大刀,只有一支笔,名曰"金不换"。

书法事

> 曾惊秋肃临天下，
> 敢遣春温上笔端。

鲁迅出生于清光绪七年，农历辛巳年（1881），逝于民国二十五年（1936），享年56岁。终其一生，著述文字300多万字，译著300多万字，还有大量的辑校中国古代典籍、石刻、文字，这一切都是用毛笔完成的。鲁迅无意做书家，并不意以书法家名世，但鲁迅留给后世的近千万字的墨迹，记录了他自己的书写史，是他留给后人的一份宝贵艺术财富。在鲁迅的文字中，虽然少有关于书法的论述，但作为书写工具意义上的毛笔行将消亡的20世纪前半期，鲁迅始终恪守着他的用于战斗的"金不换"毛笔，直到死。"从民国七年三十八岁发表《狂人日记》到民国二十五年留下未完成的《死魂灵》译稿，五十六岁殁于上海，在大约十八年间，鲁迅从未退出过中国文坛的中心位置。"（竹内好：《关于死与生》）鲁迅一生的重要写作活动大都在民国时期，这一时期是整个中国毛笔作为主流书写工具的最后阶段，也是中国书法史上一个重要环节——既是中国古代书法史的自然延续，也是古代书法史向现代书法史演进的一个重要转折点。

从新文化运动以后，始终作为中国文坛领军人物的只有鲁迅。正是由于鲁迅在民国史上的耀眼位置，鲁迅书法自然受到人们的关注。对于鲁迅书法，不免"因人而宝之"，然而怎样看待鲁迅书法，却少有文章从书法史、个性与书法的关联、师承与家派等方面进行全面考察。在当代中国书法研究领域，往往把鲁迅排斥于民国著名书法家之外，实在是有失公允的。鲁迅的书法价值被严重低估。关于鲁迅是否列入民国书法家之席，世人说法不一。

翻开中国书法史，研究者们通过考古发现的成果，以半坡、姜寨等遗址出土的彩陶上所作的符号为依据，把中国书法的产生定位在5000年以上。

翻开中国绘画史，研究者们以新石器时代仰韶文化中出土的彩陶上的绘画为依据，把中国绘画的产生也是定位在5000年以上。

在中国的书法与绘画哪个先产生的问题上真是难分伯仲。但是这个问题并不重要，因为中国自古就有"书画同源"的说法。元代大画家兼书法家赵孟頫曾在一幅画上题诗道："石如飞白木如籀，写竹还应八法通。若也有人能会此，须知书画本来同。"古代陶器上的字符是表意还是表形往往是不易区分的，况且中国的汉字本身就兼具表意与表形的功能。中国传统的绘画和书法之同，是它们都以毛笔与墨来完成，都讲究气韵生动、古法用笔等等。这就是中国独立于世界艺术之林的艺术门类。鲁迅在《门外文谈》中指出："中国的文字的基础是'象形'。"但文字不是书法，书法是用毛笔书写汉字的方法。书法是从汉字的符号创造，发展到甲骨文、金文、大篆、小篆，再由篆到隶书、楷书、草书、行书，经历了很长的历史时期才完成的。书法作为艺术，即将汉字美化的主体意识，也是在相当长的时间才萌生的，从碑帖史料上看，汉代是书法艺术形成的重要时期。之后，随着书法字体的逐渐形成，书法艺术也逐渐深入人心，逐渐发展成为异彩纷呈的一个中国特有的艺术门类。

既然书法是艺术，就需要探讨它与美术之间的关系。民国时期，"美术"一词传入中国，实际上，其内涵就是"艺术"。"美术"一词始见于欧洲17世纪，泛指具有美学意义的建筑、绘画、雕刻、文学、音乐等。近代日本以汉字意译，五四运动前后传入中国，开始广泛应用。

艺术一词来自西方，中国古代没有这个词，只有书法与绘画。西方没有书法，西方的传统艺术只有绘画，所以书法是中国特有的传统艺术。中国的书法是中国的传统艺术之根，中国的绘画也是以书法为基础的。书法从广义讲，是指语言符号的书写法则。当古代先人们有意识地将汉字美化的时候，这种书写法则便成为书写艺术。毛笔作为书法作品完成中不可或缺的工具，在数千年的书法艺术发展过程中起着重要的作用。因此可以说，书法是特指用毛笔书写汉字的艺术。既然鲁迅把美术的范畴定义在广义的美术（即现在所说的艺术），那么书法作为艺术，也理应纳入鲁迅所说的"美术"的范畴。但书法不是"以思理美化天物"，而是以思理美化汉字的艺术。

鲁迅书法形成的来源

一、幼学

人杰地灵的绍兴，稽山镜水之中，从古越国到晚清、民国的2000年中，产生了众多的文化伟人。绍兴的兰亭因书圣王羲之而得书法之乡的盛名，宋代的陆游、明代的徐渭等都是中国的书法名士。清代至民国时期更有赵之谦、俞樾、孙诒让、沈曾植、王国维、章太炎、鲁迅、钱玄同、罗振玉、蔡元培、沈兼士、马一浮等书法家和国学家。这并不是偶然的现象，而是山水浙江这片特有的土地孕育了这么多杰出人物。

鲁迅的书法具有扎实的幼学根底。鲁迅7岁时开始入本宅家塾读书。在塾师的指导下开始学习书法，书法练习是从描红格开始的，这也是鲁迅最初的书法训练。科举时代，书法训练是一个读书人最基本的训练，写得一手好字是考取功名的敲门砖。书法教育自然是官宦读书之家的必修课，鲁迅正是生在这样的家庭。

鲁迅的祖父周福清在鲁迅出生前10年，考中进士，被钦点翰林院庶吉士，后又做江西金溪县知县，升内阁中书，在京城"候补"。鲁迅八岁时，祖父实授内阁中书，做了"京官"。父亲周凤仪也考中秀才，但因祖父科场作弊案发，阻断了升官之路。祖父在鲁迅十六岁时撒手人寰，但对鲁迅的影响是大于父亲的。

清末时，印刷术仍不够发达，不像现在，什么书都能买得到。读书人有许多书买不到或没钱买，于是抄书。抄书一是解决书的保存问题，把喜欢读的书抄下来就是自己的，可以随时读；二是抄书本身就是一种学习方法，可以使记忆更牢固；三是科举考试制度下书法是一门基本功，字写不好也就别参加考试了。所以，学人抄书成为一种习惯。大量地抄书是对鲁迅童年时书法的最好训练，也为他的书法打下了坚实的基础。

从北京鲁迅博物馆藏的鲁迅祖父致鲁迅的信笺手稿（致樟寿诸孙），我们可以看出一个翰林学士的带有欧体和章草味道的书法。出生在书香门第的鲁迅，童年就喜欢抄书。在家里，鲁迅就在他曾祖母卧室的空楼上，南窗下的八仙桌子上抄书。鲁迅的父亲周伯宜自己也不怎么读八股文，孩子放学就任他们去玩，鲁迅对于抄书却是充满了兴趣。他最早抄录过祖父的《恒训》和祖父所作《桐华阁诗钞》，还手抄了塾师周玉田所作《鉴湖竹枝词》一百首、会稽童钰作《二树山人写梅歌》。这些是现在能看到的鲁迅最早的抄本。从中我们能看到鲁迅受祖父书法影响的影子。从其工整端庄的小楷中，可以见到家学和塾师的严格与鲁迅的天赋和认真。

鲁迅12岁时进"绍兴城内最严厉的书塾"——三味书屋。他的业师寿镜吾先生是绍兴城中极方正、质朴、博学的人。鲁迅有一次因迟到受到批评，他便在书桌上用刀刻了一个"早"字。这可看作鲁迅最早的木刻，也即是最早的书法。由文物照片中我们可以看到鲁迅所刻的这个"早"字是用小篆体的。

出生在书香门第的鲁迅，最初的学习就是识字、写字。识字积累到可以读书的程度时就开始进行启蒙读物的学习，《鉴略》、"四书"、"五经"是启蒙的必读书。鲁迅先后读完了"四书""五经"，后又读了《尔雅》《周礼》《仪礼》等。鲁迅在三味书屋读了大量古代典籍，鲁迅曾说他"几乎读过十三经"。除此之外还阅读了很多小说、野史、杂说。抄书，也是塾中基本训练之一。那时的习字是学生必修的课程，因为字写得好坏直接关系到一个读书人的前程。很显然，鲁迅的书法在这所私塾里得到了相当的长进。学习书法仍是私塾中的基本课程，由于当时书法是科举考试制度的基本要求，从而使学人抄书成为习惯。抄书，也是塾中基本训练之一。他的业师寿镜吾先生就常常手抄汉魏六朝古文，而鲁迅也喜欢阅读这些书籍，可见鲁迅的抄书也是受塾师影响的。鲁迅在这期间抄写过《康熙字典》中的古文奇字、《唐诗叩弹集》中的百花诗等许多文学作品。他的堂房叔祖周玉田是一位秀才，鲁迅从他那里借来许多书看，其中有一部《唐代丛书》，从中发现了许多他认为有意思的东西，抄过其中的陆羽《茶经》三卷，陆龟蒙的《耒耜经》《五木经》等。不久又凑了两块钱，买来一部共24册的小丛书《艺苑捃华》，这是一种从《龙威秘书》等书中杂凑的书。这也是鲁迅后来大抄《说郛》的原因。现存于鲁迅博物馆的鲁迅抄本有两大册《说郛录要》，其中都是关于花木类的谱录，其中有《竹谱》《笋谱》等。从那时起，鲁迅养成了抄书的习惯。抄完后再阅读，既可使记忆更牢固，又能练习书法。写字的人都知道，字要写得好，必须要有写字量的积累，大量的抄写对鲁迅的书法是很好的训练。从鲁迅早年的抄稿中，可以见到鲁迅在20岁前，对篆、隶、草、行诸体已经精通。

  鲁迅抄书的目的是"披览古说，或见讹敚，则取证类书，偶会逸文，辄就写出"。抄书的习惯，也增进了很强的比较、校勘、钩沉的能力。

写字之外，鲁迅还热衷绘画，收藏了"最为心爱的宝书"《山海经》《花镜》，并用压岁钱买了许多画谱。鲁迅甚至用薄纸影写了许多《荡寇志》《西游记》等书中的插画。中国的书画是同源的，象形文字即来源于图画。鲁迅少年时的书画修养，使他对汉字的解读、对书法线条的理解，有着超乎常人的敏感，在书法实践中有极强的驾驭线条的能力。

二、师承

中国书法史是与中国学术史紧密联系的，从民国书法史来看，乾嘉学派一脉是影响中国书法发展的最重要的一个因素。所谓"师之所存，道之所存"是中国学术史之学习传衍的一个规则。而清代史学家章学诚所谓"学者不可无宗主，而必不可有门户"，则道出学术的发展不能囿于门户之成见。书法的发展同此道理，它作为最初记录语言和文字的符号，经过数千年文人们代代相传的演绎，成为至今作为一个艺术门类的存在。师承是书法发展的脉络，而不断地个性探索形成了纷繁多样的表现形式。在民国文人的学术圈里，鲁迅是极具代表性的文人书法家。

清代初期，以经学大师顾炎武、黄宗羲、王夫之为代表，推崇以"求本证源"的实证方法考证经学。至乾隆、嘉庆年间，形成"乾嘉学派"。作为乾嘉学派的一个分支，以阮元（1764—1849）为代表的"扬州学派"达到清代朴学的最高境界。由于扬州学派的经学研究衍及与书法有关的小学、史学、金石等方面，于是立刻反映到书法理论。阮元在金石学的研究中撰写了著名的《南北书派论》和《北碑南帖论》，阐述了他的碑学思想。他在

《南北书派论》中指出，北碑"笔法劲正道秀，往往画不出锋，犹如汉隶"，倡导碑学以救帖学书风日渐靡弱之弊。这反映了朴学巨子们的治学思想与金石碑学是相通的，即治学要求本证源，言之有物，言之成理，博而能精，触类旁通。书学亦然。由于扬州学派的巨大影响力，又因为当时的许多学者同时又是书法家，如邓石如、伊秉绶、包世臣，直至清末碑学集大成者康有为，把碑学思想付诸书法实践，形成了一种带有朴学学术巨大影响力的碑派书法的中兴。

阮元去世后，俞樾（1821—1907）在阮元建立的诂经精舍作主讲，仍沿袭阮元的书法理论，师法唐碑，形成风气。俞樾为清代道光进士，经学大师，工书法，篆隶尤为擅长。俞樾的弟子章太炎、刘师培是晚清国粹派最主要的代表。

被鲁迅称为"有学问的革命家"的章太炎生于1869年。1906年曾在日本东京开办国学讲习会。1908—1909年，鲁迅、周作人、钱玄同、沈兼士、马幼渔、朱希祖、许寿裳等都曾前往听章太炎讲《说文》。鲁迅那时的文艺修养，是中西兼修，古今交融的。"鲁迅的旧文学，本来很渊博，很笃实，经过这一番启发，境界更进一阶了。"（曹聚仁《鲁迅评传》）鲁迅不仅折服章太炎渊博的学识及和蔼可亲的长者风度，更钦敬他的革命精神。章太炎于1936年去世，鲁迅写的《关于太炎先生的二三事》是他最后的文字之一。章太炎很早就有书名，鲁迅还藏有章太炎送给他的书法条幅，从中可以看出鲁迅也曾以章书为楷模。章氏擅长篆书，曾以篆书作版书讲课。他的书法主张也是尚碑的。书论有《小学略说》《论碑版法帖》《说单钩》等。

用乾嘉学术与书法思想的脉络来贯串，书法家的鲁迅师承与阮元、俞樾、章太炎到乾嘉学派，基本上是一个碑派脉络，鲁迅无论从学问上和书法上，都可称为乾嘉学派的遗老，而且是民国最后一代以毛笔作文的文人。

三、抄碑

1911年春，鲁迅在绍兴府中学堂任监学，兼教博物学。在绍兴教学期间，他带学生游禹陵、兰亭、快阁、宋六陵、柯桥、七星岩等地，还和周建人、王鹤照一起郊游，采集植物标本或拓碑帖。1912年鲁迅到北京教育部任职，开始关注金石拓片。第一次收藏的拓片是被称为"石刻之祖""篆书之宗"的石鼓文。1915年，鲁迅开始大量购买拓片。

民国初期袁世凯当政，对知识分子弹压很严厉。批评政府会被特务抓去再也回不来，甚至在家里说了什么也会被抓，因为家里的厨师、车夫也都可能是特务。鲁迅为逃避这种风险，有外人在时，除了拓片的事什么都不说。他原来就喜欢玩拓片，有客人来就说拓片的事，旅途在外也只说拓片的事。鲁迅说："正因为这样，我现在的脑袋还联着身体哩！"

鲁迅在北京居住的14年间，曾在琉璃厂购买拓片4000多枚，大量购买拓片是从1914年年末至1921年，其中购买最多的是在1915年至1919年。鲁迅购买拓片的种类很多，包括碑刻、墓志、造像、砖刻、瓦当、镜、古钱、古砚、钟鼎、经幢、古印及汉画像等。玩拓片，使鲁迅成了一个大藏家和研究家，他收藏的拓片现存6200多张，5100多种。鲁迅比较注重隋唐以前的碑拓、墓志及造像的收藏，收藏拓片的范围从先秦到两汉、魏晋南北朝、隋唐时期，其中汉碑就有130余种，经鲁迅抄录、校勘的有100多种，魏晋南北朝墓志有300多种。其他还有砖瓦拓片、汉画像拓片等，经鲁迅抄录并校勘的有192种。现在这些拓片基本都保存在鲁迅博物馆，成为中国文化遗产的巨大财富。鲁迅还抄录了大量碑文、墓志等，做了许多校勘工作和研究文章，他的书法在抄碑中也精进了。可以说，老北京成就了由成熟到老道的碑派书法家鲁迅。

鲁迅从1912年至1926年在中华民国教育部供职共14年。鲁迅于1912年5月5日到北京，10日开始上班。上班第一天的日记，鲁迅这样写道："晨九时至下午四时半，至教育部视事。枯坐终日，极无聊赖。"鲁迅在《呐喊·自序》中也描述了他在绍兴会馆的生活："许多年，我便寓在这屋里抄古碑。客中少有人来，古碑中也遇不到什么问题和主义。"鲁迅抄古碑的原因，开始是出于苦闷、彷徨和寂寞，并以此来逃避现实。他有感于《新生》杂志创刊的失败，说道："凡有一人的主张，得了赞和，是促其前进的，得了反对，是促其奋斗的，独有叫喊于生人中，而生人并无反应，既非赞同，也无反对，如置身毫无边际的荒原，无可措手的了，这是怎样的悲哀呵，我于是以我所感到者为寂寞⋯⋯我于是用了种种法，来麻醉自己的灵魂，使我沉入于国民中，使我回到古代去⋯⋯"1917年起，鲁迅开始大量抄校石刻古碑。他在北京的日记中常有"录碑""夜录碑"的记录，1917年除夕，鲁迅在日记中写道："旧历除夕也，夜独坐录碑，殊无换岁之感。"此时的鲁迅，是他精力最旺盛的时期。时局动荡，政局多变，教育部并无多少工作，长夜孤灯，独自一身的鲁迅把他自己的精力投入中国古籍的整理、辑录、勘正、编辑中。1915年他就辑录了《会稽郡故书杂集》，此后的一年多时间，鲁迅抄校了《谢承后汉书》《云谷杂记》《易林》《石屏集》等。后又抄录了《嵇康集》《沈下贤文集》《志林》等。单是《嵇康集》，自1913年至1935年鲁迅校勘有十余次，现存校勘本五种，抄本三种30卷，校文、考证等手稿七种，现出版的《鲁迅辑校古籍手稿》计六函四十九卷，《鲁迅辑校石刻手稿》三函十八册。共800余种碑刻。翻开鲁迅抄校的书籍，数千页的手稿中楷书、隶书、行书、篆书诸体皆工，一丝不苟。除开鲁迅的天赋不说，如此大量抄碑，不成书家才怪。正所谓"熟读唐诗三百首，不会作诗也会吟"。鲁迅对中国字体很有研究，晚年曾想写一部《中国字体变迁史》。鲁迅在北京时期的抄碑，其中有许多篆书，与这期间打下的基础是分不开的。鲁迅的抄书后来方向明确，研究古代小说，更是抄录并辑成了《古小说钩沉》《会稽郡故书杂集》，并以抄本做了很多古籍校勘工作，在古代文学研究方面取得了巨大的成就。

鲁迅抄录古碑的目的，一是整理中国文化遗产，二是出于对碑文书体的喜爱。鲁迅对中国文字线条的感悟力是超乎常人的。他抄录古碑的字体多以楷书为主，掺以隶书，有些还参照原碑字体原样摹写，其中有金文及篆书，甚至描出残碑的边缘线，残字外以"口"填写。如此大量地抄录古碑对无心做书家的鲁迅来说确是一种书法功力的积累。其如此深厚的功力，如此大量地抄录古人优秀的书法碑拓，如此大量的手稿存世，恐怕从民国至今无第二人。鲁迅的抄碑，不是临帖，而是汇集、校勘和整理，但又有临写倾向。如抄录的《曹全碑》《三体石经尚书残字》等手稿，直可称为供欣赏的书法作品。鲁迅于1915年春，连续摹写22天，完成了罗振玉编的《秦汉瓦当文字》，其书其画更是让人叹为观止。

鲁迅花大精力去抄碑校碑，购买碑拓，其目的不仅仅是保护文化遗存和逃离现实，而做学问和研究是鲁迅的本来目的。此时的鲁迅并非社会名流，而他所从事的工作、坚实的国学基础和他的出生地绍兴、工作地北京等条件自然形成他做学问的优势。从他所想编写的几个题目可以看出他所研究的偏好——《中国字体变迁史》《汉画像集》《俟堂专文杂集》等，都是偏于美术和书法的角度，但是以考证严谨为前提。

鲁迅在北京时抄录了大量的古籍及石刻，他抄录的速度是非常快的。如1915年7月19日日记记载："夜写《百专考》一卷毕，二十四叶，约七千字。"鲁迅夜写7000字，可见书写速度之快。鲁迅极喜爱魏晋文学，从1913年10月起，将丛书堂本抄本《嵇康集》抄了一部，后来又据他本校勘了十余次。他还从《说郛》中辑录了许多植物学著作。试想鲁迅的时代，书籍贫乏、没有电脑，他们却能下那样大的功夫研究学问，证本求源。如今电脑时代，抄书的人几乎没有了，但抄书仍有不可替代的作用。

这一时期，鲁迅除了大量搜集汉画像、砖刻、拓片外，还购买了大量金石类书籍。其校勘方法完全是乾嘉学派的"求本证源"之法。如此学识，使鲁迅对于书法的鉴赏力达到相当高的境界。而他的书法，自然也沾染了清阮元以降的碑派风气，"笔法劲正遒秀，往往画石出锋，犹如汉隶"（阮元《南北书派论》）。

鲁迅搬入八道湾后，"一发不可收"地作起小说来。然而遗憾的是，鲁迅小说的手稿除《故事新编》外，仅存《阿Q正传》残页。从这一时期鲁迅书信、日记及杂文手稿来看，鲁迅的书法已臻成熟，尤其是他独具隶意的行书，为许多报纸刊物集字为报头，并为大众喜爱，独树一帜地树立于中国书法名家之林。

鲁迅对毛笔书写的钟爱

一、"金不换"

民国时期是中国毛笔作为书写工具的最后营垒。人类最早的书写工具也许是树枝石块，然后是金属铜、铁之类的写刻工具。半坡陶器上彩绘的图案证明了毛笔的存在，距今已有六七千年的历史。现存最早的毛笔是战国墓葬中出土的。鲁迅生活的时代，是沿用着两千多年的用毛笔在宣纸上书写的传统即将终结的时代。20世纪初墨水笔传入中国，洋纸与钢笔进入中国，悄悄地取代着纵横千年历史的毛笔与宣纸，毛笔与宣纸渐渐地成为中国书法与中国画独有的写画材料。鲁迅曾自述："我自己是先在私塾里用毛笔，后在学校里用钢笔，后来回到乡下又用毛笔的人。"鲁迅说钢笔"使用的多，原因还是在便当"。在书写工具大变革的20世纪20年代，大部分作家都已换笔，而鲁迅却颇有些自恋地说："我并无大刀，只有一枝笔，名曰'金不换'。"鲁迅很讲究书法美，而毛笔和与之相配的纸张成为他案头必备的常用工具，可见他对毛笔书写的钟爱。鲁迅用毛笔从事他的写作生涯，直到死。

鲁迅在学生时代已使用墨水笔,从北京鲁迅博物馆馆藏鲁迅留日时期的医学笔记,可以看到鲁迅用墨水笔写的娟秀工整的笔迹,但鲁迅对禁用墨水笔又反对过。鲁迅在《准风月谈·禁用和自造》一文中写道:"据报上说,因为铅笔和墨水笔进口之多,有些地方已在禁用,改用毛笔。……倘若安砚磨墨,展纸舐笔,则即以学生的抄讲义而论,速度恐怕总要比用墨水笔减少三分之一,他只好不抄,或者要教员讲得慢,也就是大家的时间,被白费了三分之一了。所谓'便当',并不是偷懒,是说在同一时间内,可能由此做成较多的事情。这就是节省时间,也就是使一个人的有限的生命更加有效,而也即等于延长了人的生命。古人说,'非人磨墨墨磨人',就在悲愤人生之消磨于纸笔中,而是墨水笔之制成,是正可以弥补这缺憾的。"就像鲁迅劝青年多读外国书,少或竟不读中国书,自己却饱览中国书(当然也饱览外国书)。民国文人的毛笔遗老们——包括鲁迅——在恋恋不舍地使用毛笔写字作文。鲁迅割掉辫子是引领革命潮流的,而在使用毛笔写字的事情上,就像民国末年仍然拖着辫子的遗老。由于墨水笔的"便当",作为书写工具作用的毛笔在民国时期几乎终结了它的使命。

晚清民国虽然出现了墨水笔等新型书写工具,许多文人都已开始使用墨水笔,鲁迅的弟弟周作人在"兄弟失和"后的1924年也开始以墨水笔记日记,但此时期毛笔仍是主流书写工具。鲁迅除在学生时期使用墨水笔外,一直用毛笔写作,直到死前留给内山老板的最后墨迹。鲁迅一生所作文章、日记、书信,甚至译文都是用毛笔完成的。鲁迅为什么执着地使用毛笔,据鲁迅好友许寿裳分析:"原因不外乎(一)可以不择纸张的好坏;(二)写字'小大由之',别有风趣罢。"其实,鲁迅一直用毛笔应该还有另外的原因。

汉字自秦"书同文字"以来,就产生专门写字的书官。普及规范化的过程中就产生了许多写字好的书家。古人书论是教人写好字,写好字才能考取功名,继而做官。因而书法家们开始创造书法美学研究的历史。于是由篆到隶书、行书、草书直至楷书,进行着汉字书法美的演进。于是时代便要求文人书写文字既具表意作用,还需要有展示美感的作用。要表意就要写字,写字就要用毛笔,要写得好看就必须有楷模,这楷模就是书法家。书法家们就这样诞生了。古代书法家们的字入了碑,入了帖,留传了下来,成为后世楷模,营造了中国书法独特的书写美学文化体系。鲁迅自幼热爱美术,对金石碑帖的研究是他终身热爱的事业。爱用毛笔正是因为他喜爱中国书法能够展示线条美感这一个层面。鲁迅曾在日本购买了《书道全集》全27卷,几乎囊括了中国历代所有时期的重要碑帖。他曾请书法家乔大壮题写对联,请陈师曾为他作画,还为好友题写诗歌、墓志,为日本友人写诗条幅。鲁迅不仅把毛笔作为书写工具,还作为愉悦性情、探索书法艺术的工具。民国以来,钢笔、圆珠笔以至于电脑等书写工具逐渐取代了毛笔。书法作为艺术,其表意功能已经极尽弱化。鲁迅这一代文人之后,用毛笔表意的时代基本终结。

二、信札

信札又称尺牍、书札、手札、书信、书简。在电子通信时代之前,信札是人们交往的重要方式。鲁迅在《孔另境编〈当代文人尺牍钞〉序》中曾说："一个人的言行，总有一部分愿意别人知道，或者不妨给别人知道，但有一部分却不然。然而一个人的脾气，又偏爱知道别人不肯给人知道的一部分，于是尺牍就有了出路。这并非等于窥探门缝，意在发人的阴私，实在是因为要知道这人的全般，就是从不经意处，看出这人——社会的一分子的真实。"周作人在《雨天的书·日记与尺牍》中也论及尺牍："日记与尺牍是文学中特别有趣味的东西，因为比别的文章更鲜明的表出作者的个性，诗文小说戏曲都是做给第三者看的，所以艺术虽然更加精炼，也就多有一点做作的痕迹。信札只是写给第二个人，日记则给自己看的，（写了日记预备将来石印出书的算作例外）自然是更真实更天然的了。"

据鲁迅日记统计，他写信有5000多通，但手稿大部分散失了。鲁迅逝世后，为编辑《鲁迅全集》，许广平登报征集到800余通。1949年以后，鲁迅博物馆又征集到500余通。1978年至1985年，文物出版社据鲁迅博物馆所藏鲁迅信札，出版了《鲁迅手稿全集》影印本，收录鲁迅书信近1400通。近年来拍卖市场混乱，很多拍卖公司拍卖鲁迅信札，但多为高仿，未见几件是真品。

现存的鲁迅信札，最早的是1904年8月29日致蒋抑卮的信。最后的一通中文信札是1936年10月17日写给曹靖华的信，最后的一通信札是鲁迅去世前一天，即1936年10月18日用日文写给内山书店老板内山完造的信。致信最多的是许广平，鲁迅还将他与许广平的通信认真誊抄，结集成《两地书》出版。鲁迅信札内容包括致母亲、兄弟、爱人、友人、学生等。

三、日记

鲁迅日记是中国现代史上一份宝贵的史料。鲁迅从1896年开始记日记,约至1902年留学日本前止。此段日记已佚。鲁迅随教育部北上北京时又开始重新记日记,时间是1912年5月5日,直至去世前一天1936年10月18日,鲁迅记日记从未中断过。中间除1922年的日记因1941年许广平被捕时丢失外,共24本日记手稿完整地保存下来,成为中华民族一份重要的文化遗产,全部日记手稿现存于北京鲁迅博物馆。鲁迅日记手稿1921年以前使用的是乌丝栏稿纸,1923年以后使用的是朱丝栏稿纸,中缝鱼尾丝栏处标注页码。每年一本,每本前有封面,后有购书账。

1912年鲁迅31岁,他的书法已经非常成熟。从保存下来的鲁迅日记手稿看,鲁迅记日记使用的书体全部为毛笔行书,字若蝇头。鲁迅日记的书法特征:第一,认真,一丝不苟。这也是鲁迅那一代学人的良好习惯。日记书写干净,涂抹潦草之处极少。第二,书如其人。鲁迅日记书写自然流畅,毫不造作。第三,从1912年至1936年去世前,时间跨度有24年,除了生病原因外,从未中断过,但字体几乎没有变化。通观全部手稿,犹如一部精心手书的书籍。鲁迅日记手稿是鲁迅行书的经典代表。在所见晚清、民国文化人士的日记手稿中出类拔萃。

四、书法性情

"书如其人",是书法史上被人们认同的一个定则。西汉扬雄说:"言,心声也;书,心画也。声画形,君子小人见矣。"刘熙载说:"书者,如也。如其志,如其学,如其才,总之曰如其人而已。"孙过庭说："达其情性，形其哀乐。"古人"以心主笔""书法传心"的含义，都是在讲书写者的内在修养、经历、学识、性情与外在的书写所传达的信息是统一的。

越人鲁迅，从出世起就被熏陶于浓郁的古越文化氛围中。治水大禹的雄才智慧、越王勾践的卧薪尝胆、兰亭书圣王羲之、青藤书屋徐文长……太多的名贤文化滋乳着古越大地的人们。鲁迅的祖父"清癯孤介，好讽刺，喜批评，人有不为其意者，辄痛加批评不稍假借"（周冠五《三台门的遗闻佚事》）。鲁迅13岁，祖父案发，鲁迅去亲戚家避难，被称为"乞食者"，家境一落千丈。15岁父亲病重，17岁丧父。周家经济破产，18岁四弟夭折。短短五年使年轻的鲁迅饱受生存与精神的挤压。这时期应是鲁迅性格形成的最重要的时期。1902年，鲁迅东渡日本求学。后弃医从文，断发革命。饱学中西文化科学思想，倡导文艺、立人思想，成为20世纪中国最出色的精神战士。

鲁迅以伟大的文学家、思想家名世。鲁迅的爱憎十分鲜明，对"怨敌"一个都不宽恕。对友人、青年爱护有加。鲁迅不爱朱安是一种性情；爱许广平也是一种性情；宠爱周海婴也是一种性情。诗云："无情未必真豪杰"（《答客诮》）、"岂有豪情似旧时"（《悼杨铨》）、"有弟偏教各别离"（《别诸弟》）、"我以我血荐轩辕"（《自题小像》）、"梦里依稀慈母泪"（《为了忘却的记念》）、"十年携手共艰危"（题《芥子园画谱·三集》赠许广平），最有名的诗句"横眉冷对千夫指，俯首甘为孺子牛"（《自嘲》），鲁迅的这些诗词倾注了他的真性情。鲁迅的书法性情，其爱、其憎、其美学思想、其文化底蕴诉诸笔端，从字里行间流露出来。然而鲁迅并不以书家名世。翻检《鲁迅全集》，少有关于书法的专门论述，更无专论书法的文章。"鲁迅先生亦无心作书家，所遗手迹，自成风格。融冶篆隶于一炉，听任心腕之交应，朴质而不拘挛，洒脱而有法度。远逾宋唐，直攀魏晋。世人宝之，非因人而贵也。"郭沫若这样说。

鲁迅书法的价值评估

中国古代论书的文章，对于书法作品的价值估价有多种说法。南朝梁文学家庾肩吾撰有著名的《书品》一卷，所分上、中、下三品，九等。唐代张怀瓘《书断》把三品定名为神品、妙品、能品；唐李嗣真《后书品》中又在三品之上加逸品一层。后又有《续书断》《书估》等评判类文章。至康有为《碑品》，总结为："昔庾肩吾《书品》、李嗣真、张怀瓘、韦续接其轨武，或师人表之九等，或分神、妙、精、能之四科，包罗古今，不出二类。"（《广艺舟双楫》）

书法作为艺术，其评判标准自古有之。但亦有仁者见仁、智者见智的情况。徐渭《题自书一枝堂帖》中就说："高书不入俗眼，入俗眼必非高书。然此言亦可与知者道，难与俗人言也。"历来对鲁迅书法及其在民国书法家中的地位评价也是不同的。自然，民国书法家们主要还是在文人群体中，随便一数就是一大堆。政治家如孙中山、毛泽东；学者如蔡元培、陈独秀、罗振玉、王国维、梁启超、胡适、吴昌硕、沈尹默、于右任；书画家如黄宾虹、陈师曾、齐白石。总之，民国时期字写得好的人太多了。可谓碑帖并举，异彩纷呈。在五四新文学精英群体中，鲁迅、沈尹默、刘半农、胡适、周作人、钱玄同等几乎都可以说是书法家。然而他们都不以书法家名世。书法对鲁迅们来说，只是一桩余事。曾数次遭到鲁迅痛骂的郭沫若，以他颇具才华的文字高度评价鲁迅的书法，言简而意赅（前面已有引述）。

综观民国书法家，以行书闻名的有张謇、王同愈、叶恭绰、柳亚子、缪荃孙等。在鲁迅的手稿遗存中，以行书的数量为最，在书法之林中具有极高的辨识度和独特的美学价值。鲁迅的行书，简淡古雅，取法自然，笔力雄沉，源于帖而出于碑，略带隶书意趣，民国以降，堪称一流。

就中国文人的手稿而言，鲁迅手稿的存世量在中国文化人中屈指可数，这在任何一个书家中都可称得上佼佼者，因为书法一定要有量的积累。鲁迅的抄碑也有数百万字，这给鲁迅注入了强大的书法功力。加上鲁迅的幼学、碑学大师如康有为、章太炎的影响、鲁迅的天才与勤奋，使鲁迅的行书成为独具碑派个性的书家。鲁迅书简是欣赏鲁迅行书的门径，鲁迅信札随意天然，带有行草意味，往往一气贯通，形神不乱。鲁迅诗稿是鲁迅书法的最高境界，多以楷、隶、行书兼糅，形成鲁迅独特的书法艺术品味。宋黄休复《益州名画录》对书画之最高品格——逸品是这样评说的："画之逸格最难其俦。拙规矩于方圆，鄙精研于彩绘。笔简形具，得之自然；莫可楷模，出于意表。"鲁迅书法，勘称逸品。鲁迅书体虽"莫可楷模，出于意表"，但鲁迅的字颇得后人喜爱。许多报头如《参考消息》《浙江日报》《浙江晚报》《绍兴晚报》《安徽日报》《湖北日报》《广西日报》《贵阳晚报》《兰州晚报》《沈阳晚报》《钱江晚报》《新乡晚报》《楚天都市报》《南方周末》《杂文报》《文艺报》《中国文化报》《文汇读书周报》等都是集鲁迅字而成。这是人们出于对鲁迅的崇敬，也是对鲁迅书法艺术魅力的肯定。可见鲁迅书法的影响力是巨大的。

鲁迅手稿，因其文章风骨及人格魅力，蕴含了不可估量的价值，多年来为藏家所重，现均为国家一级文物。经过几十年的征集，现分藏于北京鲁迅博物馆、国家博物馆等单位，散落民间的如凤毛麟角。近些年来拍卖市场火爆，但又鱼龙混杂，查近十年的拍卖目录，每年全国许多拍卖公司都拍卖过鲁迅的诗稿、信札等，其中真品绝少，基本为造假仿制。拍卖公司所在地有北京、天津、上海、杭州、广州、辽宁、安徽直至香港。由于拍卖市场的管理混乱、责任心不强及对成交率的追求，使得一些仿品也拍出了很高的价格。一方面说明了一种社会上利益驱动的可悲现象，另一方面，也说明鲁迅书法本身具有极高的价值魅力。近十年来，各拍卖会拍卖鲁迅手稿时有出现，但假多真少。开始价格都在两三万元以下，而近几年拍卖的几件鲁迅手稿，创出了中国近现代文化名人手稿的天价。以几件拍品为例：2013年嘉德春季拍卖会拍卖一件鲁迅《古小说钩沉》手稿，估价60万元，成交价为690万元。2013年嘉德秋季拍卖会拍出一件鲁迅致陶亢德书信，一页200余字的书信，估价为60万元，拍出655.5万元的成交价，合每个字三万元，成为近现代文人最贵的一纸手稿。2015朵云轩秋季艺术品拍卖会上，一件《鲁迅致郦荔丞信札》以30万元起拍，最后以414万元成交，高出估价10倍。

鲁迅的书法之美

鲁迅书法从幼学、师承、抄碑中形成，他一生都在研习和书写他认为是"愚民的利器"的汉字，而且不肯放弃已过时尚的"金不换"毛笔，显然，他深爱书法艺术。中国的书法教学，一般是从唐楷学起，颜、柳、欧、赵而已，鲁迅也不例外，早年的手稿可以说明这个问题。如果说鲁迅幼时习字只是打下了一个坚实的书法基本功的话，那么他师从章太炎以后，又钻研古碑，阅藏大量艺术论著，以及他对中国美术的深入理解，使他的书法鉴赏能力超乎一般书法家之上。懂得美才能创造美，才能从中国众多的古代书法中汲取最高的营养成分，取法乎上。鲁迅的书法历程基本是：习帖、入碑，然后又从碑帖中走出，形成自己的书法个性。他的书法个性十分明显，很少书家能与他的字相似，直可称之为"鲁迅体"。鲁迅的书法创作，大都是赠人的作品，也即是有意识地把自己的书法写成条幅赠给友人，这大约是在1932年开始的。这一年鲁迅与外国人士交往增多，特别是通过内山书店与日本友人交往频繁，常以诗词书法赠友人。鲁迅的书法之美是从他的书法作品中表现出来的，除了他所遗存的文稿、抄稿、书信之外，鲁迅诗稿作为书法作品，最能反映鲁迅书法的品位。

鲁迅书法之美大致可用这样八个字来概括：简约、冲淡、朴厚、古雅。

一、简约

简约之美，是一切艺术中的美学原理之一。书法是用中国的笔墨书写出的线条艺术。书法中的线条，是书法艺术中的语言，书法之美正是由造型各异的线条组合而成,书法线条是区别于绘画线条的最重要的特质。线条具有简约性,简约即抽象的简单和概括,画家石涛曾有"一画"之说:"太古无法,太朴不散。太朴一散,而法立矣。法于何立?立于一画。一画者,众有之本,万象之根。""亿万万笔墨,未有不始于此而终于此。"石涛说的是画,书画同源,书法亦同此理,最简单的笔画线条,折射出书法线条之美,这是历代书画家对艺术的哲学思考。汉字的线条变化万千,能熟练驾驭者才可称为书法家。

简约是鲁迅书法的一个明显特征。鲁迅深谙古法,从石鼓文、钟鼎文、两汉隶书、六朝文字、隋唐正楷以至历代行、草之法都有研究。他自幼习书习画,又大量抄书作文,对线条的感悟力是超强的,鲁迅书法的线条因而也极具表现力。鲁迅书法的简约之美体现在:第一,极少繁复的诸如藏锋、回锋和复杂的提按,也没有令人炫目的草法的缠绕、连带,即如他的作文章"有真意,去粉饰,少做作,勿卖弄"(《作文秘诀》),尽显朴实平淡,空灵脱俗。第二,对笔画的处理上常常是用草书的省略、合并的方法,笔画短促有力,字形宽博萧疏,像是短刀匕首,短横、短竖常缩减为长点,转折处多圆转,韵味十足,富于情趣。

鲁迅第一次书写著名的《自嘲》,是在1932年10月12日,鲁迅日记载:"午后为柳亚子书一条幅,云:'运交华盖欲何求,未敢翻身已碰头。旧帽遮颜过闹市,破船载酒泛中流。横眉冷对千夫指,俯首甘为孺子牛。躲进小楼成一统,管他冬夏与春秋。达夫赏饭,闲人打油,偷得半联,凑成一律以请'云云。下午并《士敏土之图》一本寄之。晚内山夫人来,邀广平同往长春路看插花展览会。"这幅作品竖写共三列,整个条幅呈长条状,整篇章法布局自然,笔墨浓淡有致,气韵贯通,字体简约大气,趣意盎然。题跋字号稍小与落款相得益彰。

1932年12月21日,鲁迅为日本友人杉本勇乘书写了一幅《自嘲》诗的扇面。杉本勇乘,1906年生,日本僧侣,爱好文艺,本年住上海西本愿寺。作品中"华""盖""何""求""碰头""孺子"等字中横画,"头""帽""身""流""俯"等字中的竖画都写得很短,"遮""过""进"字的走之偏旁以一竖一横写就,"敢""翻""看""首"中的两横都以一笔带过。通观全篇,章法中字字之间绝无连带之笔,作品中气韵贯通,妙趣生动。书如其人,鲁迅的字合乎他的个性,既有横眉冷对的俊朗,又有温文儒雅的古趣;既有短刀向敌的锋芒,又有简约生动的飘逸。鲁迅书法的简约之美能带给观者无限情感意绪,并进入鲁迅丰富的情感世界。鲁迅所书《自嘲》诗扇面,现存上海鲁迅纪念馆,亦为该馆的镇馆之宝。

这两幅《自嘲》诗,个别字有所改动,"破帽"改为"旧帽","漏船"改为"破船","冷对"改为"冷看"。但都是书法中的精品,条幅极尽潇洒,扇面更近文雅;条幅更近行书,扇面更近楷书,用笔简约直接,反映了鲁迅的书法理念。

1932年12月31日,新年将至,鲁迅兴致颇高,一下子写了五幅作品,鲁迅日记载:"下午得介福、伽等信。为知人写字五幅,皆自作诗。为内山夫人写云:'华灯照宴敞豪门,娇女严装侍玉樽。忽忆情亲焦土下,佯看罗袜掩啼痕。'为滨之上学士云:'故乡黯黯锁玄云,遥夜迢迢隔上春。岁暮何堪再惆怅,且持卮酒食河豚。'为坪井学士云：'皓齿吴娃唱柳枝，酒阑人静暮春时。无端旧梦驱残醉，独对灯阴忆子规。'为达夫云：'洞庭浩荡楚天高，眉黛心红涴战袍。泽畔有人吟亦险，秋波渺渺失《离骚》。'又一幅云：'无情未必真豪杰，怜子如何不丈夫。知否兴风狂啸者，回眸时看小於菟。'"

内山夫人即内山完造的夫人内山美喜子，所赠诗题为《所闻》，共分四列，前三列每列八个字，最后一列四个字，题款处写"所闻一首录应内山夫人教"，后署"鲁迅"二字，盖圆形印章。此幅作品行距疏朗，字间距适中，字与字中无牵连，有顿挫感。其中"灯""情""亲""看"等字简化明显，造成富有韵律的简约之美。

滨之上学士即滨之上信隆、坪井学士即坪井芳治，均为日本医生。鲁迅所赠诗题均为《无题》。赠滨之上学士的一首竖写三列，书体近乎行草，其中"故乡""岁暮""何堪""且持"等字有时两三笔合为一笔，还是简约的写法。赠坪井芳治的一幅亦竖写三列，其中"无端""灯阴"等字也都简化了写法。

鲁迅赠郁达夫诗题为《无题》和《答客诮》两首。其中《答客诮》一诗也是脍炙人口，广为流传的。这首诗鲁迅先写过稿子，共书写过四种，赠郁达夫的一幅诗末跋文"达夫先生哂正"署"鲁迅"，并盖红色印章。四种中赠郁达夫的一首书写最为完美。竖写三列，呈长条状，最后一行仅余二字，跋文字稍小，署名位置极佳。通篇文字看似丫丫叉叉，字字之间大小搭配自然，直笔较多，少有回环之笔，虽为行书，隶味浓厚，隶楷兼用，趣味无限，极具简约美感。此篇非楷非隶，非行非草，极不中规中矩，但通篇看上去，笔笔饱含古法，功力深厚，表现了鲁迅书法魅力所在。

鲁迅的书法有风格的简约，随意而不做作；有用笔的简约，不拘泥于成法；有字体的简约，许多来自草法。这种整体上的简约风格，造成了鲁迅书法作品自然天成的美感，同时具有了与众不同的个性表达。

二、冲淡

郭沫若在《鲁迅诗稿》序中说："鲁迅先生亦无心作书家，所遗手迹，自成风格。融冶篆隶于一炉，听任心腕之交应，朴质而不拘挛，洒脱而有法度。远逾宋唐，直攀魏晋。世人宝之，非因人而贵也。"郭沫若也是诗人、书法家，他对鲁迅的这一评价是内行的，也是准确的。鲁迅确是无做书家之心，应该说，鲁迅晚年在上海时书写的很多诗稿或题赠才是有意识的书法创作。即便如此，鲁迅作书也是漫不经心的，而不是刻意为之，字里行间体现了他独具个性的笔墨和冲和平淡的情调。

冲淡是一种意境，没有高深的艺术修养是无法达到这样一种意境的。鲁迅的书法中渗透出这样一种意境。鲁迅自幼饱读诗书，抄阅大量书法碑帖，深谙传统书法美学的真谛，取法高古，兼收博取，不拘一格。所书作品看似随意，却将终生所学凝聚笔端，看似无法，却得无法之法。线条运用自如，结构富于妙趣，笔画毫无张扬，章法舒适自然。鲁迅幼年习书只是基本功训练，抄碑时期的书写也只是对精神生活的调剂，可以说鲁迅的书法是在不经意中形成了自己的个性。所谓"洒脱"，不是一般书法家可以做到的。民国时期的书法家字能写得好的大有人在，但能达"洒脱"境界的不多。沈尹默被陈独秀称为"其俗在骨"，周作人、刘半农、李叔同、马一浮、郭沫若等人的书法虽各具趣味，但都难达书中逸品。鲁迅对书法和线条有着天然的感悟，虽然"无心作书家"，但其书法自成风范。历来中国的书法家都以师古人碑帖为发端，然而只有跳脱古人旧窠才能成为书法大家。古人云：书者，心画也。鲁迅书法表达了他的个性情怀，了无造作，不加矫饰，营造出平淡冲和的生动气韵。

1933年7月21日，"午后为森本清八君写诗一幅云：'秦女端容弄玉筝，梁尘踊跃夜风轻。须臾响急冰弦绝，独见奔星劲有声。'又一幅云：'明眸越女罢晨装，荇水荷风是旧乡。唱尽新词欢不见，旱云如火扑晴江。'"森本清八，日本人。时在上海三井住友海上火灾保险公司任职，通过内山完造与鲁迅相识。1930年，由于战乱不断，国民党横征暴敛，水灾旱灾连连发生，使得中国百姓流离失所，处在水深火热的贫困状态。鲁迅的这两首诗，一写秦女，一写越女，描述她们为生存而背景离乡的卖唱生活。秦女为北方女，越女为南方女，鲁迅通过这两首描写南北方的歌女的悲惨生活，抒发自己的愤世之情。鲁迅写的这两个书法条幅，字里行间也表现出他的性情。鲁迅的愤怒一向是冷静沉郁的，表现在诗文中却是剑拔弩张的，一语中的的，明晰深刻。两首诗即两幅画，画出端坐抚琴与低唱思乡的少女凄婉的内心世界。这两个条幅字体相同，书体相同，字数相同，保持了他简约的书体风格，同时蕴含着高度冲淡的气韵。在这种平和冲淡的后面，似乎每个字都带着书者的沉郁，给人一种强大的震撼力。鲁迅书法中的冲淡,是简约中的冲和与平淡,而在这种冲淡之中释放自己的情绪。

现存的鲁迅诗稿中,有五幅写的是唐代诗人钱起的诗。1935年12月,鲁迅应时在商务印书馆工作的冯宾符书写了一幅钱起的《湘灵鼓瑟》,这首诗,是钱起的试帖诗。朱光潜曾在一篇文章中说它达到了"静穆"即诗的"极境"。鲁迅反对把"静穆"当作"极境"的理论,他说:"凡论文艺,虚悬了一个'极境',是要陷入'绝境'的,在艺术,会迷惘于土花,在文学,则被拘迫而'摘句'。但'摘句'又大足以困人,所以朱先生就只能取钱起的两句,而踢开他的全篇,又用这两句来概括作者的全人,又用这两句来打杀了屈原,阮籍,李白,杜甫等辈,以为'都不免有些像金刚怒目,愤愤不平的样子'。其实是他们四位,都因为垫高朱先生的美学说,做了冤屈的牺牲的。"但鲁迅认为,《湘灵鼓瑟》"不失为唐人的好试帖"。鲁迅这里所说的是关于这首诗的意境,他不是反对"静穆"而是反对极端。观鲁迅的这幅书法作品,能体会到鲁迅对这首诗的理解。这幅字为横幅竖写,共十一列,通篇行气贯通,字体简约古澹,极具冲淡平和的书法意境。用冲淡表现这首诗的意境,可谓相得益彰,表现出鲁迅别于他人的书法个性。

1935年鲁迅写下东晋末期陶潜(渊明)《归园田居·其一》赠给许广平。这首诗是陶潜《归田园居》五首中的第一首,全文是:"少无适俗韵,性本爱丘山。误落尘网中,一去三十年。羁鸟恋旧林,池鱼思故渊。开荒南野际,守拙归园田。方宅十余亩,草屋八九间。榆柳荫后园,桃李罗堂前。暧暧远人村,依依墟里烟。狗吠深巷中，鸡鸣桑树巅。户庭无尘杂，虚室有余闲。久在樊笼里，复得返自然。"这是鲁迅书写得最长的一篇诗稿，共100个字。此幅作品尺幅较小，高仅60.4厘米，宽26.5厘米，字为行书体。在动荡激烈的时代，鲁迅写出这首诗赠"十年携手共艰危"的许广平，表现出一个战士和一个普通的人同样具有的情怀。书写舒展，平淡闲适，正合陶潜诗意。全篇共八列，首尾二字较厚重，前后呼应，行书工整纤秀，刚中有柔，具有明显的"鲁迅体"特点，可称是鲁迅行书作品的经典之作，冲和平淡之气跃然纸上。

鲁迅书法的冲淡之美，还可以从下面两首赠人诗中来欣赏。1931年赠松元三郎的李白《越中览古》扇面和1936年1月赠日本友人浅野要的杜牧《江南春》墨迹。

三、朴厚

书法之美，往往在于文字发端初始阶段的线条、形体及各种笔画的运用。汉魏时期的书法，稚拙、浑朴、厚重、宽博，具有力量感与原始的趣味，在中国书法史上更具有恒久的美感，以至于中国书法发展数千年仍不能偏离古代书法朴厚之美这一要素。郭沫若说的鲁迅书法"远逾宋唐，直攀魏晋"，是他从一个直观的角度观览鲁迅书法得出的结论，实际上，鲁迅对书法的钻研更应上推至秦汉，特别是对汉碑的研习，他是下过很大功夫的。鲁迅书法取法汉魏六朝，北碑特点明显，可谓高古。清代朴学大师阮元在《南北书派论》中指出北碑特点是"笔法劲正遒秀，往往画石出锋，犹如汉隶"，鲁迅书法正是合于这个特点，笔力强劲，遒正飘逸，结体宽博，篆隶之势浓郁，笔画不露锋芒，蕴藉而含蓄，朴茂而沉稳，行书中有篆书之势，隶书之意，草书之洒脱。

鲁迅最著名的《自题小像》诗，作于1903年3月，在日本江南班中第一个剪断辫子之后，拍摄了一张断发照片，在照片背后写下七绝诗一首："灵台无计逃神矢，风雨如磐暗故园。寄意寒星荃不察，我以我血荐轩辕。"现在收入《鲁迅诗稿》共有三幅，第一幅是1931年又重录的，跋尾处记有"二十一岁时作，五十一岁时写之，时辛未二月十六日也"。第二幅跋尾处记有"二十一岁时作，五十一岁时写之时辛未二月下旬在上海也"。第三幅是赠给日本友人冈本先生的，跋尾处记"录三十年前旧作以应冈本先生雅教"。鲁迅30年后重写此诗赠给朋友，表明他自己对此诗的钟爱，和一生与黑暗势力战斗的信念。从书法来看，这是鲁迅书法最成熟的时期。仅就第一幅为例，竖写四列，跋词字号略小，字体宽博厚重，第一个"灵"字引首，大有黑云压城之势，"风雨"二字尽显行书的洒脱，"磐"字出笔沉稳，"暗""园"二字圆转处涩意浓重，迟缓有度，"血"字具有强烈的感情色彩，力透纸背。通观全篇，起笔沉稳，收笔少有出锋，书法朴茂厚重，一气呵成，具有强烈的视觉美感。

1934年5月30日，鲁迅为日本友人新居格书写了一幅书法作品，诗题为《无题》。鲁迅日记载："午后为新居格君书一幅云：'万家墨面没蒿莱，敢有歌吟动地哀。心事浩茫连广宇，于无声处听惊雷。'"新居格（1888—1951），日本作家，文艺评论家。经内山完造介绍结识鲁迅。这首脍炙人口的诗流传很广，1978年有一出话剧就是以《于无声处》命名的。鲁迅这篇诗稿的跋语是："戌年初夏偶作，以应新居格先生雅教"。诗稿条幅为竖写四行，几乎都以方笔为之，似乎在表达直抒胸臆的情绪。"吟""茫""雷"都用古字写法，"歌""心""茫""于无"等字画不出锋，均有隶意，"事""处""惊"三字极为长大，显然是为了突出这三字的强调性，第四行只一个字却不显孤单，因为使用了"雨"下面三个"田"的古字写法，加之跋语紧随其后，使得通篇构图非常合理。通篇文字大小参差，但极和谐，字体宽博浑厚，硬朗朴茂。由此可见鲁迅书法柔则秀美，刚则强悍的多重风格，体现了鲁迅能驾驭各种字形字体的书法能力。

瞿秋白是鲁迅的挚友。1933年3月，鲁迅为瞿秋白书写了一副对联"人生得一知己足矣，斯世当以同怀视之"。对联为录清人何瓦琴句联，上款有"疑仌道兄属"，下款署"洛文录何瓦琴句"。下钤红色朱文"洛文"印章。瞿秋白笔名何凝，"疑仌"即"凝"字拆写，即指瞿秋白。"洛文"是鲁迅用过的笔名之一。3月6日，鲁迅下午到东照里访瞿秋白，瞿秋白将鲁迅书写的对联挂在墙上。瞿秋白（1899—1935），文艺理论家、翻译家，中国共产党早期领导人之一，江苏常州人。曾编《鲁迅杂感选集》并作序。1935年被害后，鲁迅亲自汇编他的译作《海上述林》。可见他们的关系非比寻常。这副对联共十六个字，"人""得""己""足""世""之"末笔全用隶书笔法，通篇看似行楷，实为行隶，如金就石，颇具碑派风采，金石之气扑面，贯穿始终，浓墨重笔，朴拙厚重，大气磅礴。

1935年12月，鲁迅为日本友人增井经夫写过一幅刘长卿的《听弹琴》，是一幅浑朴厚重的经典之作。全诗一共二十个字，共三列，"泠泠七弦上，静听松风寒。古调虽自爱，今人多不弹。"字幅中的"泠""今""人"等字中的捺笔均不出锋，"听""松""自""爱"等字古雅而具有野趣。这幅书法作品使用的是浓墨，"泠""七""弦""静""听"都有飞白，末字"弹"的最后一笔果断直插，露出颜体风范，使通篇完美结案。笔画粗重迟涩，质朴沉着，章法错落有致，构图疏密自如，字体宽博厚朴，线条浓淡相宜，结体朴拙洒脱。通篇刚柔相间，情意绵绵，使这首颇有意境的诗寓意更加深远，尽显质朴厚重之美。

四、古雅

古雅是书法形式之美的要素之一，在中国书法数千年的历史中，优秀作品无不具有古雅的特质。孙过庭《书谱》所说的"古质而今妍"，就是指书法的古雅之美。鲁迅书法之古雅，一是来自他对中国古代碑帖的大量研习；二是他对中国书法艺术超凡的鉴赏力；三是鲁迅的书法如鲁迅其人。

鲁迅的文章冷峻锋利，充满哲学思考与辛辣幽默，散文诗歌沉郁厚重。他的文章性情反映到书法中，同样具有浓厚的感情色彩。鲁迅历来厌恶媚俗，1933年与郑振铎合编《北平笺谱》，他就反对由钱玄同题签。1933年致郑振铎的信中说："签条托兼士写，甚好。还有第一页（即名"引首"的？）也得觅人写，请先生酌定，但我只不赞成钱玄同，因其议论虽多而高，字却俗媚入骨也。"在1933年12月27日致台静农的信中又说："至于不得托金公执笔，亦诚有其事，但系指书签，盖此公夸而懒，又高自位置，托以小事，能拖延至一年半载不报，而其字实俗媚入骨，无足观，犯不着向悭吝人乞烂铅钱也。"说明鲁迅对人品的要求是极高的，同时表明他的"书如其人"观与古人是相合的。《北平笺谱》出版时，签条是由沈兼士题写的，扉页题名由沈尹默题写，鲁迅序言由魏建功书写，郑振铎序言由郭绍虞书写，这几位都是人品很得鲁迅欣赏的学问家和书法家。书法表达性情，这一点也能从鲁迅的书法中反映出来。他曾在《难得糊涂》一文中说："因为有人谈起写篆字，我倒记起郑板桥有一块图章，刻着'难得糊涂'。那四个篆字刻得叉手叉脚的，颇能表现一点名士的牢骚气。足见刻图章写篆字也还反映着一定的风格。"鲁迅从篆字中看到了"名士的牢骚气"，可见书法的确是能够表达书者的性情的。

鲁迅书法具有浓郁的金石气，这与他抄古碑、藏金石大有关联，从而在他的书法中蕴含了优雅的金石气韵。同时，鲁迅作为伟大的文学家，具有深厚的文学修养，观赏鲁迅书法，学者之风与书卷之气扑面而来。

1935年12月5日，鲁迅为许寿裳书写诗一首："曾惊秋肃临天下，敢遣春温上笔端。尘海茫茫浓百感，金风萧瑟走千官。老归大泽菰蒲尽，梦坠空云齿发寒。竦听荒鸡偏阒寂，起看星斗正阑干。"此条幅跋尾处有"亥年残秋偶作录应季市吾兄教正"。后以《亥年残秋偶作》为题收入《集外集》。这是一首忧国忧民的述怀诗。同日，鲁迅为杨霁云书写了一幅明代项圣谟题《大树风号图》诗，在落款处写："此题画诗，忘其为何人作，亥年之冬录"下的"应霁云先生教"。据杨霁云后来考证："此余倩周先生手书屏幅，跋云：'此题画诗，忘其为何人作'余考此乃明项孔彰题其自绘大树诗。孔彰名圣谟，为元汴之孙，家贫志洁，架画自给。画兼宋元气韵，诗亦孤高芳洁。惟原诗'杖策'作'短策'，盖书时笔误也。迩时本拟告豫才先生，因循未果，转瞬而书者墓草苍苍矣。今日重展，易胜黄够腹痛之感。二十六年春日霁云跋尾。"两幅诗稿书法大致采用了同一种字体。《亥年残秋偶作》为六列，行书，字的大小大约均等，毫无夸张草率之笔。书法端庄古雅，字字讲究。项圣谟题画诗是一首七言绝句，共三列，呈竖长条状，字距适中，空间疏朗。两幅字于同时写成，笔墨字体相当。文字结体苍劲古朴，肃雅沉着，与诗的意境浑然一气。

鲁迅喜爱李贺的诗，现存鲁迅诗稿中有五幅是写李贺的诗赠予友人：《感讽五首》之三、《感讽》五首之四（此篇从未出版过）、《南园十三首》之七、《绿章封事》和《开悉诗》。《感讽五首》之三，当写于1909年从日本留学归来后，鲁迅只写了这首诗的前四句："南山何其悲，鬼雨洒空草。长安夜半秋，风前几人老。"李贺（790—816），唐代著名诗人，字长吉，"鬼才""诗鬼"等。这首诗确有几分鬼气，意境空灵萧疏，肃煞凄凉。鲁迅诗幅共四列，每列五个字，书法中亦有鬼煞之气。1909年时鲁迅的书法风格，个性尚未形成，带有早期学习书法的影子，但宽博古厚，隽雅脱俗之气已跃然纸上。1935年3月22日，又为时任《人间世》半月刊的编者徐讦写了一幅字，是选自《绿章封事》中的两句:"金家香弄千轮鸣,扬雄秋室无俗声。"这两句写的是达官贵人的显赫与穷文人的高雅相对比,所赠此幅有勉励之意。跋词记有"李长吉句录应伯讦先生属亥年三月鲁迅"。条幅为横幅,从左至右书写,这在鲁迅书写的墨迹条幅中是绝无仅有的。共七列,第一、二列各两个字,第三列三个字,第四、五、六列各两个字,最后一列一个"声"字。章法美妙奇特,布局新颖脱俗,笔墨浓淡相宜,上半句以三字一列结尾,下半句以一个大字结束,可谓错落有致,即为极尽古雅一例。

1933年11月,鲁迅书赠日本友人土屋文明一幅字,录屈原《九歌·礼魂》中的诗句:"春兰兮秋菊,长无绝兮终古。"录《楚辞》鲁迅在上海(印)。这是一幅极具功力,非常古雅的书法作品。用笔凝练劲健,古意盎然,章法疏朗,气象浑穆,点画线条苍劲,率意洒脱,诗与书法完美结合,俨然在与古人共同吟唱。

鲁迅书法的简约、冲淡、朴厚、古雅之美,并不能概括鲁迅书法之美的全部。鲁迅的书法之美,多来自他书写的勤奋、对书法线条的超然感悟和金石碑帖的启示。作为纯粹书法创作的鲁迅的诗稿,充分体现了鲁迅是民国时期独具个性书法风范的一位大家。

先生看画,首重其优劣,而于真伪盖所不计,是真赏者。

收藏事

兄不知能代我补收否？

从北京鲁迅博物馆现存的鲁迅遗物来看，他不但是一位伟大的思想家、作家、翻译家，他还是一位收藏大家。鲁迅的藏品中最多的是图书，其次还有大量的石刻拓片、汉画像、古钱、古砖、陶俑、铜镜等。

琉璃厂书肆常客

鲁迅在北京时期的绝大部分收藏，都是来自琉璃厂肆。据鲁迅日记统计，鲁迅在北京居住的14年间，到琉璃厂480多次，购买书籍3800多册，拓片4000多枚，还有古钱及其他古董，总共花费4000多元。

鲁迅自幼爱书，他读书、藏书的范围遍及古今中外各个学科。1911年，鲁迅在绍兴教书时，就曾托当时已在北京工作的好友许寿裳到琉璃厂为他购书。1911年1月2日，鲁迅致许寿裳信中说："闻北京琉璃厂颇有典籍，想当如是，曾一览否？"4月12日信中又问："北京琉璃厂肆有异书不？"可见鲁迅对琉璃厂是久慕其名。1912年年初，鲁迅应蔡元培的邀请，去南京临时政府教育部工作，同年5月5日随教育部北迁来到北京，稍事修整，12日就来到琉璃厂。鲁迅日记载："星期休息。……下午与季茀、诗荃、协和至琉璃厂，历观古书肆，购傅氏《纂[籑]喜庐丛书》一部七本，五元八角。"

25日"下午至琉璃厂购《李太白全集》一部四册，二元；《观无量寿佛经》一册，三角一分二；《中国名画》第十五集一册，一元五角"。

26日"星期休息。下午同季市、诗荃至观音寺街青云阁啜茗，又游琉璃厂书肆及西河沿劝工场"。

30日"得津帖六十元。晚游琉璃厂，购《史略》一部两册，八角；《李龙眠白描九歌图》一帖十二枚，六角四分；《罗两峰鬼趣图》一部两册，两元五角六分"。

从日记看，鲁迅到北京第一个月就4次光顾琉璃厂，第一次得津贴就去买书，可见他对琉璃厂向往已久。据鲁迅日记统计，鲁迅到北京的第一年，即1912年从5月进京到年底，共得津贴710元，购书90种，200多册，用了160多元。年底鲁迅感慨道："审自五月至年莫，凡八月间而购书百六十余元，然无善本。京师视古籍为骨董，唯大力者能致之耳。今人处世不必读书，而我辈复无购书之力，尚复月掷二十余金，收拾破书数册以自怡说，亦可笑叹人也。"

民国时暴涨的书价让鲁迅感到难以承受。鲁迅在《买〈小学大全〉记》中谈到当时的书价："线装书真是买不起了。乾隆时候的刻本的价钱，几乎等于那时的宋本。明版小说，是五四运动以后飞涨的；从今年起，洪运怕要轮到小品文身上去了。至于清朝禁书，则民元革命后就是宝贝，即使并无足观的著作也常要百余元至数十元。我向来也走走旧书坊，但对于这类宝书，却从不敢作非分之想。"

北京的琉璃厂有300多年的历史，驰名中外，是清代以来北京最有影响的文化街。1917年，北洋政府在琉璃厂修建了海王村公园，1924年又修建了和平门，拆除了厂桥，增辟了南新华街，使琉璃厂形成后来的格局。鲁迅居住北京时先是在宣武门外绍兴会馆，1919年购买了房屋全家搬入西直门内八道湾胡同，1923年兄弟失和后又购买了阜成门内西三条胡同21号院，1924年搬入。鲁迅逛琉璃厂时，和平门还没有开通，他多是从宣武门到达琉璃厂购物。

当时的琉璃厂分东西两段，东琉璃厂以古玩业为主，有宝古斋、汲古阁等一大批老字号。西琉璃厂以新旧书业为主，有来薰阁、保古斋、商务印书馆、中华书局等。非常有名的南纸店清秘阁、荣宝斋也在西琉璃厂。书肆、古董店、字画店、刻章店、纸店、笔店等逐渐发展成了老字号。北京作为文化古都，兵乱不断，王公贵族的藏书及各种珍宝不断流出，琉璃厂也成了这些宝物的大型集散地。光绪初年（1875），琉璃厂的书肆多达220余家，比较著名的有富文堂、三槐堂、宝名斋、文光楼、会文斋、槐荫山房、文友堂等。民国年间又有来薰阁、松筠阁、藻玉堂、神州国光社、宏道堂、立本堂、直隶书局、开明书局、有正书局、宝华堂、富晋书社、商务印书馆、中华书局、世界书局等，兼有出版、销售功能。鲁迅是这些书店的常客，所购书包括影印古籍、画谱、佛经及各种工具书等。

石刻拓片收藏

鲁迅自幼读经，国学修养深厚。赴日本留学时，师承国学大师章太炎学习小学，对金石、古文字颇有研究兴趣。1911年在绍兴教学期间，带学生去过兰亭、快阁、宋六陵、柯桥、七星岩等地，还和周建人、王鹤照一起郊游，采集植物标本或拓碑帖。1912年，鲁迅北上北京到教育部任职，至1919年居住在绍兴会馆期间，搜集了两汉至隋唐时期的大量石刻拓片，其中包括造像、墓志、碑拓、砖拓、瓦拓、铜镜、钱币、汉画像等。此后仍有零散的收藏一直到晚年。现在保留在北京鲁迅博物馆的石刻拓片有4217种5900余张。

大约在鲁迅创作《狂人日记》并开始"一发而不可收"地创作小说以前，鲁迅的很多精力都用在收藏拓片、抄古碑和研究碑帖上。鲁迅在《呐喊·自序》中曾描述在绍兴会馆的生活："许多年，我便寓在这屋里钞古碑。"1916年至1918年的鲁迅日记中，多有"录碑""夜独坐录碑""夜校碑"的记载。

1912年6月26日，鲁迅日记载："上午太学者持来石鼓文拓片十枚，元潘迪《音训》二枚，是新拓者，我以银一元两角五分易之。"这是鲁迅最早的购买拓片记录。知道鲁迅有此好，好友季自求、杨莘士、钱稻孙、胡绥之、陈师曾等都赠送过拓片给他。1915年4月以后，鲁迅开始大量购买金石学著作和搜集金石碑帖，其中重点是汉画像、唐以前的碑帖拓片、六朝造像及少量的秦汉砖、瓦当拓片。

1916年，鲁迅收集整套拓本较多，如1月12日，购买汪书堂代买山东金石保存所藏石拓本全分117枚；1月22日，购买《响堂山刻经造像》拓本一分64枚；3月11日，购买孔庙中六朝、唐、宋石刻拓本14枚；3月12日，购买孔庙汉碑拓本一分19枚；5月31日，购买江宁梁碑全拓一分16枚；9月8日购买云峰太基山摩崖刻旧拓不全本31种33枚。如此大力搜购，表明鲁迅是在致力于系统收藏古代碑拓，并集大成。主要收藏范围是从汉代、六朝至隋唐的碑拓和造像，地域有河南、山东、河北、陕西、山西、四川等。鲁迅之所以大量搜购碑拓和造像拓片是在为拟编《六朝碑拓文字集成》《汉画像集》《中国字体变迁史》等书做准备。鲁迅购买金石类图书又是为了系统地研究。鲁迅除广辑大量碑拓外，还注意搜集精拓本。1916年，鲁迅购买了晚清收藏大家端方藏拓，如7月28日购买端氏藏石拓本一包，计汉、魏、六朝碑碣14种17枚，六朝墓志21种27枚，六朝造像40种41枚，总计75种85枚；8月8日收端氏所藏造像拓本32种35枚；8月12日收端氏所藏石刻小品拓片22种25枚；又匋斋藏专拓片11枚；10月29日购买端氏藏石拓本27种33枚；11月12日买端氏藏石拓本4种4枚；11月24日买端氏藏石拓片3种4枚。

1917年，鲁迅仍继续大量购买碑拓、造像和墓志，特别偏重于六朝造像和墓志的收藏。共购买拓片1800多枚。大宗购买的如3月18日，买洛阳龙门题刻全拓一份，大小约1320枚；3月20日，买河朔隋以前未著录石刻拓本30种共48枚；5月6日，买六朝杂造像11种28枚；5月19日，买六朝造像4种13枚；6月17日，买六朝造像7种13枚；11月4日，买吴兴姚氏所藏六朝造像10种13枚。

洛阳龙门题刻，出自河南洛阳龙门石窟，举世闻名，雕刻在伊河两岸的山崖上，长约一公里。从北魏孝文帝迁都洛阳时开始建造，经东魏、西魏、北齐、隋、唐至北宋，开凿约400余年，现存窟龛2300多个，碑刻题记2800余块，佛塔70余座，造像近11万尊，居中国石窟之首。鲁迅所购题刻全拓一份大小约1320枚，指当时所能拓到的较完整的拓片，也只是全部题刻的一半不到，但这也具有了相当的规模。这是鲁迅最大宗购买的整套拓片。鲁迅本年月工资为300元，用33元的价格买下此套拓片占去月俸的十分之一，但33元的价格合每枚拓片2分5厘，可见当时的拓片是极便宜的。

鲁迅大量汇集六朝碑志是在为编纂《六朝碑拓文字集成》做准备，后来编写的《六朝墓名目录》《六朝造像目录》和《直隶现存汉魏六朝石刻录》等，都是以鲁迅自己的收藏为基础的。

1918年至1919年间，鲁迅收藏拓片的重点仍在六朝墓志、秦汉砖瓦拓片，如1919年2月12日，在德古斋买端氏藏砖拓片一包，计汉墓砖380枚，杂砖11枚，六朝墓砖25枚，唐、宋、元墓砖7枚，总计423枚。北京鲁迅博物馆现存瓦当拓片仅有169种317张，可见散佚很多。由于端方藏拓精到，鲁迅购买其藏拓不遗余力。

鲁迅大力收藏石刻拓片很大程度上是一种乐趣，还有就是为了解脱精神上的苦闷。以他的才学，在搜集整理过程中进行深入的研究并取得了卓越的成果。1916年后，鲁迅先后撰写了《〈吕超墓志铭〉跋》《吕超墓出土吴郡郑蔓镜考》《〈大云寺弥勒重阁碑〉校记》《会稽禹庙窆石考》等多篇金石考证文章，还编辑过《俟堂专文杂集》《寰宇贞石图》等。

鲁迅收藏的石刻拓片无论从专业性和拓片质量、数量方面都可称为中国近代史上的收藏大家。特别是一些从未见任何著录的和实物已损毁不存的拓片尤为珍贵。这些收藏品都是研究中国历史、美术史、书法史等方面的重要材料，鲁迅的石刻拓片收藏与研究对中国文化事业有巨大的贡献。

汉画像拓片收藏

1913年9月11日鲁迅日记载："胡孟乐贻山东画像石刻拓本十枚。"胡孟乐是浙江绍兴人，与鲁迅同期留学日本，同时在绍兴教书，同在教育部工作。此次赠鲁迅的汉画像拓片是山东武梁祠画像佚存石拓本，这是鲁迅收藏汉画像拓片的开始。

汉代画像石是汉代刻于墓室与地面祠堂、门阙等建筑上的装饰雕刻，是我国最早的浮雕艺术。汉画像的发现与研究早在北宋时期就已开始，金石学也由此发端，到民国初期已有大量的著录。20世纪初，开始用近代考古学方法积累汉画像资料。鲁迅做的正是这个工作，在民国初期，鲁迅是这门学问的开拓者之一。

鲁迅大量收藏汉画像拓片是从1915年开始，直到1935年。现保存在北京鲁迅博物馆中的鲁迅收藏的汉画像拓片有700余幅，主要是山东汉画像和河南南阳汉画像，其中山东汉画像有360余幅，南阳汉画像有290幅，此外还有出自四川、甘肃、江苏等地的汉画像。

鲁迅在汉画像的积累上不遗余力，曾想编一部《汉画像集》。1919年6月9日给台静农的信中曾表示了想印汉画像的"小野心"："对于印图，尚有二小野心。一、拟印德国版画集，此事不难，只要有印费即可。二、即印汉至唐画象，但唯取其可见当时风俗者，如游猎，卤簿，宴饮之类，而著手则大不易，五六年前，所收不可谓少，而颇有拓工不佳者，如《武梁祠画象》，《孝堂山画象》，《朱鲔石室画象》等，虽具有，而不中用；后来出土之拓片，则皆无之，上海又是商场，不可得。兄不知能代我补收否？即一面收新拓，一面则觅旧拓（如上述之三种），虽重出不妨，可选其较精者付印也。"以后更是不断搜集，主要来源是从琉璃厂等书肆购买，还通过台静农等友人在各地搜集。1926年8月前曾作过一篇《汉画像集》拟目。但出版《汉画像集》的愿望由于财力不足等种种原因最终未能如愿。

鲁迅主张把汉画艺术融入中国新兴版画艺术中，在1935年9月9日致李桦的信中说："汉人刻石，气魄深沉雄大，唐人线画，流动如生，倘取入木刻，或可另辟一境界也。"鲁迅深爱汉画像艺术，并把它应用在封面设计中，译文集《桃色的云》《国学季刊》的封面是由鲁迅亲自设计的，其中就采用的汉画像的素材。当中国汉画像研究还处于金石学和考古学领域阶段时，鲁迅就已经把它介绍到美术领域了，这使中国新兴版画获益匪浅。

鲁迅还在他的文章中多次提及汉画像。《说胡须》一文中曾提到："清乾隆中，黄易掘出汉武梁祠石刻画像来，男子的胡须多翘上；我们现在所见北魏至唐的佛教造像中的信士像，凡有胡子的也多翘上，直到元明的画像，则胡子大抵受了地心的吸力作用，向下面拖下去了。"在《朝花夕拾·后记》中这样描述武梁祠的汉画像："汉朝人在宫殿和墓前的石室里，多喜欢绘画或雕刻古来的帝王，孔子弟子，列士，列女，孝子之类的图。宫殿当然一椽不存了；石室却偶然还有，而最完全的是山东嘉祥县的武氏石室。我仿佛记得那上面就刻着老莱子的故事。但现在手头既没有拓本，也没有《金石萃编》，不能查考了；否则，将现时的和约一千八百年前的图画比较起来,也是一种颇有趣味的事。"可见鲁迅对汉画像的研究与观察如此的细致。

鲁迅收藏汉画像目的之一就是研究古代美术,并运用于现代美术创作中。鲁迅多是从美术考古的角度去搜集汉画像拓片的,对汉画像的收藏与研究是鲁迅一生的爱好,曾多次计划将收集的汉画像石拓片整理出版。为此,鲁迅做过大量的工作,1926年前,就写过《汉画像考》,并计划编印出版,但未能完成。现只存残稿50多页。在鲁迅的手稿中还有一页鲁迅自拟的汉画像目录草稿,现存北京鲁迅博物馆。在20世纪20年代末鲁迅收集的汉画像已具有相当的规模。到鲁迅去世前,所收集的汉画像数量,在当时出土的汉画像拓片收藏者中,鲁迅是佼佼者。

钱币收藏

鲁迅日记载,1913年8月16日,"午后往琉璃厂,在广文斋买古泉十八品,银一圆"。这是鲁迅到北京后第一次购买古钱币的记载。据鲁迅日记统计,至1919年6月21日,鲁迅购买古钱共27次,收藏166枚。购买地点多在广文斋、李竹泉及古董小市等。钱币的种类有春秋战国时的刀币、布币,汉、唐、宋、元、明及清代的古钱。其中不乏较珍贵的品种,如战国时期的"三字刀""甘丹刀",唐代"得壹元宝",新莽时期的"大泉五十""小泉直一"等。

鲁迅收藏古钱币具有很专业的眼光,为了收藏古钱币,他专门购置了《古今泉略》《古金待访[问]录》等多种专业书籍。通过不断的学习,具有很强的辨伪能力,日记中常有"佳""系伪造品"的文字。鲁迅对古钱币不仅收藏,还有研究。在鲁迅未刊手稿中存有标明"泉志"的手稿23页，记有172种钱币，分别注明了形状、质地、文字字数及字体。

鲁迅收藏钱币时常与周作人交流，周作人当时还在绍兴，鲁迅购买的古钱约有一半寄往绍兴。几经迁徙变故，鲁迅离开北京时将古钱都留在了西三条家中。现北京鲁迅博物馆尚存鲁迅收集的古钱有123枚。

俑

俑，亦称"偶人"，是古代随葬的造型艺术品，一般以泥、陶、瓷等材质制作，以人物、动物为主要题材，以秦汉至隋唐时期最为盛行。据鲁迅藏品统计，鲁迅收藏的俑有57件，其中人俑38件，动物俑19件。其中有汉代6件，南北朝3件，隋代3件，唐代36件，宋代4件，明代3件，清代2件。在鲁迅收藏的俑中，时代最早的是西汉彩绘陶女侍俑，其他还有各时代的武士俑、女乐俑及石猪、陶马、陶猫头鹰、三彩小鸟等。

通过对俑的研究，可以考证该俑所处时代的生活、服饰及艺术特点等。鲁迅购买俑的目的，一方面是收藏保护文物，另一方面是对俑进行研究。1913年2月2日，鲁迅从琉璃厂买到河南北邙出土的随葬品五件，非常珍爱。鲁迅自幼白描功底很好，他将所购土偶以白描绘制下来，并在上面写了说明。

古砖

古砖是古代建筑的材料，战国时期就有使用。古砖上的纪年、纪址、文字、花纹等是一种重要的历史资料，是研究金石学的重要部分。鲁迅从日本回国后在绍兴任职时就开始搜集古砖，1912年到北京后仍在搜集古砖实物及拓片，常与周作人互寄古砖拓片进行研究，并想编写一部绍兴地区古砖拓本集《越中专集》。周作人日记载，1914年6月23日："在贯珠楼红木店得汉砖二，计洋一元。令为上蜡，约廿八、九取。文一曰'马卫将作'，一曰'建宁元年八月十日造作'，皆萧山、杭坞山物，光绪丙申出土，距今共一千七百四十八年矣。"（《周作人日记》）1915年6月22日鲁迅日记载："得二弟信并马卫将作砖拓本二枚，十九日发。""马卫将作"是制造砖时刻上名号的一种在汉代的砖。由此日记可看出兄弟二人在这一时期爱好相同，所研究的器物与所阅读的书也相近。周作人得到砖后令店主上蜡，后又制成拓片寄给鲁迅鉴赏。鲁迅所藏的"甘露"砖、"永和"砖、"河平"砖、"建宁"砖等拓片都是周作人从绍兴寄给鲁迅的。

至1924年，鲁迅已集到古砖实物20多枚。1924年9月21日，鲁迅以他十余年的藏砖及拓片为基础，编定了《俟堂专文杂集》，并撰写了《〈俟堂专文杂集〉题记》。俟堂，鲁迅早年的别号。《俟堂专文杂集目录》收录汉魏六朝砖拓170件，隋2件，唐1件。鲁迅在题记中写道："曩尝欲著《越中专录》，颇锐意蒐集乡邦专甓及拓本，而资力薄劣，俱不易致，以十余年之勤，所得仅古专二十余及打本少许而已。迁徙以后，忽遭寇劫，孑身逭遁，止携大同十一年者一枚出，余悉委盗窟中。日月除矣，意兴亦尽，纂述之事，渺焉何期？聊集燹余，以为永念哉！甲子八月廿三日，宴之敖者手记。"这段文字记载了鲁迅与周作人夫妇发生矛盾，被迫迁出八道湾移居砖塔胡同六十一号。1924年6月11日下午往八道湾宅取书及物品时，受到周作人和其妻的骂詈殴打，紧急中随身抢带而出的古物只有这块大同十一年（545）的剡中砖砚，可见鲁迅对这方剡中砖砚的重视和珍爱。

鲁迅在北京时，搜集古砖及拓片多是在琉璃厂，"苌安雍州刘武妻"砖、"李臣妻"砖、"口阿奴"砖等拓片都是从琉璃厂购得。1919年2月12日，鲁迅日记载："偕二弟至同游厂甸，在德古斋买端氏藏专拓片一包，计汉墓专三百八十，杂专十一，六朝墓专廿五，唐、宋、元墓专七，总四百廿三枚，券五十元。"本日所购为端方藏砖拓最大一宗，共423枚，花了50元，合每枚0.12元。北京鲁迅博物馆现存鲁迅藏砖拓片324种338枚。可见有很多已经散佚。

鲁迅所藏砖拓片还有一个来源就是朋友赠送或代买，如上述的"大同十一年"砖即是商契衡所赠。《俟堂专文杂集》目录中有题记："大同十一年专　已制为砚　商契衡持来　盖剡中物。""剡"即商契衡家乡浙江嵊县。大同十一年（545）砖，已被改制成砖砚，有紫檀木盖及托。此砖砚经常置于"老虎尾巴"东壁下的书桌上。其他还有如：1915年10月27日，"师曾赠'后子孙吉'专拓本二枚，贵筑姚华所藏。"1917年10月5日"季市（许寿裳）持来专拓片一枚，'龙凤'二字，云是仲书先生所赠，审为东魏物，字刻而非印，以泉百二十元得之也"。1918年3月11日，"陈师曾与好大王陵专拓本一枚"。

在鲁迅所藏古砖拓片中，有一大批"刑徒砖"拓片。1918年5月23日鲁迅日记载："往留黎厂德古斋，买得恒农墓专拓片大小百枚，内重出二枚，二十四元。"为此，鲁迅曾购买过罗振玉辑《恒农冢墓遗文》一书，内容为洛阳地区出土的刑徒砖200余种，该书为研究洛阳刑徒砖拓的重要参考书。鲁迅参照此书买得恒农墓专拓片百枚。现鲁迅藏拓片目录中有刑徒砖拓113枚，多为本日所购。

鲁迅为了古砖研究，曾购买过《汉魏六朝专文》《千甓亭古专图释》《百专考》等多种专用工具与实物及拓片比对研究。1915年7月19日鲁迅日记载："夜写《百专考》一卷毕，二十四叶，约七千字。"夜写7000字，可见其兴致之高。通过潜心研究和学习，鲁迅对于古砖及拓片的鉴定具有高超的眼力。有一次购买了一枚"大原平陶郝厥"砖，鲁迅怀疑是伪作，于是与商家商议换为"赵向妻郭"砖，次日换得。

铜镜

铜镜，是古代用铜铸造的的镜子，是一种生活用具。古代铜镜制作精良，形态美观，通常铸有华丽的图纹与铭文。鲁迅对铜镜也有精到的收藏与研究。

鲁迅日记中有多次购买铜镜及铜镜拓片的记录。鲁迅日记载，1914年12月20日："下午至留黎厂买……买古竟一面，一元，四乳有四灵文。"1915年2月28日，"午后往厂甸买十二辰竟一枚，有铭，鼻损，价银二元。又唐端午竟一枚，一元"。1915年3月1日，"夜季自求来，赠鼯鼠蒲桃镜一枚，叶上有小鼢，内楷书一'马'字，言得之地摊"。1918年3月25日，"午后往留黎厂买……买青羊竟一枚，日有熹竟一枚"。等。鲁迅还曾购藏了数十种古镜拓片，现在北京鲁迅博物馆还存有40多种。

鲁迅对古代铜镜颇有研究，曾购买过《邀庵古镜存》《古镜图录》等著作，进行专门研究。1918年7月29日，鲁迅收到二弟周作人从绍兴寄来的《吴郡郑蔓镜》拓片二张，即作《吕超墓出土吴郡郑蔓镜考》一文另以考证。郑蔓，汉代吴郡（今江苏苏州）人，以铸镜著名，后人造镜多假托其名。此镜在浙江绍兴兰上乡灰灶头村，与《吕超墓志》同时出土。周作人回绍兴省亲时发现此镜，写信给鲁迅，"告言径建初尺四寸四分，质似铅，已裂为九，又失其二，然所阙皆华饰，而文字具在。"并寄拓片二纸。鲁迅收到拓片后，发现"与所传者绝异"。于是参照《古镜图录》《志林》《关中金石记》《山海经》等书籍，并结合自己所藏，对此镜作了详细的考证，写出《吕超墓出土吴郡郑蔓镜考》一文。鲁迅此文，旁征博引，辞藻精练，言必有出处，论必有所据。关于此镜的考证，迄今无超越者。

1925年2月9日，鲁迅作《看镜有感》一文，载3月2日《语丝》周刊第十六期，后收入杂文集《坟》。鲁迅在文中通过对自己收藏的铜镜的品评，主张尽量吸收外来文化。文中可看出鲁迅对铜镜艺术有很深入的研究："因为翻衣箱，翻出几面古铜镜子来，大概是民国初年初到北京时候买在那里的，'情随事迁'，全然忘却，宛如见了隔世的东西了。一面圆径不过二寸，很厚重，背面满刻蒲陶，还有跳跃的鼯鼠，沿边是一圈小飞禽。古董店家都称为'海马葡萄镜'。但我的一面并无海马，其实和名称不相当。记得曾见过别一面，是有海马的，但贵极，没有买。这些都是汉代的镜子；后来也有模造或翻沙者，花纹可造粗拙得多了。汉武通大宛安息，以致天马蒲萄，大概当时是视为盛事的，所以便取作什器的装饰。古时，于外来物品，每加海字，如海榴，海红花，海棠之类。海即现在之所谓洋，海马译成今文，当然就是洋马。镜鼻是一个虾蟆，则因为镜如满月，月中有蟾蜍之故，和汉事不相干了。"鲁迅通过铜镜所表现的艺术图案，高度赞赏汉唐艺术，使用外来的花纹毫不拘束忌讳："汉人的墓前石兽，多是羊，虎，天禄，辟邪，而长安的昭陵上，却刻着带箭的骏马，还有一匹驼鸟，则办法简直前无古人。"批评现实道："现今在坟墓上不待言，即平常的绘画，可有人敢用一朵洋花一只洋鸟，即私人的印章，可有人肯用一个草书一个俗字么？许多雅人，连记年月也必是甲子，怕用民国纪元。不知道是没有如此大胆的艺术家；还是虽有而民众都加迫害，他于是乎只得萎缩，死掉了？"

关于古镜，鲁迅从它的产生、品种和作用都有详细的介绍："现在流传的古镜们，出自冢中者居多，原是殉葬品。但我也有一面日用镜，薄而且大，规抚汉制，也许是唐代的东西。那证据是：一，镜鼻已多磨损；二，镜面的沙眼都用别的铜来补好了。当时在妆阁中，曾照唐人的额黄和眉绿，现在却监禁在我的衣箱里，它或者大有今昔之感罢。但铜镜的供用，大约道光咸丰时候还与玻璃镜并行；至于穷乡僻壤，也许至今还用着。我们那里，则除了婚丧仪式之外，全被玻璃镜驱逐了。""宋镜我没有见过好的，什九并无藻饰，只有店号或'正其衣冠'等类的迂铭词，真是'世风日下'。但是要进步或不退步，总须时时自出新裁，至少也必取材异域，倘若各种顾忌，各种小心，各种唠叨，这么做即违了祖宗，那么做又像了夷狄，终生惴惴如在薄冰上，发抖尚且来不及，怎么会做出好东西来。"鲁迅通过古镜艺术的发展史，提出要"放开度量，大胆地，无畏地，将新文化尽量地吸收"。

1923年7月23日鲁迅日记载："上午以大镜一枚赠历史博物馆。"此枚无购买记录，就像鲁迅的书账一样，他的记账并不是很全的。此"大镜一枚"专家鉴定为明代"湖州镜"，1956年鲁迅博物馆建馆时，中国历史博物馆将此镜调拨给鲁迅博物馆，并一直在陈列厅展出。鲁迅的古代铜镜收藏现仅存这一件实物。

《木板雕刻集》第二本附列宁像不见,先生愤慨"彼辈所为"。

版刻三书事

> 但我辈之力,亦未能彻底师古,止得从俗。

　　郑振铎是中国现代文学史上著名的作家,他创作了大量的诗歌、小说、散文及文学评论;他又是一位文学史家,撰写了《俄国文学史略》《文学大纲》《插图本中国文学史》《中国通俗文学史》,编辑了《中国版画史图录》等大量著作,后来又从事考古研究,写了很多艺术考古研究的论文;他还是一位藏书家,为国家捐献了7700余种珍贵古旧藏书。1920年起就与瞿秋白等创立《新社会》旬刊并不断发表文章。1921年郑振铎与茅盾、耿济之、叶绍钧等成立文学研究会,后又编辑《小说月报》、《儿童世界》、《文学》、《文学季刊》、《时事新报》副刊《学灯》等,为中国新文化运动做出了杰出贡献。按鲁迅的话来说,"此君热心好学,世所闻知"(1935年1月9日致许寿裳信)。"在中国教授中郑振铎君是工作和学习都很勤谨的人。"(1935年6

月10日致增田涉信）郑振铎的一生都充满了激情，追求他所热爱的事业，创作、翻译、编辑，几乎占据了他的全部生命，他曾在上海复旦大学、中国公学、暨南大学、北京燕京大学等校任教，对文学青年也倍加爱护，以至于当时有"南迅北铎"的口碑。（1936年7月18日端木蕻良致鲁迅信）1958年10月17日，他作为当时的文化部副部长率文化代表团出访时因飞机失事不幸遇难。

郑振铎在中国版画研究领域的贡献是巨大的，他与鲁迅在20世纪30年代有过几次重要的合作，就是合编著名的《北平笺谱》《十竹斋笺谱》和《陈章侯画博古牌》（又称《博古叶子》），笔者称为"版刻三书"。这三部书的编辑情况很多文章都有研究，但是还有一些重要的史料不为人知，关于鲁迅郑振铎合编版画三书的过程，仍有重要史料需要补充。站在鲁迅研究的角度研究鲁迅与郑振铎，与站在郑振铎研究的角度研究郑振铎与鲁迅，会有一些史实上的出入或互补。

郑振铎与鲁迅的交往史

现存的郑振铎日记不连续，与鲁迅相交的时代只有散文体的《欧行日记》，考查郑振铎详细的生平有陈福康先生的《郑振铎年谱》是为重要的参考资料。鲁迅日记从1912年5月到北京教育部工作时开始，除1922年的日记丢失外，一直到1936年10月19日他逝世前一天。但鲁迅日记基本为流水账式，考查鲁迅生平，可以从鲁迅博物馆编辑的《鲁迅年谱》和《鲁迅全集》中得到补充。据鲁迅日记记载，鲁迅与郑振铎的书信往来有160多次，而现保存下来的只有郑振铎致鲁迅的信札50多通，很多书信已佚，由此可证他们的关系是多么紧密。

郑振铎（1898—1958），字西谛，书斋名玄览堂，笔名有幽芳阁主、纫秋馆主、纫秋等，福建长乐人，生于浙江温州，1918年到北京上大学，并与瞿秋白、耿济之相识，当时他20岁，鲁迅37岁。1920年6月起，因向周作人约稿与之相识，此后与周作人有了密切的交往，信函不断，他也成了八道湾的常客，但没有他和鲁迅见过面的记载。1921年3月，郑振铎到上海商务印书馆工作，4月11日，鲁迅收到由孙伏园转来的郑振铎的第一封信。1922年，因鲁迅介绍俄国诗人爱罗先珂至北京大学讲授世界语，郑振铎与叶圣陶结伴陪同爱罗先珂乘火车北上，24日至。上午，雪后初晴，郑振铎与耿济之二人陪同爱罗先珂到八道湾住所，第一次与鲁迅会面，此后他们的书信往来便多了起来。

郑振铎的小说研究，开始是受到鲁迅的启蒙和帮助的。1922年年底，郑振铎接替茅盾主编《小说月报》并主编《文学旬刊》（后改名《文学》），曾在刊物上发表介绍鲁迅翻译的爱罗先珂《红的花》。1924年7月7日，他将所译《俄国文学史略》托周建人带到北京赠鲁迅。1925年3月，鲁迅将他的译著《苦闷的象征》寄赠郑振铎。4月，又寄赠明刻插图本平话小说《西湖二集》六册。10月，又寄赠《中国小说史略》一本。郑振铎此时开始研究中国文学史，他曾回忆："我在上海研究中国小说，完全像盲人骑瞎马，乱闯乱摸，一点凭借都没有，只是节省着日用，以浅浅的薪入购书，而即以所购入之零零落落的破书，作为研究的资源。""他的《中国小说史略》的出版，减少了许多我在暗中的摸索之苦。"（郑振铎《永在的温情》）他每有问题就写信向鲁迅求教，鲁迅也总是热心地复信回答。郑振铎回忆："后来，我很想看看《西湖二集》（那部书在上海是永远不会见到的），又写信问他有没有此书。不料随了回信同时递到的却是一包厚厚的包裹。打开了看时，却是半部明末版的《西湖二集》，附有全图。我那时实在眼光小得可怜，几曾见过几部明版附插图的平话集，见了这《西湖二集》为之狂喜！而他的信道，他现在不弄中国小说，这书留在手边无用，送了给我吧。这贵重的礼物，从一个只见一面的不深交的朋友那里来，这感动至今跃跃在心头的。"（郑振铎《永在的温情》）

1926年8月30日，鲁迅由北京到厦门途经上海，当晚，郑振铎为鲁迅设宴洗尘。席间鲁迅与郑振铎谈到日本的中国文学研究者盐谷温在日本内阁文库中发现有中国元刊本平话小说，后他据此写了《日本最近发现之中国小说》一文，发表于《小说月报》。就在这一年，郑振铎完成了《文学大纲》第一册的写作并出版，年底，鲁迅收到了郑振铎寄赠的这本书。

1927年5月，郑振铎赴法国游学一年，在法国的图书馆，他读到了大量中国古代小说的稀见版本。回国后，继续编辑《小说月报》，并在三所大学任教授。鲁迅在致章廷谦的信中说："振铎早回，即编《说报》，又教文学，计三校云。"（"说报"指《小说月报》，"三校"指在复旦大学、中国公学等三所学校任教。）可见他的精力是多么充沛。

学术上的争议，鲁迅是不避亲疏的。1931年，郑振铎在《中学生》上发表《宋人话本》，文中提及《唐三藏取经诗话》的版本问题，鲁迅认为此文不妥，于是著文《关于〈唐三藏取经诗话〉的版本》，与郑振铎进行商榷，也刊登在《中学生》月刊。

1931年6月9日，鲁迅由冯雪峰、蒋径三和增田涉陪同来到郑振铎家，观赏他收藏的明清版画书籍插图。这是鲁迅日记中第一次记载到郑振铎家做客。同月，郑振铎托蒋径三带给鲁迅信笺及信封各一盒。7月，又收到郑振铎寄赠的《百花诗笺谱》一函两卷，这显然是他们探讨合作出版笺谱的前奏。9月，因商务印书馆王云五改革事件，郑振铎辞职到北平燕京大学和清华大学任教，并专心从事《中国文学史》的撰写。此间他请了刘淑度任自己的秘书，刘淑度擅篆刻，是齐白石的女弟子，郑振铎请她为鲁迅刻了两枚印章，一枚是阳文鲁迅的笔名"旅隼"，一枚是阴文的"鲁迅"。鲁迅非常喜欢这两枚印章，在为友人题写诗幅时经常使用，此章现仍藏北京鲁迅博物馆。

鲁迅对郑振铎所著《插图本中国文学史》也有微词，他在1932年8月15日致台静农的信中说："郑君治学，盖用胡适之法，往往恃孤本秘笈，为惊人之具，此实足以炫耀人目，为其学子所珍赏，宜也。……然此乃文学史资料长编，非'史'也。但倘有具史识者，资以为史，亦可用耳。"认为此书材料很丰富，但缺乏观点。然而此书是1932年12月出版的，鲁迅得到郑振铎的赠书前三册是1933年2月3日，而第四册是9月17日才收到。评论在前，得书在后，在时间上有差池，所以鲁迅此评未必全面。而郑振铎视鲁迅的《中国小说史略》为圭臬，认为"鲁迅先生的《中国小说史略》出，方才廓清了一切谬误的见解，为中国小说的研究打定了最稳固的基础"（郑振铎《孙楷第撰〈中国通俗小说书目〉序》）。鲁迅对郑振铎的优秀论文也倍加赞赏，他曾赞扬郑振铎论文《西游记的演化》可以纠正《中国小说史略》中的某些论述，是"精确的论文"（鲁迅《〈中国小说史略〉日本译本序》)。1927年至1928年间郑振铎曾编选出版了由唐至清末的小说集《中国短篇小说集》，鲁迅赞道："偶见郑振铎君所编《中国短篇小说集》，扫荡烟埃，斥伪返本，积年埋郁，一旦霍然。"(鲁迅《〈唐宋传奇集〉序例》)

1933年年初，鲁迅与郑振铎开始编辑《北平笺谱》，鲁迅在上海，郑振铎在北平，二人通信极为频繁，并且经常互相走访，共同参加社会活动，共同看电影。1934年2月，《北平笺谱》出版。他们又开始编辑《十竹斋笺谱》，此时他们又商议翻印介绍宋、元、明以来的版画，出版《版画丛刊》。至鲁迅逝世前，《十竹斋笺谱》只看到出版的一册，而陈老莲的画册，鲁迅只收到一个《博古叶子》的样本。在古代版画的收藏与研究上，郑振铎也是受到鲁迅的启发与帮助的。鲁迅在编辑《珂勒惠支版画选集》《海上述林》等书时，郑振铎都提供了很大的帮助。

1936年10月19日，鲁迅逝世的噩耗传来，郑振铎悲痛至极，连续三天参加瞻仰遗容、观看入殓，并为鲁迅执绋送殡，著写纪念文章。鲁迅去世后，郑振铎继承了鲁迅的遗志，完成了《中国版画史图录》的编辑。鲁迅与郑振铎在中国文学史、中国小说史、中国版画史以及中国新文化运动等方面都做出过杰出的贡献，他们的成就既相关，又能互补，是中国历史上两颗耀眼之星。

"中国木刻史上断代之惟一之丰碑"——《北平笺谱》

1933年2月5日，鲁迅在致郑振铎的信中说："去年冬季回北平，在留黎厂得了一点笺纸，觉得画家与刻印之法，已比《文美斋笺谱》时代更佳，譬如陈师曾、齐白石所作诸笺，其刻印法已在日本木刻专家之上，但此事恐不久也将销沉了。因思倘有人自备佳纸，向各纸铺择尤（对于各派）各印数十至一百幅，纸为书叶形，彩色亦须更加浓厚，上加序目，订成一书，或先约同人，或成后售之好事，实不独为文房清玩，亦中国木刻史上之一大纪念耳。"由此动议开始，一年中，鲁迅在上海，郑振铎在北平，关于此书的出版有30多次书信往来。至年底，鲁迅、郑振铎合编的《北平笺谱》由北平荣宝斋印行。

此书系由鲁迅与郑振铎合编，1933年年底出版，共收图332幅，选用陈师曾、齐白石、吴待秋、陈半丁、王梦白等绘画大师的笺画作品，第一版共印100部，前有鲁迅、郑振铎序文各一篇，鲁迅序言由天行（魏建功）书写，郑西谛序言请郭绍虞书写，书末有西谛《访笺杂记》一篇，叙述了成书的经过。版权页有"鲁迅西谛"签名。这些笺纸来自北京的荣宝斋、淳菁阁、松华斋、静文斋、懿文斋、清秘阁、成兴斋、宝晋斋、松古斋等九家纸店的木版水印作品。初版的100部中，鲁迅留下20部，其他分赠蔡元培、台静农、斯诺、增田涉等友人，还寄赠给纽约、巴黎、日本等外国的图书馆。有20部由内山书店寄售，很快售罄，于是又加印了100部。

关于《北平笺谱》的出版过程，很多文章都已有详述，本文不再赘述。但关于《北平笺谱》的一则出版广告，发表在《文学》杂志，阐述了鲁迅的历史美术观，此文既未收入《鲁迅全集》，又未收入《郑振铎年谱》，应看作一篇鲁迅的佚文。

《文学》杂志于1933年7月在上海创刊，由郑振铎、茅盾发起，创刊初期鲁迅是编委会成员之一。鲁迅的文章《我的种痘》《忆韦素园君》《病后杂谈》《病后杂谈之余》《又论"第三种人"》《论讽刺》《"文人相轻"》《"题未定"草》等均在此杂志上发表。1933年10月17日，郑振铎起草了一篇《〈北平笺谱〉广告》，随信寄给鲁迅。并在《文学》月刊11月号上发表。19日，鲁迅收到郑振铎的文章。21日，鲁迅将此广告修改后寄交郑振铎，并在致郑振铎的信中说："此稿已加入个人之见，另录附奉，乞酌定为荷。"由此可见，鲁迅是将郑文修改并手眷后寄交郑振铎的。惜此手稿现已不存。鲁迅修改后的《〈北平笺谱〉广告》，刊于《文学》月刊12月号。两篇广告文殊有不同。此文未收入鲁迅生前自编的文集，亦未收入鲁迅去世后出版的《鲁迅全集》。

王观泉先生曾在《鲁迅美术系年》（人民美术出版社1979年7月第1版）中认为鲁迅修改后的《〈北平笺谱〉广告》为鲁迅佚文，并在书中将全文抄录。至今没有关于此文的研究。按照作为权威出版鲁迅著作的人民文学出版社的依据，以收录从严，宁缺毋滥的原则，鲁迅生前未编入集的和未被鲁迅研究界认可的文章不收入全集，固然是一种严谨的做法。而刘运峰先生编辑的《鲁迅佚文全集》（群言出版社2001年9月第1版）亦未收录此文。《鲁迅佚文全集》中的部分编辑成果被收入2005年版《鲁迅全集》。此后刘运峰又在《鲁迅佚文全集》的基础上进行增删，并出版了《鲁迅全集补遗》（天津人民出版社2006年6月第1版），该书首次将《〈北平笺谱〉广告》收入鲁迅作品集。由此可见，至少在2005年以前，《〈北平笺谱〉广告》还未被鲁迅研究界广泛地认可为鲁迅佚文，至今仍未收入《鲁迅全集》。

经比较,现将刊于《文学》月刊第12月号上的鲁迅修改的《〈北平笺谱〉广告》录入如下。(下划线处为鲁迅所修改的地方)

中国古法木刻,近来已极凌替。作者寥寥,刻工亦劣。其仅存之一片土,惟在日常应用之"诗笺",而亦不为大雅所注意。三十年来,诗笺之制作大盛。绘画类出名手,刻印复颇精工。民国初元,北平所出者尤多隽品。抒写性情,随笔点染,每涉前人未尝涉及之园地。虽小景短笺,意态无穷。刻工印工,也足以副之。惜尚未有人加以谱录。近来用毛笔作书者日少,制笺业意在迎合,辄弃成法,而又无新裁,所作乃至丑恶不可言状。勉维旧业者,全市已不及五七家。更过数载,出品恐将更形荒秽矣。鲁迅、西谛二先生因就平日采访所得,选其尤佳及足以代表一时者三百数十种,(大多数为彩色套印者)托各原店用原刻板片,以上等宣纸,印刷成册。即名曰《北平笺谱》。书幅阔大,彩色绚丽。实为极可宝重之文籍;而古法就荒,新者代起,然必别有面目,则此又中国木刻史上断代之惟一之丰碑也。所印百部。除友朋分得外,尚余四十余部,爰以公之同好。每部预约价十二元,可谓甚廉。此数售缺后,续至者只可退款。如定户多至百人以上,亦可设法第二次开印。惟工程浩大(每幅有须印十余套色者)最快须于第一次出书两月后始得将第二次书印毕奉上。予约期二十二年十二月底截止。二十三年正月内可以出书。欲快先睹者,尚须速定。

两文相较，可见鲁迅对郑振铎文章修改的所有细节。这里鲁迅提出了重要的"个人之见"，指出此书"实为极可宝重之文籍；而古法就荒，新者代起，然必别有面目，则此又中国木刻史上断代之惟一之丰碑也"。郑振铎起草的《〈北平笺谱〉广告》无疑是一篇非常精彩的文章，而鲁迅是在尊重郑文的基础上进行的修改，无论从修辞还是从内容的角度无疑更为精确乃至精彩。以瞿秋白作文，鲁迅修改后被鲁迅编入文集推论，《〈北平笺谱〉广告》亦应编入《鲁迅全集》。鲁迅指出此书"又中国木刻史上断代之惟一之丰碑也"已被时间证明，并成为无争的事实。《北平笺谱》出版后，至今再没有一部像样的新刻笺谱问世，木版制笺几近绝迹，正如鲁迅所言"恐不久也将销沉"。它的确成为"中国木刻史上断代之惟一之丰碑"。笔者希望本文能够引起鲁研界对《〈北平笺谱〉广告》的重视，并期待将此文收入最新版的《鲁迅全集》。

鲁迅与郑振铎的遗憾——《十竹斋笺谱》

《十竹斋笺谱》是明末木版彩色套印的笺画集，共四卷，崇祯十七年（1644）印行，收图283幅，使用饾版、拱花技术，是中国传统印刷技术的高峰。编者胡正言（约1584—1674），字曰从，安徽休宁人，寄居南京鸡笼山，画家、印人、出版家。因其宅院种竹十余竿，故命斋名为"十竹斋"，并设刻书坊，发明饾版、拱花及彩色套印技术，将徽派版画推向极致。所辑印的《十竹斋书画谱》和《十竹斋笺谱》是中国印刷史上的经典杰作。《十竹斋笺谱》所使用的饾版是将彩色画稿分色钩摹下，每色刻成一块木版，然后逐色套印，形成多色叠印的绘画效果；拱花则是利用凸凹两版嵌合，以凸起的线条来衬托画中图案。此书非常有名，1933年年底二人刚刚联手出版了《北平笺谱》，马上着手准备翻刻此书。

1934年1月6日，鲁迅致信郑振铎，建议他再编印明代小说插图集和影印明版小说等，认为"笔墨更寿于金石"。1934年年初，郑振铎提议翻刻《十竹斋笺谱》，征求鲁迅意见："尝于马隅卿许见王孝慈所藏胡曰从《十竹斋笺谱》，乃我国木刻之精华，继此重镌，庶易流传，北平印工当能愉快胜任。"（郑振铎《〈十竹斋笺谱〉跋》）1934年2月9日鲁迅致郑振铎信说："先前未见过《十竹斋笺谱》原本，故无从比较，仅就翻本看来，亦颇有趣，翻刻全部，每人一月不过二十余元，我豫算可以担任，如先生觉其刻本尚不走样，我以为可以进行，无论如何，总可以复活一部旧书也。"出版《十竹斋笺谱》的动议终于落实。

不过鲁迅有些担心北平现在的刻工是否能胜任极细之古刻。由于明末之后战乱不断，明刻《十竹斋笺谱》存世极少，郑振铎说他二十多年来搜集版画不下千种，对此书特别关注，但搜集此书时颇费了一番周折。先是打听到天津涉园陶氏（陶湘）有一部旧藏，可询问时书已转售日本文求堂书店，后来他又查看了文求堂书目，此书尚在，于是马上写信求购，文求堂却说书已售出，郑振铎认为那书店只是一个托词，实际上是想自藏而已。鲁迅通过内山书店的员工查实："前日有内山书店店员从东京来，他说他见过，是在的，但文求老头子惜而不卖，他以为还可以得重价。又见文求今年书目，则书名不列在内，他盖藏起来，当作宝贝了。我们的翻刻一出，可使此宝落价。"最终，郑振铎通过赵万里借得北平通县王孝慈的藏本，请荣宝斋试刻，3月2日就将两幅复刻的样本寄鲁迅。3月26日，鲁迅回信说："《十竹斋笺谱》的山水，复刻极佳，想当尚有花卉人物之类，倘然，亦殊可观。古之印本，大约多用矿物性颜料，所以历久不褪色，今若用植物性者，则多遇日光，便日见其淡，殊不足以垂远。但我辈之力，亦未能彻底师古，止得从俗。抑或者北平印笺，亦尚有仍用矿物颜料者乎。"6月21日，郑振铎又寄样本36幅，鲁迅回信："《笺谱》刻的很好，大张的山水及近于写意的花卉，尤佳。"关于印《十竹斋笺谱》的用纸，信中说："对于纸张，我是外行，近来上海有一种'特别宣'，较厚，但我看并不好，砑亦无用，因为它的本质粗。夹贡有时会离开，自不可用。我在上海所见的，除上述二种外，仅有单宣，夹宣（或云即夹贡），玉版宣，煮硾了。杭州有一种'六吉'，较薄，上海未见。我看其实是《北平笺谱》那样的真宣，也已经可以了。明朝那样的棉纸，我没有见过新制的。"还由开明书店寄上三百元，以做刻书的前期费用。几个月间，他们一个在上海，另一个在北平，就书的用纸、开本、定价、出版时间等问题频繁通信讨论，鲁迅还为该书手绘设计了书牌，并撰写了翻印说明，载《十竹斋笺谱》扉页，文章说："中华民国二十三年十二月，版画丛刊会假通县王孝慈先生藏本翻印。编者鲁迅，西谛；画者王荣麟；雕者左万川；印者崔毓生，岳海亭；经理其事者，北平荣宝斋也。纸墨良好，镌印精工，近时少见，明鉴者知之矣。"

1934年年底，《十竹斋笺谱》第一卷由版画丛刊会出版。（此书实际印成时间为1935年3月，鲁迅首次得到书的时间是4月9日）列为《版画丛刊》之一。这第一卷的出版，整整用了一年的时间。鲁迅写信给郑振铎表达了他的抱怨："我们的同胞，真也刻的慢，其悠悠然之态，固足令人佩服，然一生中也就做不了多少事，无怪古人之要修仙，盖非此则不能多看书也。"1936年3月28日致增田涉信又抱怨："郑振铎君因活动过多，对《十竹斋笺谱》督促不力，但现在第二册总算刻好，即将付印，不到明年全部（四册）一定出不成来。"之后又多次在信中催促全书的早日出版，此时鲁迅的身体状况越来越差。1936年9月29日，大病中的鲁迅致郑振铎信中说："《十竹斋笺谱》（二）近况如何？此书如能早日刻成，乃幸。"20天后，鲁迅离世。此书全部完成于1941年，郑振铎在书的跋语中说出他的苦衷："然第二册付镌后，工未及半，燕云变色，隅卿讲学北大，猝死于讲坛之上。余亦匆匆南下，以困于资，无复有余力及此，故镌工几致中辍，时时以是为言者，惟鲁迅先生一人耳。迨第二册印成，先生竟亦不及见矣。"令鲁迅遗憾的是他最终没能看到全书的出版，这也是郑振铎的一大憾事。

稀见半成品——《陈章侯画博古牌》

在鲁迅博物馆保存的鲁迅藏书中，有一部奇特的书，书牌题《陈章侯画博古牌》，印有"周子兢图书"一枚，钤有"西谛"朱印一枚，书后有清剧作家汪光被作的题跋。此书为毛装本，纸张为罗纹宣纸，印制较粗糙，倒显得古朴雅致。经查考，此书并非正式出版物。

陈章侯（1598—1652），名洪绶，字章侯，因好画莲，自号老莲，浙江诸暨人。明末画家，工山水、花鸟、书法，尤以人物画成就最高。他的画风独特，人物画以"怪诞"名世，线条多变形，格调高古，充分体现人物的内心世界，感情色彩浓烈。陈老莲的人物画在明末清初达到了极高的境界，其鲜明的画风对后人的影响很深，清末的三任（任熊、任薰、任颐）受其影响极大。他曾绘有两种"叶子"，《水浒叶子》和《博古叶子》。"叶子"，就是酒牌，即古人聚会吃喝饮酒时的一种游戏工具，上面画着人物，写着酒令，玩的人按酒牌上的内容行令喝酒。《博古叶子》是陈老莲的晚年之作，文字是据汪道昆《数钱叶子》，选用48个著名历史人物故事，如陶朱公、梁孝王、董卓、孟尝君、虬髯客等，每张牌上绘有主要人物和次要人物，全牌计149个人物，人物形象栩栩如生。此牌刻工是黄建中，雕工刀法流畅细腻，堪称绝妙，是为中国古代版刻中的精粹。

1933年，鲁迅与郑振铎着手翻刻《十竹斋笺谱》，由此鲁迅又产生了更多的想法。1934年1月11日，鲁迅致郑振铎信中提议："我个人的意见，以为做事万不要停顿在一件上（也许这是我年纪老起来了的缘故），此书一出，先生大可以作第二事，就是将那资本，来编印明代小说传奇插画，每幅略加解题，仿《笺谱》豫约办法。更进，则北平如尚有若干好事之徒，大可以组织一个会，影印明板小说，如《西游》《平妖》之类，使它能够久传，我想，恐怕纸墨更寿于金石，因为它数目多。"

鲁迅的计划是庞大的，郑振铎积极响应鲁迅的意见，他建议以翻印《十竹斋笺谱》为契机，介绍宋、元、明以来中国彩色和单色版画，最终成就一部《版画丛刊》。鲁迅在1934年2月9日的致郑振铎信中说："至于渐成《图版丛刊》，尤为佳事，但若极细之古刻，北平现在之刻工能否胜任，却还是一个问题，到这时候，似不妨杂以精良之石印或珂罗版也。""中国明人（忘其名）有《水浒传像》，今似惟日本尚存翻刻本，时被引用，且加赞叹，而觅购不能得，不知先生有此本否？亦一丛刊中之材料也。"鲁迅还强调了出版的意义："上海之青年美术学生中，亦有愿参考中国旧式木刻者，而苦于不知，知之，则又苦于难得，所以此后如图版刻成，似可于精印本外，别制一种廉价本，前者以榨取有钱或藏书者之钱，后者则以减轻学生之负担并助其研究，此于上帝意旨，庶几近之。"这是鲁迅印书之外的文化理想。

然而在编辑思路上，鲁迅与郑振铎存在一些分歧。1934年2月15日，鲁迅致台静农信中谈道："西谛藏明版图绘书不少，北平又易于借得古书，所以我曾劝其选印成书，作为中国木刻史。前在沪闻其口谈，则似意在多印图而少立说。明版插画，颇有千篇一律之观，倘非拔尤绍介，易令读者生厌，但究竟胜于无有，所以倘能翻印，亦大佳事，胜于焚书卖血万万矣。"可见他们的编辑思路上有一些分歧，郑振铎主张多印图少立说，鲁迅主张择优选印。但鲁迅已紧锣密鼓地开始寻找佳本了。

鲁迅建议首先从印陈老莲的作品入手。他一直很喜爱陈老莲的画作，从鲁迅日记看，1912年11月24日购《陈章侯人物册》一本；1913年12月6日购陈老莲遗著《宝纶堂集》；1928年4月28日，购《陈章侯绘西厢记图》；1931年4月28日，购《陈老莲画册》；1932年2月10日购《博古酒牌》。《博古酒牌》也称《博古叶子》，明汪道昆著，清陈洪绶绘，清袁辛夫摹，民国十九年（1930）上虞罗氏蟫隐庐影印本。依鲁迅的眼光，这部《博古叶子》印得并不好，称"底本甚劣"。

1934年6月21日鲁迅致郑振铎信中说："前函说的《美术别集》中的《水浒图》，非老莲作，乃别一明人本，而日本翻刻者，老莲之图，我一张也未见过。周子兢也不知其人，未知是否蔡先生的亲戚？倘是，则可以探听其所在。我想，现在大可以已有者先行出版；《水浒图》及《博古叶子》，页数较多，将来得到时，可以单行的。"6月24日又致信许寿裳："有周子竞[兢]先生名仁，兄识其人否？因我们拟印《陈老莲插画集》，而《博古叶子》无佳本，蝉隐庐有石印本，然其底本甚劣。郑君振铎言曾见周先生藏有此画原刻，极想设法借照，郑重处理，负责归还。兄如识周先生，能为一商洽否？"鲁迅信中说的周子兢，原名周仁，蔡元培内弟，时在国民党中央研究院任职。鲁迅极想印一部底本好的陈老莲作品集，但苦于没有好的底本，他得知周子兢手中藏有《博古叶子》，就想托人借来做翻印的底本。最后是由郑振铎找到周子兢借到了那本善本，这一年他们为出版事通信极为频繁。对于印刷质量，鲁迅建议："《博古叶子》能全用黄罗纹纸，好极，因毛边脆弱，总令人耿耿于心也。但北平工价之廉，真出人意外。"陈老莲的《水浒叶子》《九歌图》等都是鲁迅想翻印出版的，可见他对陈老莲木刻画的极度重视。他的目的，是继承中国版画传统，推动现代版画水平的提高。

鲁迅说："木刻的图画，原是中国早先就有的东西。唐末的佛像，纸牌，以至后来的小说绣像，启蒙小图，我们至今还能够看见实物。而且由此明白：它本来就是大众的，也就是'俗'的。"还说过："别的出版者，一方面还正大介绍欧美的新作，一方面则在复印中国的古刻，这也都是中国的新木刻的羽翼。"1935年8月1日鲁迅在致增田涉的信中说："陈老莲《酒牌》正另用珂罗版复制中。对我们这件工作，颇有些攻击的人，说是何以不去为革命而死，却在于这种玩艺儿。但我们装做不知道，还是在做珂罗版的工作。"

鲁迅博物馆馆藏的这部《陈章侯画博古牌》，正是郑振铎以周子兢所藏的底本印制的样本，可以说是一部半成品。鲁迅日记1936年书账中有记载：6月2日，"影印博古酒牌一本西谛寄来"。这一部书是郑振铎寄给鲁迅的，大约是请鲁迅作序。鲁迅于三个多月后的9月29日才有回复："《博古叶子》早收到，初以为成书矣，今日始知是样本，我无话可写，不作序矣。"鲁迅并没有看到《博古叶子》的正式出版，鲁迅对书的出版较慢本来是很有意见，原以为这本已是正式出版物，后来才知道这只是样本。此时的鲁迅身体状况较差，正在大病中。20天后，鲁迅离开了人世。鲁迅去世后的1940年，《博古叶子》才在郑振铎编辑的《中国版画史图录》中得以正式面世。

"版刻三书"印证了郑振铎与鲁迅联手，精诚合作，体现了他们之间的版画情缘。无论是文学史还是古代版画史的研究，鲁迅之于郑振铎都是启蒙者和支持者，郑振铎走上版画收藏与研究之路是和鲁迅的导引分不开的，他以卓越的才华和火一样的热情实践着他们的共同理想。鲁迅从20世纪30年代起就致力于倡导中国新兴版画事业，他举办木刻讲习班，办版画展览，从事中外版画的收藏与研究，编辑出版中外版画集。而他与郑振铎共同编辑《北平笺谱》《十竹斋笺谱》以及《版画丛刊》的目的是为了继承传统艺术为现代社会所用。《版画丛刊》这个古代版刻编辑的浩大工程，最后是由郑振铎完成的，那也是鲁迅的遗志，他们为中国的版刻艺术事业留下了极为宝贵的财富，无疑，他们是中国现代版画史上最耀眼的双璧。

中国人之于古物，大率尔尔。

故宫佚事

> 如果当局者是外行,他便将东西糟完,倘是内行,他便将东西偷完。

1912年1月1日,孙中山在南京就任中华民国临时大总统,中华民国宣告成立,定都南京。2月中旬,鲁迅应蔡元培之邀到南京教育部担任部员。3月10日,袁世凯在北京宣誓就任临时总统职。4月1日孙中山辞职,南京临时政府迁都北京。5月初,鲁迅随教育部北上北京,开始了他在北京14年的公务员生活。初为教育部社会教育司第二科科员,后被任命为第一科科长,主要司掌博物馆、图书馆、美术馆、文艺、搜集古物等事项。

北京是中国的首都,故宫是北京的中心。故宫是明、清两代的皇宫,又称紫禁城。始建于明永乐四年(1406),至永乐十八年(1420)落成。1911年,辛亥革命推翻了清王朝,1924年清代最后的皇帝爱新觉罗·溥仪被逐出宫。在这前后五百余年的历史中,这里曾居住过24位皇帝。故宫建筑红墙黄瓦,金碧辉煌，殿宇楼台，雄伟壮观。外有城墙和护城河，城墙四面各设城门一座，南面为午门，北面是神武门，左右为东华门、西华门。经古建筑专家实地调查统计，故宫大小宫殿、堂、楼、斋、阁等共有8707间。故宫建筑主要分"外朝"和"内廷"。前半部分以太和殿、中和殿、保和殿三大殿为中心，东西辅以文华、武英二殿，统称为"外朝"，是明、清两代皇帝办理朝政及重要庆典的场所。"内廷"以乾清宫、交泰殿、坤宁宫为中心，左右有东、西六宫，后面为御花园，是皇帝、皇后、嫔妃们的寝宫和活动场所。故宫的建筑是中国现今保存最完整、规模最宏伟的古代宫殿建筑群，也是世界建筑史上的奇迹。

辛亥革命胜利后，清王朝政府宣布退位，临时革命政府拟定《清室优待条件》，末代皇帝溥仪被允许可以"暂居宫禁"。并决定将承德避暑山庄和沈阳故宫的文物移至故宫"外朝"，于1914年成立了古物陈列所并于10月11日开放外朝。因溥仪居宫内，一直与亡清残余势力图谋复辟，且以赏赐、典当、修补等名目，从宫中盗窃大量文物，引起了社会各界的严重关注。1924年10月23日，冯玉祥发动"北京政变"，将溥仪逐出故宫，当晚政府组织了"清室古物保管委员会"，检查和封闭各宫殿。两天后，又组建了"清室善后委员会"。1925年9月29日，委员会制定并通过了《故宫博物院临时组织大纲》，设临时董事会"协议全院重要事物"，董事由严修、卢永祥、蔡元培、熊希龄、张学良、张璧、庄蕴宽、鹿仲麟、许世英、梁士诒、薛笃弼、黄郛、范源濂、胡若愚、吴敬恒、李组绅、李仲三、汪大燮、王正廷、于右任、李煜瀛等21人组成。又设临时理事会"执行全院事物"，有理事9人。李煜瀛为临时董事兼理事长，易培基任古物馆馆长，陈垣任图书馆馆长。"办理清室善后委员会"对故宫文物进行了清点，整理刊印出《故宫物品点查报告》共6编28册，计有9.4万余个编号117万余件文物。据1925年公开出版的《清室善后委员会点查报告》一书所载，清宫文物包括三代鼎彝、玉器、字画、陶瓷、珐琅、漆器、金银器、图书典籍、文献档案等。奇珍异宝，天下财富，尽聚于此。故宫下设古物馆、图书馆、文献馆，分别组织人力继续对文物进行整理，并就宫内开辟展室，举办各种陈列。1925年10月10日故宫博物院宣布正式成立。

清帝退位后，故宫的很多事情都与鲁迅所在教育部的工作有关。鲁迅在北京时期亲历了故宫的变迁。据故宫博物院姜舜源先生考证，由于善后委员会人手不够，于是求助于外界援手。由善后委员会委员易培基致信委员长李煜瀛，列出清查干事三十人的名单，其中包括蒋梦麟、胡适、钱玄同、马裕藻、沈尹默、陈垣、马衡、朱希祖等社会名流，其中周树人之名也在善后委员会"本会职员名册"中。此卷卷头批有"已照聘为顾问"。但这些顾问并没有按时参加活动。于是善后委员会于1925年1月10日又致函内务部，要求增派"助理员"。1月14日，内务部复函照准，并附有十二部院的助理员名单，教育部派范鸿泰、周树人等四人为善后委员会助理员。周树人的名卜还有他当时的住址。虽然各部增派人手，但有一半人并不参会，鲁迅作为"助理员"是"绝未到会一次"的八个人之一。直至1926年9月，故宫博物院再制职员录中，助理员下仍有"周树人，豫才，浙江，宫门口西三条二十一号"。其实鲁迅于1926年8月已经离京南下了。

鲁迅虽然没有参加善后委员会的工作，但在鲁迅日记中对去故宫办事有着详细的记载。故宫的太和殿、保和殿、武英殿、文华殿、午门都是鲁迅足迹到过的地方。

太和殿，俗称"金銮殿"，是故宫最辉煌的主建筑。明永乐十八年（1420）建成。初名奉天殿，明嘉靖时改名皇极殿，清顺治时始称太和殿。清康熙三十四年（1695）重建。太和殿是明清两代皇帝举行大典的场所。皇帝的登基、大婚、册立皇后、公布进士黄榜、派将出征等大的庆典活动都在这里举行。保和殿，明永乐十八年（1420）建成。清乾隆时重修。原名谨身殿，明嘉靖时改名建极殿，清顺治时始称保和殿。是清代科举考试"殿试"的场所。

1925年7月27日，鲁迅日记载："上午往太和殿检查文溯阁书。"

7月29日，"上午往保和殿检书"。

7月31日，"上午往保和殿检书"。

8月1日，"往保和殿检书"。

鲁迅之所以到故宫检书，是因为1925年7月6日张作霖要求段祺瑞政府送还1914年运到北京的原沈阳文溯阁所藏《四库全书》，鲁迅奉教育部命前往参加启运前的检查工作。

《四库全书》是乾隆皇帝在"文字狱"的背景下亲自组织的中国历史上一部规模最大的丛书。1772年开始，经十年编成。丛书分经、史、子、集四部，故名四库。据文津阁藏本，该书共收录古籍3503种79337卷，装订成36300册。乾隆皇帝为了存放《四库全书》建造了南北七阁。分贮文渊阁、文溯阁、文源阁、文津阁、文宗阁、文汇阁和文澜阁珍藏。七部之中，文源阁本、文宗阁本和文汇阁本已荡然无存，只有文渊阁本、文津阁本、文溯阁本和文澜阁本传世至今。

关于《四库全书》，鲁迅历来持有自己的看法。鲁迅曾在《且介亭杂文·病后杂谈之余》一文中说："清人纂修《四库全书》而古书亡，因为他们变乱旧式，删改原文。""现在不说别的，单看雍正乾隆两朝的对于中国人著作的手段，就足够令人惊心动魄。全毁，抽毁，剜去之类也且不说，最阴险的是删改了古书的内容。乾隆朝的纂修《四库全书》，是许多人颂为一代之盛业的，但他们却不但捣乱了古书的格式，还修改了古人的文章；不但藏之内廷，还颁之文风较盛之处，使天下士子阅读，永不会觉得我们中国的作者里面，也曾经有过很有些骨气的人。"鲁迅还举出确切的证据："嘉庆道光以来，珍重宋元版本的风气逐渐旺盛，也没有悟出乾隆皇帝的'圣虑'，影宋元本或校宋元本的书籍很有些出版了，这就使那时的阴谋露了马脚。最初启示了我的是《琳琅秘室丛书》里的两部《茅亭客话》，一是校宋本，一是四库本，同是一种书，而两本的文章却常有不同，而且一定是关于'华夷'的处所。这一定是四库本删改了的；现在连影宋本的《茅亭客话》也已出版，更足据为铁证，不过倘不和四库本对读，也无从知道那时的阴谋。"在古籍版本方面，鲁迅是众所周知的行家，所以教育部会派鲁迅到故宫检查整理《四库全书》的工作。

故宫武英殿始建于明初，武英殿位于外朝之东，与文华殿相对，形成一文一武。武英殿自乾隆年以后，成为专司校勘、刻印书籍的地方。文华殿在每年春秋两季皇上在这里讲学，称为"经筵"，君臣之间相互讨论古代即《诗经》《尚书》《易经》《春秋》等经书。1914年2月，古物陈列所成立，地点就建在武英殿和文华殿，古物陈列所归属内务部，是一个主要保管陈列清廷沈阳、热河两行宫文物的机构，两地运京的文物有23万余件，可称为中国近代第一座国立博物馆。1914年10月11日前后，古物陈列所正式对外开放。两周后，鲁迅参观了古物陈列所。10月24日鲁迅日记载："下午与许仲甫、季市游武英殿古物陈列所，殆如古骨董店耳。"观众由东华门进入，出西华门。可以参观太和殿、中和殿、保和殿和东西两侧的武英殿、文华殿。由于当时的展览手段较简单，文物数量巨大，堆放无序，所以鲁迅说它像个古董店。这是鲁迅第一次进入故宫的记录。

1916年9月10日，鲁迅陪着来北京的三弟周建人又游武英殿古物陈列所。鲁迅日记载："晴，风。星期休息。……同三弟往益昌，俟子佩，饭后同赴中央公园，又游武英殿，晚归。"

1917年10月7日，鲁迅又陪二弟周作人游览了故宫。鲁迅日记载："晴。星期休息。上午同二弟至王府井街食饼饵已游故宫殿，并观文华殿所列书画，复游公园饮茗归。"

从鲁迅的日记看，他对故宫所展出的文物及书画还是颇有兴趣的，参观的时间多是利用星期天休息日，作为游览休闲。

1928年6月，南京国民政府行政院内务部接管了古物陈列所，1933年古物陈列所及故宫文物均南迁南京。1948年古物陈列所并入故宫博物院。

故宫午门是紫禁城的正门，位于紫禁城南北轴线。建成于明永乐十八年（1420），清顺治四年（1647）重修，嘉庆六年（1801）又修。东西北三面城台相连，呈凹字形，中间环抱成一个方形广场。北面有五个门洞，各有用途，中门为皇帝出入专用，此外只有皇帝大婚时可进一次。通过殿试的状元、榜眼、探花，在宣布殿试结果后可从中门出宫。东侧门供文武官员出入，西侧门供宗室王公出入。左右拐角处设两个掖门，只在举行大型活动时开启。午门城台上有5座崇楼，整座建筑形若朱雀展翅，故有"五凤楼"之称。

1912年8月，京师图书馆在什刹海广化寺开馆，1913年6月，因广化寺地处偏僻，房屋低洼潮湿，不宜保存图书，教育部决定另辟新址。因故宫午门有大量空房，教育部为此写了一个呈文，称："端门午门一带地方，位置适中，门楼高敞，于设立图书馆，收藏观览，均极相宜，现在共和时代，此项雄伟建筑废弃不用，殊为可惜。拟请将午门、端门两门楼及端门内左右朝房，一并拨归教育部，略事修葺，以午门为京师图书馆，端门为历史博物馆。"（《教育部文牍汇编》第二册）1917年1月，教育部获准在午门设置京师图书馆，在端门楼设历史博物馆。鲁迅受命前往视察。2月5日，鲁迅日记载："赴午门阅屋宇，谓将作图书馆也，同行部员共六人。"以后又去视察多次。

1917年4月18日，"午后往午门"。

1917年12月17日，"午后视午门图书馆"。

1917年12月19日，"下午复往午门图书馆"。

后来京师图书馆并未在午门而设在了方家胡同。午门上只开设了一个小型图书馆。

1917年，教育部以设在国子监的历史博物馆"地处偏僻，屋舍狭隘"为由，将馆址改设在端门至午门一带的建筑内，1918年7月迁入午门城楼及两翼朝房内，鲁迅多次前往：

1919年11月24日，"往历史博物馆"。

1920年1月8日,"往历史博物馆"。

1920年1月23日,"午后往历史博物馆"。

1920年3月25日,"午后往历史博物馆"。

1920年6月24日,"往历史博物馆"。

1924年10月9日,"午后往历史博物馆"。

1925年4月20日,"午后往女师校讲,并领学生参观历史博物馆"。这次参观的学生中就有鲁迅后来的夫人许广平。她在《鲁迅的写作和生活·青年人与鲁迅》这篇回忆文章中讲述了这件事,这是一个天气晴好,树枝吐芽的春天,鲁迅让同学们到皇宫聚齐,大家都去了。"原来这个博物馆是教育部直辖的,不大能够走进去,那时先生在教育部当佥事,所以那面的管事人都很客气的招待我们参观各种陈列:有大鲸鱼的全副骨骼,各种标本,和古时用的石刀石斧、泥人、泥屋,有从外国飞到中国来的飞机,也保存在一间大房子里。有各种铜器,有一个还是鲁迅先生用周豫材名捐出的。其他平常看不到的东西真不少,胜过我们读多少书,因为有先生随处给我们很简明的指示。"

1926年10月10日,历史博物馆在午门城楼及东西雁翅楼正式开馆。历史博物馆1959年才从午门端门迁出至天安门广场东面。现在历史博物馆已经与革命博物馆合并为中国国家博物馆。

1920年4月17日,鲁迅又到午门,整理德国商人俱乐部藏书。鲁迅在《华盖集续编·记谈话》中记录了这件事:"提到我翻译《工人绥惠略夫》的历史,倒有点有趣。十二年前,欧洲大混战开始了,后来我们中国也参加战事,就是所谓'对德宣战';派了许多工人到欧洲去帮忙;以后就打胜了,就是所谓'公理战胜'。中国自然也要分得战利品,——有一种是在上海的德国商人的俱乐部里的德文书，总数很不少，文学居多，都搬来放在午门的门楼上。教育部得到这些书，便要整理一下，分类一下，——其实是他们本来分类好了的，然而有些人以为分得不好，所以要从新分一下。——当时派了许多人，我也是其中的一个。后来，总长要看看那些书是什么书了。怎样看法呢？叫我们用中文将书名译出来，有义译义，无义译音，该撒呀，克来阿派忒拉呀，大马色呀……每人每月有十块钱的车费，我也拿了百来块钱，因为那时还有一点所谓行政费。这样的几里古鲁了一年多，花了几千块钱，对德和约成立了，后来德国来取还，便仍由点收的我们全盘交付，——也许少了几本罢。至于'克来阿派忒拉'之类，总长看了没有，我可不得而知了。"德国在欧战中战败后，在上海的德国商人俱乐部所藏德、俄、法、日等外文书由教育部作为战利品接收，堆放在午门楼上。鲁迅受教育部命参加，并负责德、俄文书籍的分类整理工作。后来鲁迅翻译的《工人绥惠略夫》的底本，就是从那时整理着的德文书里挑出来的。为了这项工作，鲁迅从4月至11月共去午门10余次。

鲁迅对中国古代的文物是非常重视的，但当时中国封建时代向共和过渡时期乱象横生，对文物的破坏无论是民间还是官府，都是令人痛心的。对此，鲁迅深感忧虑，曾多次著文予以揭露和批判。1912年鲁迅初到北京时担任教育部佥事、教育部社会教育司科长，在筹建历史博物馆期间经历了很多事件。鲁迅日记载：6月25日"雨，傍午霁。午后视察国子监及学官，见古铜器十事及石鼓，文多剥落，其一曾剜以为臼。中国人之于古物，大率尔尔"。

鲁迅在傅增湘担任教育部部长期间曾奉命参与整理过"大内档案"。鲁迅在杂文《谈所谓"大内档案"》中描述了这样一段故事。自清代康熙九年（1670）起，开始把一些档案存放在紫禁城内阁大库内，称为"大内档案"。其中包括皇帝诏令、臣僚进呈、皇帝批阅过的奏章、皇帝起居注、历科殿试的卷子等，是研究明清历史的珍贵资料。鲁迅说："这正如败落大户家里的一堆废纸，说好也行，说无用也行的。因为是废纸，所以无用；因为是败落大户家里的，所以也许夹些好东西。况且这所谓好与不好，也因人的看法而不同，我的寓所近旁的一个垃圾箱，里面都是住户所弃的无用的东西，但我看见早上总有几个背着竹篮的人，从那里面一片一片，一块一块，检了什么东西去了，还有用。更何况现在的时候，皇帝也还尊贵，只要在'大内'里放几天，或者带一个'官'字，就容易使人另眼相看的，这真是说也不信，虽然在民国。"宣统元年（1909），由于库房塌落一角，亟须修缮，库内几百万件档案就被搬了出来。其中一部分年代久远，用处不大的，准备焚毁。清代学者罗振玉发现后，通过张之洞奏请皇帝将这些档案保存下来，后用8000个麻袋装好后运到学部后堂保存，后又转移到国子监敬一亭。1914年北洋政府在国子监成立了历史博物馆筹备处，教育部接管了大内档案。1918年教育总长傅增湘派鲁迅等人去整理这些档案，傅增湘是著名的藏书家，他是想从这批东西中找到一些宋版书之类的宝贝。鲁迅参加了部分整理工作，他看到当时教育部的官员们常将搜拣出来的东西拿走，待送还时就少了一些，还有的干脆就顺手牵羊塞进洋裤袋里。1922年春，历史博物馆将大内档案残余卖给北京同懋增纸店，售价四千元；其后又由罗振玉以一万二千元买得。1927年9月，罗振玉又将它卖给日本人松崎。鲁迅感慨："中国公共的东西，实在不容易保存。如果当局者是外行，他便将东西糟完，倘是内行，他便将东西偷完。而其实也并不单是对于书籍或古董。"现在的中国人似乎很有了文物意识，文物淘宝蔚然成风，拍卖会上的"大内档案"也层出不穷，而鲁迅说的故事今天还在发生着。

图书在版编目（CIP）数据

烟水寻常事：鲁迅别传 / 萧振鸣著. -- 北京：中国文联出版社, 2024. 11. -- ISBN 978-7-5190-5646-9

Ⅰ．K825.6

中国国家版本馆CIP数据核字第2024RJ3407号

著　　者：萧振鸣
绘　　画：王燕民
责任编辑：曹艺凡
责任校对：郁　娜　秀点校对
装帧设计：孙　初　申　祺

出版发行：中国文联出版社有限公司
社　　址：北京市朝阳区农展馆南里10号
邮　　编：100125
电　　话：010-85923025（发行部）　010-85923091（总编室）
经　　销：全国新华书店等
印　　刷：北京精彩世纪印刷科技有限公司

开　　本：889毫米×1194毫米　1/32
印　　张：10.75
字　　数：246千字
版　　次：2024年11月第1版第1次印刷
定　　价：78.00元

版权所有，侵权必究
如有印装质量问题，请与本社发行部联系调换